Pallottino
Italien vor der Römerzeit

W0059505

Massimo Pallottino

Italien
vor der Römerzeit

*Aus dem Italienischen übersetzt
von Stephan Steingräber*

Verlag C. H. Beck München

Der Übersetzung liegt folgende Ausgabe zugrunde:
Massimo Pallottino, Storia della prima Italia
© 1984 Rusconi Libri S.p.A., Milano

Mit 45 Abbildungen auf 36 Tafeln und 12 Karten im Text

CIP-Kurztitelaufnahme der Deutschen Bibliothek

Pallottino, Massimo:
Italien vor der Römerzeit / Massimo Pallottino. Aus d. Ital.
übers. von Stephan Steingräber. – München : Beck, 1987.
    Einheitssacht.: Storia della prima Italia <dt.>
    ISBN 3 406 32012 0

ISBN 3 406 32012 0

Für die deutsche Ausgabe:
© C. H. Beck'sche Verlagsbuchhandlung (Oscar Beck), München 1987
Satz und Druck: C. H. Beck'sche Buchdruckerei, Nördlingen
Printed in Germany

Inhaltsverzeichnis

Vorwort

Dieses Buch verdankt sein Entstehen den 1968 in Rom und Ann Arbor (Michigan) abgehaltenen Thomas Spencer Jerome-Konferenzen. Ihre Publikation verzögerte sich einerseits aus persönlichen Gründen, andererseits aber auch infolge des nicht vorhersehbaren Anwachsens von wichtigen archäologischen Entdekkungen und kritischen Diskussionen in den folgenden Jahren, welche eine starke Überarbeitung und Aktualisierung der Texte unerläßlich machten. Diese neuen wissenschaftlichen Ergebnisse haben freilich die Substanz meiner Forschungen nicht verändert, die dem ursprünglichen Konzept treu bleibt.

Ich habe mich verständlicherweise in den vergangenen Jahren mehrfach zu diesen Themen und ihren Perspektiven geäußert: unter anderen auf dem 8. Kongreß der „Studi sulla Magna Grecia" in Tarent (Vortrag „La Magna Grecia e l'Etruria" und darauffolgender Intervento in: Atti, Napoli 1969, S. 33–48, 250 bis 255); sodann in meinem Aufsatz „Sul concetto di storia italica", publiziert in den „Mélanges offerts à Jacques Heurgon. L'Italie préromaine et la Rome républicaine", Roma 1976, S. 771–789; zuletzt in dem Artikel „L'Italia prima della romanizzazione: proposta di una sintesi storica", der den Abschluß des Werkes „Popoli e civiltà dell'Italia antica" VII, Roma 1978, S. 371–390 bildet. Bei dem hier nun vorgelegten, für die Fachleute und auch für einen größeren Leserkreis bestimmten Buch handelt es sich also um eine seit langem konzipierte, in jüngster Zeit aber noch angereicherte und neu überdachte Arbeit, die nun als druckreif gelten darf.

Der Hauptgedanke meines Buches besteht darin, die Bedeutung und Funktion Italiens innerhalb des Mittelmeerraums während des 1. Jahrtausends v. Chr. in ein neues Licht zu rücken, und eine einheitliche Betrachtung seiner vielfältigen Phänomene und Ereignisse darzubieten. Der von mir behandelte Zeitraum wurde bisher im allgemeinen meist nur in analytischer und fragmentarischer Weise dargestellt mittels archäologischer, linguistischer und

ethnographischer Untersuchungen der einzelnen Bevölkerungsgruppen und Kulturen am Rande der griechischen und römischen
Geschichte. Die Beziehungen dieser Phänomene und Geschehnisse untereinander und zu den wichtigen ausländischen Ereignissen deutlich zu machen und einen ihnen gemeinsamen Entwicklungsprozeß herauszustellen bedeutet aber, bis zu einem gewissen Grade auch die Existenz eines historischen Zyklus Italiens
schon vor der Einigung unter der römischen Herrschaft anzuer-
kennen, der sich unabhängig von der griechischen und römischen
Geschichte vollzog. Somit kann eine Lücke in der antiken Geschichte geschlossen und das erste Kapitel der Geschichte Italiens
geschrieben werden. Das Interesse für eine solche Art von Geschichtsauffassung erscheint um so begründeter und aktueller, als
der Regionalismus unseres Landes seine Wurzeln im vorrömischen Italien hat und sich im Laufe der Jahrhunderte konstant in
dialektischer Opposition zum Ruf nach Einheit manifestierte.

Dieses Buch möchte nicht nur eine kritische und von den traditionellen Konzeptionen verschiedene Perspektive eröffnen und
auch nicht anderweitig schon bekannte Tatsachen einfach „beschreiben", sondern vor allem die Ereignisse in ihrer Ordnung
und Abfolge „erzählen" wie ein wirkliches Geschichtswerk.
Aber gerade die Neuheit dieser kritischen Perspektive empfahl,
die Materie in einem synthetischen Bild zu erfassen, beinahe in
Form eines Kompendiums, um so das Verständnis von der einheitlichen Entwicklung zu erleichtern. Außerdem wurde der
rechtmäßigen Forderung nach einer möglichst klaren Form der
Darstellung ohne überflüssige schwierige Fachausdrücke Folge
geleistet, die jeder gebildeten Person verständlich ist. Daneben
wurden natürlich auch die wichtigsten bibliographischen Daten
zur Verifizierung und Vertiefung der Materie beigegeben.

Der Tafelteil wurde nach rein funktionellen Kriterien ohne
überflüssigen Ballast gestaltet, wodurch das spezifisch historische
Anliegen dieses Buches unterstrichen werden soll. Besondere
Sorgfalt wurde der graphischen Dokumentation mit den historischen Karten gewidmet, die speziell für dieses Buch gezeichnet
und auf den neuesten Stand gebracht worden sind. Mein besonderer Dank für die Hilfe bei der Gestaltung des Tafelteils gilt
Frau Dr. Maria Paola Baglione, Herrn Prof. Franco Panvini Ro-
sati und natürlich auch dem Verlag.

Vorwort zur deutschen Ausgabe

Gleich zu Anfang sei betont, daß es sich bei dieser Edition weder um eines der vielen, immer stärker den Markt überschwemmenden und nicht immer wissenschaftlichen Ansprüchen genügenden „Etruskerbücher" noch um ein allgemeines Übersichtswerk über die Kulturen des vorrömischen Italien im herkömmlichen Sinne handelt. Das besondere an diesem Buch besteht vielmehr darin, daß hier erstmals eine synchrone Betrachtung der historischen Ereignisse und kulturellen Phänomene angestrebt wurde, während diese in früheren Publikationen generell getrennt für sich (nach Völkern, Regionen etc.) und meist aus einem ganz bestimmten und damit eingeengten Blickwinkel (etwa des Prähistorikers, Althistorikers, Archäologen, Etruskologen etc.) behandelt worden waren, was teilweise auch für das 1981 erschienene Buch „Genti e culture dell'Italia preromana" von Massimo Pallottino gilt. Eine getrennte Betrachtung der verschiedenen Phänomene im althergebrachten Sinn mag dem Leser zwar auf den ersten Blick leichter verständlich und übersichtlicher erscheinen, entspricht aber zweifelsohne nicht den in Wirklichkeit viel komplexeren und miteinander verflochtenen historischen Realitäten. Pallottino greift damit einen methodischen Ansatz auf, der bereits im späten 18. Jh. in den Werken von G. Micali angewendet worden war und der in der damaligen Zeit in vieler Hinsicht als revolutionär empfunden wurde, dem aber der Durchbruch in der Wissenschaft verwehrt blieb. Massimo Pallottino setzt sich zu Anfang dieses Buches durchaus kritisch mit der im 19. und zum Teil auch noch in unserem Jahrhundert – speziell in der deutschen Forschung – vorherrschenden Geschichtsauffassung auseinander, alle Geschehnisse und Entwicklungen im vorrömischen Italien ausschließlich durch die bequeme „griechisch-römische Brille" zu sehen. Daß diese sehr einseitige, natürlich auch durch die günstige Quellenlage mitbedingte Methode heute überholt erscheinen muß, liegt auf der Hand.

Wohl kaum ein anderer Forscher wäre in der Lage gewesen, diese komplexe Materie in so komprimierter Form darzustellen. Das Hauptanliegen dieses Buches ist zwar vorwiegend historischer Natur, doch mußten auch zahlreiche Forschungsergebnisse anderer altertumswissenschaftlicher Disziplinen wie etwa der Prähistorie, klassischen Archäologie, Etruskologie, Altphilologie, Sprachwissenschaft und Religionsgeschichte berücksichtigt und eingearbeitet werden, ja sie bilden geradezu die Grundlage und Voraussetzung für präzisere historische Aussagen. Als Begründer der Etruskologie im Sinne einer modernen historischen Disziplin war Massimo Pallottino für diese Aufgabe besonders prädestiniert.

An Wissenschaftler, Studierende und Interessenten der genannten altertumswissenschaftlichen Fächer wendet sich primär auch diese nun erstmals in deutscher Sprache vorgelegte Geschichte des vorrömischen Italien. Dem Übersetzer und Verfasser dieses Vorworts war die Übersetzung speziell dieses, in Italien 1984 erschienenen Buches durchaus ein persönliches Anliegen, zumal er beim Autor einst selbst in Rom studiert hatte und sich diesem in vieler Hinsicht verbunden fühlt. Er war sich dabei freilich der Schwierigkeit bewußt, den italienischen Originaltext zwar einerseits möglichst wenig abzuändern, ihn andererseits aber auch deutschen Sprachgepflogenheiten anpassen zu müssen. Es bleibt zu wünschen, daß mit dieser Ausgabe nun auch in Deutschland dem Altertumswissenschaftler und -interessenten ein nützliches Arbeitsinstrument und Kompendium auf dem Sektor der Geschichte des frühen Italien, der durch neue Funde und Forschungen ständig bereichert wird, in die Hand gegeben wurde.

Rom, Oktober 1986   *Stephan Steingräber*

I. Definition des Konzepts von „italischer Geschichte"

Welches Italien?

Unter dem Begriff des „vorrömischen Italien" versteht man im allgemeinen das antike Italien vor seiner politischen, rechtlichen, sprachlichen und kulturellen Einigung durch Rom (das in den ältesten Abschnitten seiner Geschichte auch selbst dazugehörte). Dieses Italien soll im Mittelpunkt unserer Betrachtungen stehen, wobei wir anfangs einige seiner grundsätzlichen Merkmale erläutern wollen.

Präzisieren wir zunächst vor allem den geografischen und chronologischen Rahmen. Wenn wir von „Italien" sprechen, dann beziehen wir uns auf einen vertrauten Begriff, der sich historisch freilich erst seit der römischen Eroberung, d. h. der formalen Ausdehnung der römisch-italischen politischen Einheit bis zu den Alpen im Jahre 42 v. Chr. gemäß dem Willen Caesars belegen läßt. Die großen tyrrhenischen Inseln Sizilien, Sardinien und Korsika beinhaltete der Begriff „Italien" erst in der spätrömischen Kaiserzeit. In den Zeiten vor der Romanisierung herrschte nur eine vage Vorstellung von Italien als geografische Realität, eine Vorstellung, die sich zwischen dem 5. und 3. Jh. v. Chr. mit der Übertragung des Namens „Italien" vom Süden her auf die gesamte Halbinsel immer mehr konkretisierte. Bis zur Annexion der Gallia Cisalpina (Norditalien) blieb dieser Name auf die eigentliche Halbinsel beschränkt, auch wenn manche hellenistischen Schriftsteller bereits die Alpen als wirkliche und natürliche Grenze Italiens zu sehen begannen. Wir schließen jedenfalls das gesamte italienische Gebiet in unsere Betrachtungen mit ein und berücksichtigen auch die Inseln, vor allem Sizilien, das seit prähistorischer Zeit in enger und kontinuierlicher Weise mit der italienischen Halbinsel verbunden war.

Was den chronologischen Rahmen anbelangt, so hat eine „Geschichte" Italiens ganz offensichtlich mit jenem Zeitpunkt zu beginnen, den man – wenn auch nur in sehr unvollkommener Weise – mittels der traditionellen Überlieferung und vor allem der schriftlichen Quellen rekonstruieren kann. Das schließt die älteren prähistorischen, nur durch materielle Hinterlassenschaften bezeugten Perioden aus und führt uns in die Phase der ausgehenden Bronzezeit und mehr noch der beginnenden Eisenzeit, d. h. in die letzten Jahrhunderte des 2. Jahrtausends und die ersten Jahrhunderte des 1. Jahrtausends v. Chr., als die frühesten Reflexe der entwickelteren Kulturen des östlichen Mittelmeerraums nach Italien einzudringen begannen und sich die aus den historischen Quellen bekannten ethnischen und kulturellen Strukturen Italiens immer klarer herauskristallisierten. Diese Strukturen sollten bis zur Romanisierung Italiens fortbestehen, welche den zeitlichen Abschluß unseres Buches bildet. Dieser Abschluß ist chronologisch nicht genau fixierbar, da sich der Romanisierungsprozeß von der Ausdehnung der Hegemonie Roms über Italien im frühen 3. Jh. bis zur endgültigen Einigung im 1. Jh. v. Chr. hinzog.

Nachdem wir nun den geografischen und chronologischen Rahmen des vorrömischen Italien abgesteckt haben, müssen wir freilich feststellen, daß sich von der Summe seiner Phänomene kein ähnlich klares Bild wie von der gleichzeitigen griechischen Welt gewinnen läßt, die durch einen gemeinsamen Ursprung und gemeinsame Charakteristiken, eine kohärente Entwicklung und eine einheitliche Tradition geprägt ist. Ganz im Gegenteil stellt das vorrömische Italien eine Mischung aus Völkern unterschiedlicher Abstammung, Sprache und Kultur dar, deren Entwicklungsniveau durchaus sehr unterschiedlich sein konnte. Siedlungen und Einflüsse fremdländischer Völker aus dem Mittelmeerraum – hier ist vor allem die griechische Kolonisation zu nennen – und aus Mitteleuropa verbinden dieses Italien in vieler Hinsicht mit anderen Kulturkreisen oder ordnen es diesen unter und verleihen ihm so den Charakter eines Landes mit mehr rezeptiven als kreativen Erfahrungen. Dies erklärt auch die Schwierigkeit der Interpretation und des Verständnisses des vorrömischen Italien sowohl in der älteren als auch in der jüngsten Forschung, wobei sich die einzelnen Studien auf zahlreiche wissenschaftliche Spezialdisziplinen verteilen wie etwa die Prähistorie, klassische Archäologie, Etruskologie, Linguistik, Religionsgeschichte, Kunstgeschichte, griechische und römische Geschichte.

Die Vorstellung, daß der Einheit des römischen Italien eine sehr heterogene ethnische und historische Realität zugrunde lag, war auch den Alten bereits zu eigen, denen wir die Nennung der verschiedenen Völker mit ihren Namen, Territorien und Charakteristiken verdanken. Ein Abbild dieser Realität – wenn auch erst von der letzten, der römischen Eroberung unmittelbar vorausgehenden oder schon gleichzeitigen Phase – spiegelt sich übrigens sofort nach Abschluß des Einigungsprozesses in der administrativen Unterteilung Italiens in 11 Regionen durch Augustus wider, welche die traditionellen geografischen und ethnischen Namen tagen: I = Latium et Campania; II = Apulia, Calabria, Salentini et Hirpini; III = Lucania et Bruttii; IV = Sabini et Samnium; V = Picenum; VI = Umbria; VII = Etruria; VIII = Aemilia (Gallia Cispadana); IX = Liguria; X = Venetia et Histria; XI = (Gallia) Transpadana. Man war sich durchaus auch jener Bindungen an ausländische Gebiete bewußt, die bereits bezüglich der fehlenden Einheit und Selbständigkeit Italiens hervorgehoben wurden: So empfand man in der Tat den von Griechen besiedelten Süden Italiens als griechisches Territorium und nannte ihn Magna Graecia. Der keltisierte Norden wurde als Teil Galliens betrachtet und Gallia Cisalpina genannt.

Zur Aufhellung einer so komplexen und vielfältigen Landschaft mittels der historischen Quellen besitzen wir nur die klassische, d. h. griechische und lateinische Literatur, die lediglich partielle und unvollkommene Hilfestellung leisten kann. Sie informiert uns unmittelbar – wenn auch mit allen Einschränkungen infolge des Verlustes vieler bedeutender Werke – über zwei Bereiche: einmal über die Sphäre der griechischen Kolonisation in Unteritalien und Sizilien mit ihren lokalen Ereignissen und ihren äußeren Beziehungen zur restlichen hellenischen Welt, das andere Mal über die Geschichte Roms, die sich von den bescheidenen Anfängen im Herzen Italiens bis zur völligen Vereinnahmung Italiens allmählich abspielte. Sieht man von diesen beiden relativ gut bekannten Bereichen einmal ab, so gibt es nur noch indirekte und fragmentarische Zeugnisse, die in erster Linie der geografischen und ethnografischen Neugier der griechischen Schriftsteller und dem Interesse der römischen Historiografie für jene Völker und Kulturen zu verdanken sind, mit denen Rom im Laufe seiner Geschichte in Kontakt kam. Die römische Eroberung und die Durchsetzung der lateinischen Sprache und Zivilisation haben andererseits jegliche Spur von originalen lokalen Überlieferungen verschwinden lassen, was in besonderem Maße für die etruskische Literatur gilt. So fehlt uns für einen Großteil des vorrömischen Italien eine kontinuierliche historische Tradition. Um diese Schwierigkeit auch nur einigermaßen überwinden zu können, müssen wir den verschiedenen Hinweisen aus archäologischen Funden und epigrafischen Zeugnissen sowie den bescheidenen Spuren in den klassischen Quellen nachgehen.

Bei solchen Bedingungen kann man gut verstehen, warum die Perioden und Kulturen des vorrömischen Italien nur als Randgebiete der Altertumsforschung behandelt oder nur unter ganz speziellen und dabei sehr unterschiedlichen Aspekten untersucht wurden. Wesentlich trug dazu auch der Umstand bei, daß man die Geschehnisse in der Magna Graecia und in Sizilien (als Teilbereich der griechischen Geschichte), in Rom (als erstes Kapitel der römischen Geschichte), in Etrurien und – soweit überhaupt faßbar – in anderen indigenen Zonen und Gemeinden Italiens als voneinander unabhängige historische Themen und Probleme betrachtete. Man sah sogar teilweise diese äußerst heterogene Welt ganz unter dem Blickpunkt Roms, sozusagen als eine Art Vorbereitung auf die Romanisierung, und stellte sie pflichtgemäß an den Anfang eines jeden, der römischen Geschichte gewidmeten Werkes.

Aber es fehlte nie und fehlt auch heute nicht an Hinweisen auf gute Gründe, die eine andere Denkweise und Perspektive nahelegen, und zwar durch die Aufdeckung – trotz aller objektiven Vielfalt und Ungleichheit der Phänomene und Verschiedenheit der uns zur Verfügung stehenden Informationsquellen – von gemeinsamen Traditionen und Impulsen, von gegenseitigen, zeitlichen und räumlichen Beeinflussungen und Verknüpfungen unter den verschiedenen Völkern und Kulturzentren, von generellen Entwicklungstendenzen, von kulturell verwandten Ausdrucksformen. Diese Gründe rechtfertigen auch den Versuch einer einheitlichen und autonomen historischen Darstellung des „frühen Italien". Im folgenden werden wir erfahren, wie diese Idee bereits zu Beginn der modernen Forschung auftauchte und in den Studien unseres Jahrhunderts mit immer größerer Evidenz wiederkehrte. Sie liegt auch dem Inhalt und der Konzeption dieses Buches zugrunde, das – wenn auch mit gebotener Vorsicht und kritischer Wachsamkeit sowie im Lichte der jüngsten Forschungsdaten – die Gültigkeit dieser Idee beweisen und sie erstmals in der Forschung zu einer wirklichen Synthese gestalten will.

Micali und die Geschichtsforschung des 19. Jhs.

Bekanntermaßen begannen sich die fundamentalen Richtlinien der modernen wissenschaftlichen Geschichtsforschung über die antike Welt an der Wende vom 18. zum 19. Jh. herauszubilden. In jener Zeit erschienen die Werke von W. Mitford, History of Greece (1784–1810) und G. B. Niebuhr, Römische Geschichte (1811–1832), in denen man im allgemeinen den entscheidenden Anstoß für jene Disziplinen zu erkennen pflegt, die wir als „griechische Geschichte" und „römische Geschichte" bezeichnen. Aber in den selben Jahren – und diese Koinzidenz ist meiner Ansicht nach den meisten Forschern entgangen – wurden auch die Werke von Giuseppe Micali publiziert, und zwar L'Italia avanti il dominio dei Romani (1810, aber bereits 1790 konzipiert) sowie – mit noch bezeichnenderem Titel – Storia degli antichi popoli italiani (1832).

Das Werk Micali's wird im allgemeinen als eine verspätete und in gewissem Sinne abschließende Schöpfung jener antiquarischen Gelehrsamkeit des 18. Jhs. angesehen, welche die etruskische und überhaupt die italische Welt verherrlichte und noch keine wissenschaftlichen Methoden anwandte. Das beweisen die negativen Urteile des 19. Jhs., angefangen von Niebuhr, ganz deutlich. Trotzdem erscheint es heute angebracht, Micali's Schriften nochmals einer aufmerksameren und genaueren Überprüfung zu unterziehen und sie grundsätzlich wiederaufzuwerten, nicht nur bezüglich des reichen Materials und der systematischen Darstellung, sondern auch wegen der Solidität der Daten und Begründungen. Schon das erste – das originellere – der beiden Bücher bietet in der Tat eine Beschreibung der verschiedenen ethnischen

Gruppen einschließlich des griechischen kolonisierten Gebietes, eine generelle Prüfung der institutionellen, wirtschaftlichen, kulturellen und linguistischen Aspekte und schließlich eine Übersicht der Ereignisabfolge von den Anfängen bis zur römischen Eroberung. Dabei war sich Micali durchaus der Notwendigkeit einer kritischen Bewertung der antiken Quellen und des Nutzens von archäologischen und epigrafischen Zeugnissen als Geschichtsquellen bewußt („Autorität der Geschichtsschreiber" und „Monumente als Hilfsmittel"). Nicht verkennbar ist auch eine gewisse, gleichermaßen weit vorausgreifende Neigung Micali's zu einer Geschichtsauffassung, die auch räumliche, wirtschaftliche und soziale Gesichtspunkte stark berücksichtigt. Die bereits in der Literatur des 18. Jhs. blühende antirömische Gesinnung hat insofern geschichtlichen Wert, als sie – wenn auch in leidenschaftlicher Form – die Notwendigkeit eines autonomen chronologischen, kulturellen und politischen Raums für die Entwicklungen im Italien vor der römischen Unterwerfung unterstreicht.

Das Werk Micali's unterscheidet sich also durchaus von den vorangehenden und z. T. auch noch gleichzeitigen Geschichtswerken, mit denen es freilich die Ideologie einer besonderen Wertschätzung der „italicità" teilt (die übrigens im romantischen und nationalistischen Klima des italienischen Risorgimento noch eine große Blüte erleben sollte). Micali's Opus ist aus der Sicht seiner Zeit zu sehen und entsprechend zu würdigen und kann an die Seite der großen zeitgleichen Geschichtswerke von Mitford und Niebuhr gestellt werden. Die Aufgabe bestand darin, parallel zu diesen einen der großen und „realen" Abschnitte der klassischen Antike zu erforschen. Im selben Moment und unter den gleichen Konditionen des einsetzenden Fortschritts der historischen Studien traten getrennt für sich die drei Themen „Griechenland", „Italien" und „Rom" hervor.

Aber wie sollte sich die Erforschung dieser Themen nun weiterentwickeln? Während des 19. Jhs. liefen die Forschungszweige der „griechischen Geschichte" und der „römischen Geschichte" kontinuierlich weiter und wuchsen unaufhörlich, bis sie den gesamten Bereich der Altertumswissenschaft des positivistischen und postpositivistischen Zeitalters dominierten. Dagegen trocknete der Zweig der „italischen Geschichte" aus und brach schließlich ab. Das erklärt auch, warum die Werke von Mitford und Niebuhr immer noch als Basis einer lebendigen Geschichtsforschungstradition angesehen werden, während jene von Micali als Vertreter einer als vorwissenschaftlich und bar jeglichen kritischen bibliografischen Interesses geltenden Literatur beiseitegeschoben und vergessen wurden.

Natürlich besteht der Hauptgrund dieser für die griechische und römische Geschichte als Materie und akademische Disziplin vorteilhaften wissenschaftlichen Entwicklung in der Existenz der reichen, literarischen, griechischen und lateinischen Quellen. Wegen der stark dominierenden philologischen Prägung des Historismus im 19. Jh. befleißigte sich die Geschichtsforschung besonders, um nicht zu sagen ausschließlich, der Nutzbarmachung und Interpretation dieser Quellen.

Bezüglich der damaligen Zeitströmung sind noch weitere Überlegungen anzustellen. Nach dem Vorbild der antiken Geschichtsschreibung sah der Historiker seine Hauptaufgabe im Erzählen von politischen, militärischen und biografischen Fakten und gab somit ein Spiegelbild der Taten von gehobenen Gesellschaftsschichten und herausragenden Persönlichkeiten, die einer Erinnerung würdig erschienen. Die damals dominierende nationalistische Ideologie favorisierte die Klassifizierung nach ethnischen Einheiten und ihrer jeweiligen Entwicklung, also im Sinne einer ,,Geschichte der Völker''. Schließlich kamen in Analogie zu den Naturwissenschaften auch biologische und evolutionäre Konzeptionen zur Anwendung. All diese Gründe führten in entscheidender und z. T. unwiderruflicher Weise zur Herausbildung von zwei großen ,,Geschichtsblöcken'', eben der griechischen und der römischen Geschichte, die voll diesen Anforderungen entsprachen. Dagegen widersprach die Idee einer Geschichte des vorrömischen Italien solchen Prinzipien, da es an einer originalen und homogenen literarischen Tradition mangelte, da die vorwiegend archäologische Dokumentation mehr die allgemeinen Lebens- und Kulturbedingungen gesellschaftlicher Gruppen als herausragende Ereignisse widerspiegelte und da es schließlich an der nationalen Einheit und einer evolutionären Kontinuität fehlte. Die abortive, von Micali am Beginn des 19. Jhs. vorgeschlagene Lösung des Themas war also kein Zufall, sondern vielmehr die logische Konsequenz einer wissenschaftlichen Richtung, welche die Gültigkeit einer solchen damals vorherrschenden Konzeption nicht anerkannte.

Die Geschichte der italischen Welt als ein auf der klassischen Literatur basierendes Forschungsthema polarisierte sich auf die griechische und römische Geschichte und identifizierte sich praktisch – wie schon erwähnt – mit der Geschichte des griechischen Randbereiches in Unteritalien und Sizilien sowie mit der Geschichte des monarchischen und republikanischen Rom. Für alle mit dieser Methode nicht „ausgefüllten" geografischen und chronologischen Räume, also für sämtliche restlichen Ereignisse im frühen Italien überließ man die Nachforschungen und Rekonstruktionsversuche fast ausschließlich den Archäologen und Sprachwissenschaftlern, die dabei freilich die Grenzen der Methode und der Resultate ihrer eigenen Spezialdisziplinen (auch wenn diese sich infolge von neuen Entdeckungen und kritischer innerer Verfeinerung verbessert hatten) nicht überschreiten konnten und deren Studien deshalb mehr ethnografischen und anthropologisch-prähistorischen als wirklich geschichtlichen Charakter haben. Man muß wohlgemerkt unterstreichen und kann dagegen einwenden, daß innerhalb dieses Rahmens die Etrusker auf Grund ihrer alle anderen nichtgriechischen Völker Italiens bei weitem übertreffenden Bedeutung einen ganz besonderen Platz einnehmen. Doch auch die Etruskologie erreichte trotz der größeren Anzahl von Überlieferungsdaten und von epigrafischen Zeugnissen keinen wirklich historischen Ansatz. Sie verstand sich vorwiegend als Erforschung der etruskischen Kultur, d. h. der Monumente, der Religion, der Lebensgewohnheiten, der Sprache usw.

Fast hundert Jahre lang – in einer für die Wiederentdeckung der klassischen Antike besonders fruchtbaren und entscheidenden Zeit – hat man praktisch eine innere „Geschichtlichkeit" der Probleme des vorrömischen Italien geleugnet und diese eher auf der Ebene des Sammelns, der Analyse, der partiellen Interpretation und des antiquarischen Interesses angegangen, also auf eine Weise, die in mancher Hinsicht an die etwas fragmentarische Gelehrsamkeit des 18. Jhs. erinnert und im Vergleich zu den damaligen Forschungen auf dem Gebiet der griechischen und römischen Geschichte unterentwickelt war. Daß dieser Zustand auch in der modernen Forschung so lange andauern konnte, erklärt

sich vor allem aus dem Prestige der offiziellen, speziell der deutschen Wissenschaft und ihrer häufig auch auf methodischem Gebiet mit intolerantem Dogmatismus durchgesetzten Richtlinien:
so z. B. im Sinne der einzigartigen Exaltation der griechischen
Kultur (kulminierend im Neuhumanismus von Helmut Berve)
und des daraus folgenden Desinteresses, um nicht zu sagen Ver-
achtung, für alles „nichtgriechische" und „nichtklassische".

Neue Orientierungen:
Die Dialektik Italien – Rom

Die soeben beschriebene Einstellung der Geschichtsforschung
gegenüber dem vorrömischen Italien hat bis in unser Jahrhundert
nachgewirkt und läßt sich auch jetzt noch in vieler Hinsicht verspüren. In der Zwischenzeit konnten freilich Widerspruch und
Gegenreaktion nicht ausbleiben, vor allem in den letzten Jahrzehnten. Das kontinuierliche und immer intensivere Anwachsen
der archäologischen und epigrafischen Funde im Kulturgebiet
der Etrusker sowie der anderen Völker Italiens einschließlich der
griechischen Kolonien hatte allmählich immer deutlicher die reale
quantitative und qualitative Dimension dieser Entwicklungen innerhalb des allgemeinen historisch-kulturellen Fortschritts der
antiken Welt offenbart, so daß eine sekundäre, flüchtige und
fragmentarische Wertung dieser Entwicklungen immer weniger
akzeptabel erschien.

Andererseits hatte auch die generelle Konzeption der antiken
Geschichtsforschung spürbare Wandlungen im Vergleich zu ihrem Ansatz im 19. Jh. durchgemacht. Über eine Neuinterpretation der Notizen und Erzählungen der klassischen Literatur hinaus hatte sie sich immer stärker einem globalen Einsatz aller nur
möglichen Erkenntnisquellen epigrafischer, numismatischer,
monumentaler und figürlicher Art geöffnet. Ihr Interesse galt
nun auch der Rekonstruktion der sozialen und wirtschaftlichen
Bedingungen, der Lebensgewohnheiten und der technischen Entwicklung. Vor allem hatte man die Konzeption einzelner Natio-
nalgeschichten mit dem Aufkommen neuer und andersgearteter
Perspektiven überwunden, etwa einer Universalgeschichte, einer

Epochengeschichte, einer speziellen Geschichte bestimmter Ambiente, sozialer Gruppen, kultureller Phänomene usw. In jedem Sektor der historischen und sozio-anthropologischen Forschungen manifestierten sich eindeutige Reaktionen auf evolutionistische und deterministische Modelle. Man kann sagen, daß jene grundsätzlichen Vorurteile allmählich fielen, die während des 19. Jh. zur Erstickung der Idee von einer autonomen und einheitlichen Geschichte des vorrömischen Italien geführt hatten.

Dies alles bedenkend verwundert es nicht, daß das von Micali initiierte Thema in den Studien der letzten Generationen wiederaufblühte und dabei nun – dem weiterentwickelten Forschungsstand entsprechend – in reiferer und kritischerer Weise angegangen wurde.

In diesem Sinne ist speziell das Problem der Beziehungen zwischen Italien und Rom zu untersuchen. Gemäß dem traditionellen Schema einer als diachronischen Abhandlung konzipierten römischen Geschichte (= kontinuierliche Entwicklung Roms durch die Jahrhunderte hindurch von den Anfängen bis zum Universalreich) muß die restliche italische Welt als etwas externes und accessoirehaftes im Vergleich zum einzig wahrhaften Objekt historischen Interesses, nämlich Rom, erscheinen. Diese rein römische Optik war schon den Annalisten und lateinischen Historikern zu eigen. Aber Rom ist nun einmal selbst Teil der italischen Welt. Dieser simple Tatbestand konnte weder den Alten noch der kritischen Reflexion der modernen Forscher entgehen. Es wurde bereits darauf hingewiesen, daß die antike Geschichtsschreibung eine gewisse Idee von einem von Rom unabhängigen Italien gewonnen hatte, während Italien andererseits aber tatsächlich mit der Ausdehnung der Herrschaft Roms identifiziert wurde. Der Gegensatz zwischen diesen beiden Anschauungen, der im Falle des Bundesgenossenkrieges zu Beginn des 1. Jhs. v. Chr. recht scharfe Züge annehmen konnte (wie noch ausführlich zu referieren und kommentieren sein wird), mündete dann dagegen, vor allem im politisch-ideologischen Klima der augusteischen Zeit, in eine versöhnliche Formel, die zwischen Italien und Rom eine schicksalhafte und glückliche Verbindung von Kontinuität und Vollendung herzustellen suchte – besonders bezeichnend ist dafür Vergils Dichtung – und deshalb Italien als „internen" und für die Geschichte Roms essentiellen Faktor ansehen wollte. Dieses Wachrufen von Positionen der antiken Lehrmeinung kann zum Verständnis der modernen Denkweise bezüglich dieses Problemes von Nutzen sein, aus der ein größeres Interesse für die Werte der italischen Welt und ein stärkeres historisches Bewußtsein im Vergleich zur streng romanozentrischen Weltanschauung des Historismus im 19. Jh. erwachsen ist – und das nicht nur auf Grund der immer größeren Anzahl der zur Verfügung stehenden Informationsquellen.

Bezeichnenderweise hat schon in der Mitte des 19. Jhs. Theodor Mommsen in seiner berühmten „Römischen Geschichte" erklärt, mehr die Geschichte Italiens und nicht so sehr diejenige Roms erzählen zu wollen, wobei Rom freilich erst der italischen Materie eine Gestalt verliehen hatte. Das bedeutet, daß die dialektische Beziehung zwischen Italien und Rom ganz eindeutig im Sinne einer Komplementarität verstanden wurde, die insgesamt nicht unähnlich der römischen Denkweise in augusteischer Zeit war, dagegen in völligem Kontrast zur Konzeption Micali's stand, der diese Beziehung als Bruch und Antithese verstand. Die problematische Intuition Mommsen's blieb dennoch isoliert und theoretisch innerhalb eines methodologischen und erzählenden Kontexts wie dem der im damaligen Zeitgeist geschriebenen „Römischen Geschichte".

Erst seit Beginn unseres Jahrhunderts begann man sich der konkreten Möglichkeit bewußt zu werden, die Geschichte Roms und der römischen Zivilisation vor allem in ihren ältesten Phasen im Lichte der linguistischen und archäologischen Dokumentation der anderen italischen Völker neu zu überdenken und ein Geflecht von gemeinsamen Konditionen und Entwicklungsprozessen sowie gegenseitigen Einflüssen zu rekonstruieren. Zweifelsohne konnte und kann diese Art von Hilfsmitteln nicht an die überwältigende Bedeutung und unmittelbare Evidenz der römischen Geschichtsschreibung heranreichen, doch erwies sie sich – trotz aller Begrenztheit und Fragmenthaftigkeit – als besonders wertvoll, wenn nicht sogar manchmal als ausschlaggebend für die Bestätigung, Berichtigung, Präzisierung und Vermehrung unserer aus den literarischen Quellen gewonnenen Kenntnisse.

Ein anfängliches Beispiel für die systematische Nutzbarmachung des nichtlateinischen (vor allem etruskischen) epigrafischen Materials zum Zwecke des Studiums eines römisch-itali-

schen „Kreislauf"-Phänomens wie dem des Ursprungs der lateinischen Onomastik ist das Werk von W. Schulze „Zur Geschichte lateinischer Eigennamen" (1904). Aber die etruskischen, umbrischen und oskischen Inschriften sollten infolge ihres Wertes
als genuine, chronologisch unmittelbare – wenn auch oft schwer
zu interpretierende – und ständig anwachsende Quellen besonders den Forschungssektor der Rechts- und institutionellen Geschichte Roms in der Königs- und republikanischen Zeit erneu-
ern, wenn nicht sogar revolutionieren. Das kommt zunächst in
der Arbeit von A. Rosenberg „Der Staat der alten Italiker" (1913)
zum Ausdruck, der zum ersten Mal die spezifisch römische Problematik einer gemeinsamen italischen Perspektive unterordnete.
So eröffnete sich jene lange Diskussion in einen illustren Kreis
von Historikern und Rechtsgeschichtlern verschiedener Nationalität, und zwar durch die Konfrontierung vielfältiger Erfahrungen der einzelnen Disziplinen (Epigrafik, Linguistik, Philologie,
Kulturgeschichte, Rechtsgeschichte, Soziologie), das Spiel von
abwechselnden polemischen Akzentuierungen (manchmal in
prorömischem, manchmal in proitalischem Sinne) und die Ver-
flechtung komplexer und subtiler Erörterungen und Hypothesen
(die sich zuletzt besonders auf das Thema des Übergangs von der
Monarchie zur Republik konzentrierten). Unter diesen Wissen-
schaftlern sind vor allem E. Kornemann, F. Leifer, H. Rudolf, E.
Meyer, L. Pareti, P. Fraccaro, S. Mazzarino, A. Alföldi, A. Momigliano, P. De Francisci, F. De Martino, J. Heurgon, R. E. A.
Palmer und J.-C. Richard zu nennen. Analoge Orientierungen
manifestierten sich auch in der Erforschung der ältesten römischen Religion und ihrem Verhältnis zu den italischen Kulten
sowie von anderen Problemen wie zuletzt dem der Stadtwerdung.

Zwischen 1920 und 1930 nahm das generelle Interesse an den
Kulturen des vorrömischen Italien stark zu. Auf der einen Seite
machten die von neuen Forschungen und archäologischen Entdeckungen (wie jenen in Veji und Cerveteri) stimulierten etrus-
kologischen Studien entscheidende Fortschritte auf allen Gebieten, angefangen von der Diskussion über die Ursprünge bis hin
zu den Untersuchungen der Sprache und den Versuchen einer
Bestimmung des eigenständigen Charakters der figurativen etruskischen Kunst im Vergleich zur griechischen Kunst. Man begann

sich in internationalen wissenschaftlichen Veranstaltungen zu treffen und sich in Forschungsinstituten zu organisieren, die ein fester Bestandteil europäischer Kultur werden sollten. Auf der anderen Seite wurden die kulturellen Phänomene der verschiedenen italischen Völker, auch außerhalb Etruriens, immer mehr in umfangreichen systematischen Werken behandelt, u. a. in der „Italischen Gräberkunde" (1923) von F. Duhn. Es bleibt auch anzumerken, daß dank der großartigen Forschungstätigkeit von Paolo Orsi in der Magna Graecia und in Sizilien und durch historische Werke wie die von G. Giannelli und E. Ciaceri sich gleichzeitig und parallel eine neue und modernere Vision des Griechentums in Italien eröffnete, gleichsam ein Vorspiel auf den außerordentlich starken Impuls von Grabungstätigkeit und wissenschaftlicher Diskussion, der diesen Sektor nach dem letzten Weltkrieg charakterisieren sollte.

Dies alles führte zu einer endgültigen, entscheidenden Bewußtseinswerdung bezüglich der Bedeutung der italischen Welt in ihrer Gesamtheit, die im Gegensatz zum geringen Interesse der traditionellen Geschichtsschreibung stand. Und es ist besonders bezeichnend, daß in einem einzigen Jahr, nämlich 1925, drei wissenschaftliche Ereignisse von fundamentaler Bedeutung sich in dieser Richtung vollzogen: Die Publikation der Werke von E. Pais „Storia di Italia antica", von L. Homo „L'Italie primitive et les débuts de l'impérialisme romain" und vor allem der Vortrag von Ulrich von Wilamowitz-Moellendorf, gehalten in Florenz unter dem Titel „Storia italica".

Wir werden noch darauf zurückkommen, welche spezielle Bedeutung dieser Vortrag, d. h. die Stellungnahme von Wilamowitz im Hinblick auf das uns hier interessierende Problem gehabt hat. Aber wir können bereits jetzt die vorherrschende Tendenz der Historiker erkennen, den gesamten ersten Abschnitt der römischen Geschichte bis zur Einigung Italiens als eine italisch-römische Geschichte aufzufassen, die ein relatives Eigengewicht hat und gleichsam ein Kondominium zwischen den beiden historischen Perspektiven Italien und Rom bildet (von denen die erste eher in statischem, die zweite mehr in dynamischem und innovatorischem Sinn konzipiert ist, mehr oder weniger gemäß der schon erwähnten Richtlinie von Mommsen). Das gilt außer für die bereits zitierten Werke von Pais und Homo auch für mehrere sich anschließende Publikationen, unter ihnen einige Römische Geschichten von besonders kritischer Relevanz wie jene von K. J. Beloch, F. Altheim (die in der ersten Edition von 1941 ausdrücklich den Titel „Italien und Rom" trägt) und L. Pareti. Aus ihnen spricht das volle Bewußtsein einer nicht möglichen Trennung zwischen Rom und seinen umliegenden Gebieten sowie zwischen nichtgriechischem Italien und gräzisiertem Italien. Im Sinne von S. Mazzarino könnte man also zusammenfassend von einer griechisch-italisch-römischen Koiné sprechen.

Es ist allerdings offensichtlich, daß auch für diese Wissenschaftler die dialektische Beziehung zwischen Italien und Rom als eine zeitlich bedingte Kontinuität konzipiert ist (im Sinne der alten augusteischen Ideologie) und daß das Schicksal Italiens deshalb letzten Endes vom „Wunder" Roms geprägt wird, das die vielfältigen Vorgaben gleichsam einsammelt und so den gemeinsamen Weg beschließt. „So richtet sich" – wie Mazzarino sagt – „die italische Geschichte nach der Zukunft aus und erlangt nur in Funktion von Rom Bedeutung". Das bedeutet, daß die nicht über Rom gefilterten italischen Faktoren zwar durchaus Gegenstand gelehrsamer Forschung sein können, aber nicht von wirklich historischem Wert sind. Die instinktive Kraft der fortdauernden Suggestion und Überzeugung, nämlich daß das Italikertum nur ein Vorspiel des Römertums sei, zeigt sich übrigens auch im Titel eines Buches, das der Beschreibung der Völker und Kulturen des vorrömischen Italien gewidmet ist, dabei die unmittelbar vorangehenden Studien zusammenfaßt und bis in die jüngste Zeit einzig in seiner Art bleiben sollte: „The Foundations of Roman Italy" von J. Whatmough (1937).

Aktuelle Perspektiven

Die Argumentation ändert sich in dem Moment noch einmal radikal, wenn zwischen dem italischen Pluralismus und der römischen Einheit bewußt eine strenge Trennungslinie nicht nur in chronologischem, sondern auch in qualitativem und modellhaftem Sinn gezogen wird, um so die Idee von der Existenz zweier verschiedener „Geschichten" zu legitimieren. Diese wissenschaftliche Position nahm ihren plötzlichen und aufsehenerre-

genden Anfang in der schon erwähnten Konferenz von Wilamowitz in Florenz, in der der Reichtum und die Originalität der
Lebens- und kulturellen Werte der italischen Welt bestätigt wurden, ebenso ihre Zugehörigkeit zu allen Volksgruppen des antiken Italiens einschließlich der griechischen sowie ihr Einfluß auf
Rom und ihr schließliches Erlöschen als Konsequenz der Romanisierung. Diese Lehrmeinung, die sich ausdrücklich auf Micali
beruft und seine Grundgedanken wieder aufnimmt, überholte
nicht nur die damals gängigen Ideen, sondern stürzte sie geradezu
um, indem sie einen evolutionären Prozeß von den italischen
Anfängen bis zum Triumph des Römertums leugnete und letzteren eher als Abschluß eines vorangehenden, in sich geschlossenen
historischen Zyklus ansah. Wilamowitz prägte den Begriff „italische Geschichte" für diese Konzeption und forderte die Gelehrten ausdrücklich zum Verfassen einer vorwiegend auf den Monumenten basierenden italischen Geschichte auf. Diese sollten nun
nicht mehr bloß als Objekte von rein archäologischem, narrati-
vem und analytischem Interesse betrachtet werden, sondern als
authentische Geschichtsquellen, die in diesem speziellen kulturellen und chronologischen Bereich die literarischen Quellen ersetzen. Es wurde also ein grundlegendes Kriterium für die Her-
ausfindung und unabhängige Wertung der Geschehnisse im vorrömischen Italien vorgeschlagen bzw. mit nun sichererer und
kritischerer Formulierung wieder vorgeschlagen, unabhängig von
jedem verfälschenden Urteil der späteren römischen Geschichtsschreibung.

Dieser mutige und in gewissem Sinne provokatorische Vorschlag von Wilamowitz hat keine unmittelbaren Wirkungen gezeigt, und sein Appell fand im Grunde bis zur Publikation des
hier nun vorgelegten Buches keine Antwort. Das erklärt sich aus
den in der Wissenschaft damals und auch anschließend vorherrschenden Tendenzen, die ihre Hauptaufmerksamkeit nach wie
vor auf die römische Geschichte oder auf eine unzertrennbare
italisch-römische Geschichte richteten, und vielleicht auch aus
dem Tatbestand, daß Wilamowitz ein Philologe und kein Historiker war. In der Tat kamen baldige, wenn auch nur sporadische
Erwiderungen auf diese radikal neue Position nur aus dem Lager
der Archäologen und Sprachwissenschaftler. So empfahl Amedeo
Maiuri in seiner 1946 erschienenen Arbeit „Problemi di archeolo-

gia italica" unter Berufung auf Micali und Wilamowitz, einen historischen Gewinn aus der fruchtbaren Arbeit der Wiederentdeckung der antiken italischen Kulturen zu ziehen; und die gleiche Empfehlung – wenn auch mit anderen Worten – wurde von Giacomo Devoto im Vorwort der zweiten Auflage seines Buches „Gli antichi Italici" (1951) geäußert: „Es gilt, ein modernes Bild vom antiken Italien durch nichtrömische Augen zu gewinnen". Aber sogar ein Historiker wie Giulio Giannelli stellte sich in der Einführung seines „Trattato di storia romana I" (1953) ausdrücklich den hier diskutierten Problemen und sprach sich dabei für eine autonome Bedeutung der „italischen Geschichte" aus, also für die Linie Micali–Wilamowitz und gegen die „falsche Impostation" der traditionellen Geschichtsforschung.

Auf dieser fortschrittlicheren Linie bewegen sich tatsächlich diverse Forschungsarbeiten und Publikationen jüngeren und jüngsten Datums, die bestimmte historische, institutionelle und kulturelle Probleme des vorrömischen Italien behandeln. Sie zeigen die immer klarere Tendenz, Daten und Notizen einander anzunähern, zu vergleichen, gemeinsam zu interpretieren und manchmal sogar zu identifizieren mit mehr oder weniger gleichzeitigen Geschehnissen, die bisher völlig isoliert für sich in der Magna Graecia, in Rom, in Etrurien usw. betrachtet wurden. Diese Beobachtungen konzentrieren sich auf Punkte oder Themen, die in den letzten Jahren auch infolge einiger außerordentlicher archäologischer und epigrafischer Entdeckungen immer stärker in den Mittelpunkt des Interesses gerückt sind.

Es besteht kein Zweifel, daß ständig neue Beweise für die äußerst engen Wechselbeziehungen zwischen den Phänomenen der Ursprungsphasen in den verschiedenen territorialen und kulturellen Bereichen des prähistorischen Italien gewonnen werden, und zwar aus den immer zahlreicheren Funden der fortgeschrittenen Bronzezeit einschließlich der häufigen Präsenz von mykenischer Keramik auf italischem Boden und speziell der bronzezeitlichen Endphase mit ihren sogenannten Protovillanovakulturen sowie aus der Eisenzeit, für welche die Grabungsergebnisse der latialischen Nekropolen und der ersten griechischen Siedlungsplätze wie Pithekusa auf der Insel Ischia und Megara Hyblaea auf Sizilien von besonderer Relevanz sind. Diese Wechselbeziehungen waren auch der Grund dafür, eine zusammenhän-

gende Betrachtung, nicht zuletzt im Lichte der Daten der traditionellen Geschichtsüberlieferung, in meiner 1955 erschienenen
Arbeit „Le origini storiche dei popoli italici" anzustreben.

Wir müssen nun die gesamte jüngere, sehr eifrige Diskussion
über das Problem der Beziehungen zwischen Großgriechenland,
Rom und Etrurien reflektieren, angefangen von den Studien F.
Sartori's und D. Van Berchem's bis zu den Vorträgen auf dem
Tarentiner Kongreß von 1968 über das Thema „Großgriechenland und Rom in archaischer Zeit" und einem wissenschaftlichen
Kolloquium von 1977 auf dem römischen Kapitol über das Thema „Das archaische Latium und die griechische Welt"; ganz generell gilt es auch, die zahlreichen Aufrufe zu einer einheitlichen
Vision der archaischen Kultur im griechisch-tyrrhenischen Bereich („tyrrhenisch" = Küstenzone von Kampanien, Latium und
Etrurien) hinsichtlich der Entwicklung und Strukturen der Stadtstaaten nach dem griechischen Polismodell, der Religion, des geistigen und materiellen Lebens, der Sitten, der künstlerischen
Strömungen usw., also ganz im Sinne jener Koiné von Mazzarino, zu berücksichtigen. Im Mittelpunkt dieser Problematik steht
die Entdeckung der mit Inschriften versehenen Goldbleche von
Pyrgi, die eine große Welle von Stellungnahmen von seiten der
etruskischen und semitischen Epigrafie und Linguistik sowie
überhaupt der Alten Geschichte auslöste, da sie eine ungeahnte
Erkenntnisquelle für die außenpolitischen Beziehungen der
etruskischen Welt in spätarchaischer Zeit und auch für die institutionellen Entwicklungen und Einrichtungen in Etrurien mit
möglichen Hinweisen auf Rom und das griechische Kolonialgebiet darstellte. Beachtliche Fortschritte haben vor allem in letzter
Zeit die religionsgeschichtlichen Forschungen auf komparativer
Basis zwischen den Kulten Großgriechenlands, Roms und Etruriens gemäß einer besonders von G. Pugliese Carratelli vorge-
zeichneten Leitlinie erzielt. Auch hier erhält die Diskussion
reichliche Nahrung aus den archäologischen Daten, die u. a. die
Ausgrabungen in Rom (vor allem des archaischen Tempels von
S. Omobono) und in Lavinio bieten. Ein besonders evidentes
Zeugnis für ideologisch-ikonografische Gemeinsamkeiten im Se-
pulkralbereich zwischen Etruskern aus Tarquinia und Griechen
aus Poseidonia fand man in den Malereien des sogenannten Tau-
chergrabes (Tomba del Tuffatore) in der Nekropole von Pae-

stum, das in die ersten Jahrzehnte des 5. Jhs. v. Chr. datiert. Bezüglich der Lebensgewohnheiten kann auf eine mehr oder weniger gleichzeitige – seinerzeit bereits von mir festgestellte – Korre-
spondenz zwischen einer von Dionys von Halikarnass (VII 2 ff.)
zitierten Notiz aus der „cumaeischen Chronik" und den Malerei-
en der Tomba dei Leopardi in Tarquinia erinnert werden, welche
die Damenmode mit blonden Haaren sowohl in Etrurien als auch
in Cumae bezeugen. Solch ein Detail mag für sich allein geringfü-
gig erscheinen, doch gewinnt es durch die Übereinstimmung
zweier grundsätzlich verschiedener Zeugnisse für zwei ethnisch
unterschiedliche Bereiche an Interesse.

Die Methode, Daten aus der griechischen, etruskischen und
römischen Welt einander anzunähern, wurde von Marta Sordi
hinsichtlich der Ereignisse des 5. und 4. Jhs. in einer Studie über
die Wechselbeziehungen zwischen der römischen Eroberung von
Veji, der gallischen Invasion und der Italienpolitik des Dionys
von Syrakus angewandt. Sie wurde weiterentwickelt in der Diskussion über die aus einer anderen sensationellen Entdeckung
resultierenden Probleme, nämlich der lateinischen Inschriftfrag-
mente aus Tarquinia mit Lebensdaten etruskischer Persönlichkeiten der Familie Spurinna, für deren historische Einordnung M.
Torelli in seinem Buch „Elogia Tarquiniensia" (1975) griechische
und römische Geschichtsquellen heranzog, die von der Athener-
expedition gegen Syrakus am Ende des 5. Jhs. und vom römisch-
tarquinischen Krieg im mittleren 4. Jh. v. Chr. berichten. Torelli
äußerte darüber hinaus die Hypothese, daß uns von diesen Spurinna ein direktes archäologisches Zeugnis in der Tomba dell'Or-
co I von Tarquinia mit ihren etruskischen Inschriften und Malereien überkommen sei. Charakteristisch für eine umfangreiche
und systematische Nutzung der lateinischen Literatur zwecks
einer konkreteren und besseren Kenntnis mancher etruskischer
Bereiche, Geschehnisse und Personen in hellenistischer und römischer Zeit ist schließlich das Oeuvre von J. Heurgon, der in
verschiedenen Artikeln, vor allem aber auch im letzten Kapitel
seines Buches „La vie quotidienne chez les Etrusques" (1961, mit
einem auf den neueren Forschungsstand gebrachten Anhang in
der letzten Neuauflage von 1979) sehr scharfsinnige und erstaun-
lich fruchtbare Proben dafür lieferte. Heurgon selbst hat übrigens
ausdrücklich seine Meinung über die Verknüpfung der histori-

schen Entwicklungsprozesse der Völker Italiens formuliert und sich dabei gegen die althergebrachte, von der antiken Annalistik ererbte Geisteshaltung ausgesprochen, die diese Prozesse als voneinander getrennt, in sich geschlossen und gegenseitig ,,undurchdringlich" ansah (,,Entretiens Hardt", 1967).

Einen weiteren Kontribut für die gegenwärtigen Tendenzen zu einer kritischen Revision hinsichtlich einer einheitlichen Wertung der Phänomene des vorrömischen Italien liefern die künstlerischen Äußerungen. Die traditionelle, rein abstrakt-schematische und auf ethnischen Vorurteilen basierende Klassifizierung der einzelnen Denkmälerkomplexe in ,,griechische Kunst", ,,etruskische Kunst", ,,römische Kunst" und ,,italische Kunst" wird immer mehr durch das strengere Kriterium von Analyse und feinfühligeren Interpretationen ersetzt, das – ohne Traditionen und lokale Gewohnheiten zu unterschätzen – die unzweifelhafte Existenz von gegenseitigen Einflüssen und gemeinsamen Entwicklungen nicht nur zwischen den nichtgriechischen Kulturgebieten, sondern auch zwischen diesen und der griechischen Kolonialzone im Sinne von E. Langlotz (seit 1949) in Rechnung stellt. Daß es möglich ist, in bestimmten Grenzen eine Kunstgeschichte der italischen Welt in ihrer Gesamtheit aufzuzeichnen, haben sowohl R. Bianchi Bandinelli (1973) als auch ich (1971) in zwei jüngeren Abhandlungen von synthetischem Charakter bewiesen. Diese Möglichkeit wurde kürzlich auch mit präziser kritischer Intension durch eine Ausstellung bestätigt, deren Thema lautete: ,,Prima Italia. Arts italiques du premier millénaire avant J.-C." (aus Anlaß der Europalia 1980 in Brüssel gezeigt, anschließend auch in Rom).

Möglichkeiten zur Wiedergewinnung eines einheitlichen historischen Bildes der italischen Welt

Wie soeben dargelegt, erscheint die Zeit inzwischen mehr als reif für eine Neuinterpretation der Geschichte des vorrömischen Italien und zwar nicht in konventionell-althergebrachter Weise im Sinne der streng romanozentrischen Tradition eines Niebuhr, aber ebensowenig nach der gängigen Formel einer Geschichte, die sich zwischen den beiden „Polen" Italien und Rom bewegt und gleichsam als Erinnerung an eine italische Welt verstanden wird, deren einzige und fatale Bestimmung die Vereinigung mit der römischen Welt war. Es stellt sich also die Aufgabe, die Erforschung der italischen Welt bewußt in ihrem ureigenen chronologischen Rahmen und ihren Charakteristiken anzugehen und ihr dabei eine eigene Identität und eine parallel zur griechischen Welt im 1. Jt. v. Chr. verlaufende Entwicklung zuzugestehen. Sie ist als ein „regionaler" Aspekt der antiken Geschichte bis zum Zeitpunkt ihres Aufgehens im römischen Universalreich zu betrachten, genauso wie die griechische. Die Weiterentwicklung dieser Forschungsrichtung in Form einer organischen Abhandlung bedeutet, heute nach fast zwei Jahrhunderten das von Micali vorgeschlagene Thema wiederaufzunehmen und nach mehr als 50 Jahren die Aufmunterung von Wilamowitz zu beantworten, um so die Idee einer authentischen „italischen Geschichte" wiederzubeleben.

Selbstverständlich muß man sich bei der Durchführung eines solchen Programmes einiger grundsätzlicher methodischer Kriterien voll bewußt sein und diese zunächst klar definieren. Sie sind bereits z. T. in verschiedenen, schon erwähnten Studien der letzten Jahrzehnte angesprochen worden, angefangen von Wilamowitz, sollen aber hier noch einmal – unterteilt in vier verschiedene Kategorien – genannt werden.

1. Kenntnisdaten und Erkenntnisprozeß: Alle Informationsquellen können – unter der Voraussetzung einer kritischen Überprüfung – als brauchbar gelten, sofern sie auf traditionelle Disziplinen zurückgehen und das hier zu behandelnde Thema berühren. Das sind auf der einen Seite die griechische Geschichte bezüglich Italiens und die römische Geschichte für die Königs- und republikanische Zeit, auf der anderen Seite die italische Vorgeschichte, die Etruskologie, die Archäologie und die Linguistik der anderen indigenen Bevölkerungsgruppen Italiens, ohne dabei Berührungspunkte mit Studienbereichen ausschließen zu wollen, die sich primär zwar nicht mit Italien beschäftigen, es aber gelegentlich doch streifen. Aus der Natur der Zeugnisse geht klar hervor, daß gerade auf diesem spezifischen Forschungssektor die diversen Kategorien von Quellen, seien sie nun literarischer, archäologischer oder linguistischer Art, alle mit dem selben kriti-

schen Maßstab und aus der gleichen und „unvoreingenomme-
nen" Distanz (um einen treffenden Ausdruck Devoto's zu zitieren) zu überprüfen sind, um so den historischen Kontext wieder-
herstellen zu können. Dieser Grundsatz ist konform mit den
neuesten, schon praktizierten methodischen Richtlinien der Forschung.

2. Zeitperspektive: Überflüssig und sogar einfältig mag der
Hinweis darauf erscheinen, daß die Geschehnisse der Vergangenheit aus ihrer Zeit und ihrer Vorgeschichte heraus zu beschreiben
und zu interpretieren sind und nicht im Lichte von späteren,
noch nicht vollzogenen Ereignissen. Aber gerade diejenigen, die
gemäß der Denkweise der Alten die Geschehnisse im vorrömischen Italien als einen Prolog oder sogar eine notwendige Voraussetzung für die Größe Roms erklären wollen, laufen Gefahr,
instinktiv und mehr oder weniger unbewußt in eine vom Wissen
um spätere Ereignisse verfälschte Beurteilung zu verfallen. In
Wirklichkeit war die Bestimmung Roms zum Protagonisten der
italischen Welt wenigstens bis zum Anfang des 3. Jhs. v. Chr.
noch völlig ungewiß. Rom war damals nur ein, wenn auch wichtiger Akteur auf jener Bühne, auf der auch die Griechen, die
Etrusker und die Italiker oskisch-umbrischer Sprache Protagonistenrollen einnahmen. Und es gilt, genau dieser Szenerie eine
bestimmte Konsistenz und Dimension zuzuerkennen und sie zu
rekonstruieren.

3. Verknüpfung der Geschehnisse des selben Zeitraumes: Hierbei handelt es sich um eine Überlegung, die großenteils den Schemata einer Geschichte entgeht, welche in „diachronischem" Sinn
als Zeitgeschichte und als jeweils in sich geschlossene Geschichte
der einzelnen Völker und Staaten konzipiert ist. Wir sollten heute
diese Schemata durchbrechen, und zwar mittels einer systematischen Untersuchung von „epochalen" und „synchronischen"
Verbindungen, wie schon die sehr fruchtbaren Ergebnisse der
jüngsten, bereits erwähnten Versuche (Sordi, Heurgon etc.) gezeigt haben. Es gilt also, jene gemeinsamen Voraussetzungen,
Nachahmungstendenzen, reziproken Reflexe und Rückwirkun-
gen zu ergründen und evident zu machen, die unvermeidlich die
verschiedenen historischen Momente in angrenzenden Zonen
charakterisiert haben müssen. Sicher bedarf es einer beachtlichen
logischen Anstrengung und Vorstellungskraft, um jene gewohnte

Denkweise zu überwinden, der zufolge wir z. B. eine Phase der politischen, sozio-ökonomischen und kulturellen Geschichte der Magna Graecia ausschließlich im evolutionären Kontext des Griechentums und kritisch nur im Rahmen der griechischen Geschichtsquellen oder der griechischen Archäologie sehen; ebenso ein Problem der Geschichte Roms in der Königs- oder republikanischen Zeit, das nur im Lichte der römischen Tradition angegangen wird; ein Aspekt der etruskischen Kultur, der völlig abstrakt in seiner „Etruskizität" unabhängig von Zeit und Umgebung beurteilt wird; oder eine Kulturphase irgendeiner latialischen, campanischen, picenischen oder venetischen Nekropole, die nur hinsichtlich der Typologie und Chronologie gemäß den Interessen, Verfahrensweisen und Erfahrungen von Spezialisten der prähistorischen Archäologie in diesen Regionen studiert wird. Nur wenn wir versuchen, diese traditionellen Einschränkungen unserer Studien zu beseitigen oder zwischen ihnen eine Osmose zu schaffen, wird die Rekonstruktion von historischen Realitäten möglich sein, deren fundamentale Zusammenhänge bisher unbegreiflich oder zumindest sehr konfus erschienen sind.

4. Umreißen einer gemeinsamen Entwicklung: Die Berührungspunkte dehnen sich über die einzelnen Phasen auch auf die Nachfolgeperioden aus. Man muß also den Verlauf der Ereignisse im vorrömischen Italien in einer ihnen eigenen Perspektive sehen, die sich auf die logischen zeitlich-räumlichen Zusammenhänge und ihre besondere Bedeutung im Rahmen der Entwicklung der antiken Welt begründet: Eine Perspektive, die jedenfalls verschieden ist von jener der griechischen und der römischen Geschichte. Dies ist ganz offensichtlich die konzeptionell delikateste Aufgabe, aus der ein positiver, nicht illusorischer Entwurf einer „italischen Geschichte" erwachsen kann und erwachsen muß. Die Aufgabe dieses Buches besteht denn auch darin, einen generellen, evolutionären und konsequenten Entwicklungsprozeß herauszuarbeiten, dessen Hauptetappen (Anfänge, archaische Blütezeit, Krisenperiode, Kontinuitäten in einer neuen Ordnung) den Stoff der historischen Kapitel unseres Werkes bilden.

II. Die Anfänge

Problemstellung

Der Ursprung der Völker und die historischen Entwicklungen der italischen Welt haben in gleicher Weise die Neugier der Alten und das Interesse der heutigen Zeitgenossen erregt. Die einen wie die anderen haben versucht, eine Erklärung auf der Basis ihrer jeweiligen Kenntnisse zu finden, die aber vor allem mit ihrer Mentalität konform sein mußte.

Für die Alten war das Ursprungsproblem mit präzisen Ereignissen und Personen identifiziert. Man stellte sich im allgemeinen vor, daß Einwanderungen vom Meer her nach Italien erfolgt seien, etwa nach dem Muster der historischen griechischen Kolonisationen, jedoch in ein heroisches Zeitalter verlegt und verschiedenen Völkern zugeschrieben; diese Völker hätten sich – so nahm man weiterhin an – von Osten nach Westen verlagert wie die Arkadier, Pelasger, Achäer, Trojaner, Lyder, Kreter und Japyger und seien von heroischen Kulturbringern und Stadtgründern wie Oinotros, Peuketios, Herakles, Minos, Odysseus, Diomedes, Aeneas, Antenor, Tyrrhenos usw. angeführt worden. Abgesehen von einigen älteren Episoden (Ankunft der Arkadier mit Oinotros) wurde der größte Teil dieser Geschehnisse in die Zeit um den Trojanischen Krieg verlegt. Die Besetztung neuer Länder wurde manchmal mit einem fremden Heroen personifiziert, der zunächst die alteingesessene Bevölkerung bekämpfte, um dann aber schließlich die Tochter des dortigen Königs zu heiraten und dessen Reich zu erben. Das ist z. B. der Fall bei Diomedes in Apulien, wo der König Daunos herrschte, und bei Aeneas in Latium, wo Latinus König war. Im Grunde sah man also aus der Verschmelzung von Autochthonen und Neuankömmlingen die historischen Völker hervorgehen. Den Ursprung der Städte stellte man sich als einen gewollten und zeitlich festgelegten Gründungsakt vor, wiederum dem Vorbild der historischen griechi-

schen Kolonien entsprechend. Weitere interne Wanderungen
hätten dann zur Bildung neuer Völker aus bereits formierten
Volksgruppen geführt. So seien aus den Oinotrern in Unteritalien, also den Nachfahren der Arkadier des Oinotros, die Aboriginer in Mittelitalien und aus diesen wiederum – allerdings durch
zusätzliche Verschmelzungen – die Latiner hervorgegangen.

Es versteht sich, daß diese sehr unterschiedlichen, komplexen
und bisweilen sogar widersprüchlichen Versionen ihren Ursprung in „sehr alten Erzählungen" (palaiotatoi mythoi) nahmen,
die schon für die antiken Historiker legendären und wenig glaub-
haften Charakter hatten. Die neuzeitliche Kritik des 19. Jhs. ver-
dammte sie – von wenigen Ausnahmen abgesehen – samt und
sonders in das Reich fabulöser Erfindungen. Wir sind uns dagegen allmählich bewußt geworden, daß sich in mancher dieser
Erzählungen, so entstellt sie oft auch sein mögen, ein Widerhall
weit zurückliegender historischer Realitäten verbirgt.

Trotz der Ablehnung der antiken Konzeptionen konnte sich
die moderne Forschung nicht der Versuchung entziehen, die italischen Ursprünge als Folge fremdländischer Einwanderungen zu
sehen. Freilich ist die Perspektive verschieden. Die Suggestion
der vergleichenden Sprachwissenschaft, die die ursprüngliche
Einheit der indoeuropäischen Sprachen entdeckt hatte, führte im
Zeitalter des Positivismus zu der Vorstellung, daß diese Sprachen
infolge von Völkerwanderungen auf dem Landwege von einem
gemeinsamen ursprünglichen Gebiet aus zu ihren definitiven Be-
stimmungsorten verbreitet worden wären. Demzufolge würde es
sich also um eine große Diaspora handeln, die außer den asiati-
schen Ariern Indiens und des Iran auch eine ganze Serie von
Völkern mit Protagonistenrollen in der Geschichte des Mittelmeerraums und Europas miteinschlösse wie die Hethiter, Griechen, Italiker, Kelten, Germanen und Slaven. So wurde der Beginn der italischen Geschichte mit dem Eindringen der „Italiker"
aus Zentraleuropa über die Alpen in die Poebene und auf die
italische Halbinsel identifiziert. Auch dieser Vision lag der Einfluß von Vorbildern späterer historischer Ereignisse zu Grunde
wie der keltischen Expansion im vorrömischen Italien und der
barbarischen Invasionen der Spätantike.

Die prähistorische Archäologie – eine andere große Errungen-
schaft des positivistischen Zeitalters – schien diese Theorie zu

bestätigen und zu präzisieren. Man glaubte die Ankunft der Italiker im Erscheinen der bronzezeitlichen Terremaricoli-Kultur
(charakterisiert durch Pfahlhüttendörfer mit Schutzdämmen) in
Norditalien und in der Verbreitung des Verbrennungsritus von
Norden nach Süden erkennen zu können. Diese These wurde vor
allem von W. Helbig und L. Pigorini formuliert und von letzterem generell als „pigorinianische" These definiert. Die selbstver-
ständliche Erklärung von aus archäologischen Funden ermittel-
ten kulturellen Faktoren als ethnisch-linguistische Tatsachen war
damals ein im „Gesetz" von G. Kossinna zusammengefaßtes
Axiom, demzufolge „jede kulturelle Provinz, so klein sie auch
sei, eine eigene, von anderen verschiedene Bevölkerung haben
muß". Dieses „Gesetz" führte maßgeblich zur Ausarbeitung von
zwar sehr einfallsreichen, aber vereinfachenden und mit rigoro-
sem Dogmatismus vertretenen Rekonstruktionsschemata, die
sich dann als nicht stichhaltig erweisen sollten.

Die Idee von der Indoeuropäisierung des frühen Italien durch
Invasionen, die auch archäologisch beweisbar schienen, als entscheidende Grundvoraussetzung für seine anfängliche historische
Entwicklung ist vor allem im Laufe unseres Jahrhunderts weiterentwickelt, verbessert und infolge des Fortschritts auf linguistischem Sektor und der starken Zunahme von Funden exakter arti-
kuliert worden. Man erkannte z. B., daß die verschiedenen indoeuropäischen, in historischer Zeit in Italien gesprochenen Sprachen wie Lateinisch, Oskisch-umbrisch, Venetisch und Messa-
pisch nicht als Ableitungen von einem hypothetischen „gemeinsamen Italisch" zu verstehen sind, sondern daß sie auch unabhängige Verbindungen mit anderen indoeuropäischen Sprachen außerhalb Italiens aufweisen. Die Archäologen hielten es ihrerseits
wiederum für logisch, die kulturellen Veränderungen der jüngeren Prähistorie vom Neolithikum über die Bronze- bis zur Eisenzeit mit aufeinanderfolgenden Völkerbewegungen aus solchen
Territorien zu erklären, die ähnliche Phänomene wie in Italien
zeigten (z. B. die neolithischen Kulturen der Gefäße mit quadrati-
scher Mündung oder der Streitäxte, die Keramiken mit Mäander-
und Spiraldekoration, die „Urnenfelder" etc.). Vor allem wurde
dabei auf Mittel- und Osteuropa verwiesen, die als Hauptsied-
lungsgebiete der Indoeuropäer galten. Es fehlte auch nicht an
feinfühligeren Versuchen, einzelne kulturelle Neuerungen mit

dem Eintreffen bestimmter Völker zu identifizieren (so im Falle
des Historikers L. Pareti, der in den „Verbrennern" der End-
bronzezeit des sogenannten Protovillanoviano die Vorfahren
der östlichen Italiker mit oskisch-umbrischer Sprache erkennen
wollte).

Die einmalige Einwanderung der „Italiker" wurde durch zahlreiche aufeinanderfolgende Einwanderungsschübe ersetzt. Aber
das Deutungsprinzip blieb das gleiche, nämlich den Beginn eines
historischen Zyklus zu sehen, der sich auf ein oder mehrere gut
definierte Ereignisse zurückführen läßt, in diesem Falle auf die
Ankunft von ethnischen Gruppen, die sich in ihren kontinentalen
Heimatgebieten gewissermaßen bereits vorgebildet hatten. Ähnlich hatte sich schon den antiken Ethnografen dieser Ausgangspunkt dargestellt und zwar in Form von Wanderungen auf dem
Seeweg aus dem östlichen Mittelmeerraum. Sieht man einmal von
dem realen historischen Phänomen der griechischen Kolonisation
ab, so vertraute man merkwürdigerweise meist nur hinsichtlich
der Etrusker der antiken Überlieferung von einer Herkunft übers
Meer aus dem Osten (indem man ihre Identifizierung mit den
Lydern unter Tyrrhenos oder mit den Pelasgern akzeptierte), vor
allem wegen ihrer relativen sprachlichen Isolation und wegen
anderer Besonderheiten, aus denen man – richtiger- oder fälschli-
cherweise – einen Gegensatz zwischen Etruskern und indoeuropäischen Italikern ableitete.

Der enorme, immer schnellere Fortschritt der Kenntnisse auf
archäologischem, linguistischem und historischem Sektor in den
letzten Jahrzehnten hat neue und recht komplexe Daten ans
Licht gebracht, die häufig in Kontrast zu den gängigen Meinun-
gen stehen. Er hat auch zu neuen Zweifeln geführt, kritische und
unerwartete Perspektiven eröffnet und dabei praktisch die vom
Positivismus befürwortete ethnogenetische Konzeption ins Wan-
ken gebracht, sowohl was die Methode als auch was die Ergebnisse anbelangt. Die Entdeckung der entwickelten, raffinierten
und dauerhaften neolithischen und eneolithischen Kulturen in
Süditalien und auf den Inseln, der auf die ganze Halbinsel ausgedehnten sogenannten Appenninenkultur (im Vergleich zu der die
berühmten Terremare zu einem marginalen und chronologisch
sekundären Phänomen zurückgestuft wurden) sowie der Nach-
weis, daß es viele Einflüsse über das Meer her aus dem östlichen

Mittelmeerraum gab, die beträchtliche Auswirkungen zeitigten (die in der kommerziellen und vielleicht z. T. auch schon kolonialen mykenischen Präsenz in Apulien und an den Küsten Siziliens mit Ausläufern an der tyrrhenischen Küste und in Sardinien gipfelten) und nicht zuletzt die Tatsache, daß Brandgräber in Unteritalien nicht später vorkommen als in Norditalien, all dies hat in der Tat zu neuen Einsichten in der Forschung geführt. Das gewohnte Bild eines primitiven, nur vom Norden her besiedelten und zivilisierten Italien wurde auf den Kopf gestellt, und die Bedeutung und das Alter der jeweiligen lokalen Entwicklungen auf der Halbinsel und den Inseln sowie die wichtige Funktion der Kontakte und der Einflüsse aus dem Mittelmeerraum wurden bewiesen. Auf der anderen Seite galten die Forschungen der Sprachwissenschaftler nun den Substraten, d. h. Problemen der von den Einwohnern Italiens gesprochenen Idiome in der Zeit vor der Ausbreitung der indoeuropäischen Sprachen. Zu diesem Zwecke studierte man die Relikte in der Toponomastik – denn die Ortsnamen sind bekanntlich besonders langlebig – und in den Reflexen des Vokabulars der überlagerten Indiome und bemerkte dabei deren Verschiedenheit und Umfang sowie deren Beziehungen zu anderen außeritalischen Zonen. Dagegen erwiesen sich die eigentlich italisch-indoeuropäischen, historisch bekannten Sprachen immer mehr als späte Formationen und Resultate eines langen und komplizierten Werdeprozesses von Entwicklungen, Überlagerungen, Kreuzungen (zwischen verschiedenen indoeuropäischen Zweigen und auch den Substraten) und gemeinsamen Erneuerungen, die sich großenteils schon auf italischem Boden und vor Beginn des historischen Zeitalters vollzogen hatten.

Eine der ersten Konsequenzen aus dieser Verbreitung und Wandlung von Perspektiven war die Reaktion auf die Invasionstheorie, d. h. man hielt nun die autochthonen ethnischen und kulturellen Faktoren im Gegensatz zu den äußeren für die maßgeblichen Elemente bei künftigen Entwicklungen der italischen Welt. Diese neue Orientierung überwog vor allem in der Zeit zwischen den beiden Weltkriegen, wobei G. Patroni ihr Hauptbefürworter war. Der Wechsel von älteren linguistischen Strata zu indoeuropäischen Sprachen und die Adoption von anderen innovatorischen Impulsen wurden hauptsächlich einer progressiven und vorwiegend friedlichen Absorption außeritalischer Im-

pulse ohne nennenswerte Veränderung der ursprünglichen Bevölkerung zugeschrieben. Interessant erscheint der Hinweis, daß
analoge autochthonistische Konzepte mehr oder weniger gleichzeitig auch bezüglich des etruskischen Ursprungsproblems vor-
herrschten, die sich gegen die traditionelle These der Herkunft
aus dem Osten und gegen die Befürworter einer Einwanderung
aus dem Norden richteten und dabei in gewisser Hinsicht an die
Haltung des antiken Historikers Dionys von Halikarnass (I 30)
anknüpften. Der Unterschied des Etruskischen zu den indoeuropäischen italischen Sprachen wurde von Devoto und anderen
Forschern eher als Überbleibsel eines präindoeuropäischen Sub-
strates denn als späterer exotischer Import erklärt.

Sieht man einmal von diesen extremen, polemischen Stellungnahmen gegen die „Dogmen" einer Genese von außen her ab, so
kommt in der Meinungsvielfalt der jüngsten Studien eine deutliche Bewußtseinswerdung für das Problem der italischen Ursprünge im Sinne einer „Lösung" zum Ausdruck, die weniger
endgültig, sondern reicher an Nuancierungen ist. Hier sind vor
allem die Arbeiten von F. Altheim, G. Devoto, A. Furumark,
C. F. Hawkes, H. Hencken, G. Kaschnitz-Weinberg, P. Laviosa
Zambotti, R. Peroni und von mir selbst zu nennen.

Vielfalt und Komplexität der zur Verfügung stehenden Zeugnisse haben dazu beigetragen, absolute Gegensätze etwa zwischen Einwanderungen zur See und Einwanderungen zu Lande,
zwischen Invasionismus und Autochthonismus zu überwinden
und stattdessen Hypothesen aufzustellen, die wahrscheinlich
eher den Tatsachen entsprechen wie „Präkolonisation" auf dem
Seeweg, Verschiebungen von mehr oder weniger konsistenten
Bevölkerungsgruppen oder Grüppchen zu Lande, Aufnahme von
fremdländischen Elementen, kommerzielle und kulturelle Kontakte auf den Landwegen von Norden her, über das adriatische
Meer und durch die Küstenschiffahrt auf jenen Mittelmeerrou-
ten, die schon seit Beginn des Neolithikums benutzt wurden.
Daß diese hypothetischen Vorstellungen Kontinuität, Weiterentwicklung und Transformation der ansässigen Kulturen und Bevölkerungen nicht ausschließen, versteht sich von selbst. Der
Schlüssel zur Lösung des Problems der formativen Elemente der
italischen Welt im pluralistischen Sinn besteht vor allem in der
allzu häufig vernachlässigten Berücksichtigung des „Zeitfak-

tors", d. h. einer Tiefendimension, die eine sehr lange und vielfältige Abfolge von Ereignissen und Entwicklungen beinhaltet (wie
uns die Analogie der tausendjährigen Konstituierung des modernen Europa lehrt) und sich gegen die instinktive Tendenz richtet,
diese Entwicklungsprozesse in der abstrakten Form eines einzelnen Motivs, Phänomens oder Ereignisses zu vereinfachen.

Man muß das Problem der italischen Ursprünge aus seiner
Isolierung und einer auf einen speziellen geografischen Raum
eingeengten Untersuchung befreien, die sich rein auf die Interessensphäre der Prähistoriker und Linguisten beschränkt und fast
ausschließlich als ethnogenetische Forschung verstanden wird.
Diese Ursprünge sind vielmehr in breiterem und konkreterem
Rahmen in das historische Bild der antiken Mittelmeerkulturen
einzufügen. Gerechtfertigt wird dieser Vorschlag besonders
durch das erstaunliche Anwachsen unserer Kenntnisse – infolge
der Entdeckungen im Ägäisraum und im Vorderen Orient – über
die Zustände und Ereignisse im östlichen Mittelmeerraum und
zwar während jener Perioden, in denen die Voraussetzungen für
die künftige italische Geschichte reiften. Es genügt freilich nicht,
die vielfältigen, schon genannten östlichen Einflüsse auf italischem Boden nur zu konstatieren und zu interpretieren, sondern
man muß auch grundsätzlich die Möglichkeit in Erwägung ziehen, daß die großen Ereignisse im Osten direkt oder indirekt auf
entscheidende Weise zur Herausbildung bestimmter fundamentaler Strukturen des historischen Italien beigetragen haben. Dies
scheint z. B. für den Fall der großen mykenischen Expansion und
der Rezession und Agitation in der ausgehenden Bronzezeit mit
all ihren Wirkungen und Konsequenzen für den Mittelmeerraum
und Europa zu gelten. Ein besonders evidentes Beispiel ist aber
schließlich das völlig reale Phänomen der griechischen Kolonisation. Eine vorsichtige Benutzung orientalischer historischer
Quellen (hinsichtlich möglicher Beziehungen zwischen Namen
der sogenannten Seevölker und Namen von Völkern Italiens)
erscheint durchaus legitim, ebenso eine Wiederaufwertung legen-
därer Erzählungen der griechischen Tradition über Verbindungen zwischen dem frühen Italien und der ägäischen Welt. Beide
stellen für unseren Zweck zwar keine wirklichen historischen
Zeugnisse dar, doch geben sie neben den archäologischen und
linguistischen Daten nicht zu vernachlässigende Hinweise.

Die konstatierte Vielfalt der Faktoren, der Sinn für zeitliche
Dimensionen und die Suche nach einem historischen Rahmen
bilden bei der Diskussion über die Ursprünge die Ausgangsbasis
jener Impostationskriterien, die derzeit allmählich die Oberhand
gewinnen und – wie wir glauben – auch vorherrschen müssen.
Das Konzept eines zeitlich genau festgelegten „Anfangs" wird so
durch das einer allmählichen „Formation" ersetzt. Auszuschließen ist ein trügerischer „Ausgangspunkt", der in deterministi-
scher Weise bereits alle zukünftigen Entwicklungen mitein-
schließt und der zeitlich zurückverlegt und identifiziert wird mit
Immigrationen oder mit autochthonen Bevölkerungselementen.
Sprechen wir lieber im schon angedeuteten Sinne U. Rellini's –
speziell in Hinsicht auf die Geburt der italischen Völker – von
einem „Zielpunkt", d. h. von einem Moment der endgültigen
Koagulation von Formationsprozessen ethnischer und kultureller Phänomene: „Das Ethnos ist das Produkt eines langsamen
und späten Entwicklungsprozesses". So erscheint es uns z. B.
nicht mehr vernünftig, eine latinische oder etruskische Nation
und Kultur zeitlich älter als jenen „Zielpunkt" anzusetzen und
sie in fernen Zeiten und Orten zu suchen (wie es manchmal
geschah). Sicher würde auch kein moderner Historiker so einfältig sein und ante litteram die französische Nation und Kultur mit
den Kelten, dem römischen Gallien oder den Franken, Westgo-
ten, Burgundern und Normannen identifizieren.

Die Erforschung der Ursprünge des historischen Italien steht
demnach vor zwei verschiedenen, wenn auch eng miteinander
verknüpften Aufgaben: Auf der einen Seite müssen die formativen, ethnischen, linguistischen, kulturellen, indigenen und von
außen eingedrungenen, entweder zeitlich weit zurückliegenden
oder auch jüngeren Elemente, die in der prähistorischen Phase
konvergieren, erforscht und analysiert werden; auf der anderen
Seite müssen abschließende historische Definitionsprozesse in ihren Eigenarten, an ihren Schauplätzen und zu ihrer jeweiligen
Zeit erkannt und interpretiert werden.

Natürlich muß man sich immer den fundamentalen Unterschied zwischen Italien und Griechenland vor Augen halten.
Während sich Griechenland uns schon seit Beginn des historischen Zeitalters in einer ethnisch weitgehend einheitlichen Physiognomie präsentiert, setzt sich Italien aus einem komplizierten

Mosaik von Völkern und Sprachen zusammen. Die Erforschung der Anfänge der griechischen Geschichte ist also durchaus mit jener der Ursprünge des griechischen Volkes gleichzusetzen. Im Falle von Italien hingegen müssen wir erst eine Reihe von ethnogenetischen Einzeluntersuchungen anstellen, die sich mit den verschiedenen Bevölkerungsgruppen wie Etruskern, Latinern, Italikern mit oskisch-umbrischer Sprache, Apulern, Venetern, Ligurern etc. beschäftigen (abgesehen von den Griechen selbst und den Kelten, deren Ursprünge historisch besser kontrollierbar sind). Dennoch hat die übertrieben sektoriale Isolierung dieser Themen – so als würde es sich um völlig autonome Probleme handeln (siehe speziell den Fall des Ursprungs der Etrusker im Vergleich zu jenem der Völker des indoeuropäischen Italiens) – der richtigen Fragestellung und dem wissenschaftlichen Fortschritt geschadet. Wir müssen in der Tat aus immer stichhaltigeren Gründen die Existenz zahlreicher und wichtiger Wechselbeziehungen zwischen den konstitutiven Elementen dieser Völker vermuten, wie u. a. im linguistischen Bereich die lexikalischen Vermischungen und manche gemeinsamen phonetischen Besonderheiten sowie die Verknüpfung von Ereignissen beweisen, die zur definitiven historischen Stabilisierung dieser Völker führten.

Es muß schließlich darauf hingewiesen werden, daß sich der Beginn der Geschichte des antiken Italien nicht auf den Ursprung seiner Völker, also auf ein rein ethnogenetisches Faktum beschränkt, sondern auch Aspekte der sozialen und politischen Organisation, der Siedlungsformen, Lebensgewohnheiten und Produktion, von Religion, Mentalität, Geschmack, künstlerischer Tradition usw. beinhaltet. All diese Aspekte können durchaus Völkern unterschiedlichen Ursprungs gemeinsam sein, zumal wenn sie sich seit alters her in einem beschränkten und relativ kleinen geografischen Raum wie eben Italien und speziell einigen seiner Zonen formten und zusammenlebten. Die Erforschung der Ursprünge berührt also nicht nur die Formation der einzelnen historischen Nationen, sondern auch das Zusammenspiel ihrer kulturellen Ausdrucksformen.

Analyse der Formationselemente:
das archäologische Bild

Eigentlich erscheint die Frage müßig, ob oder bis zu welchem Grade sich das Bild des antiken Italiens ändern würde ohne die Vorläufer des sehr alten und imponierenden Phänomens der prähistorischen Zentren im Süden, vor allem in Apulien, der Basilicata und Sizilien, das über Jahrtausende vom Beginn des Neolithikums bis fast zu den Anfängen der griechischen Kolonisation andauerte. Es ist aber eine Tatsache, daß dieses Phänomen – das erst vor relativ kurzer Zeit erkannt und immer noch untersucht wird – sich auf ein geografisches Gebiet bezieht, welches auch später – eben durch die griechische Kolonisation – zur Avantgarde gehören sollte. Es war zugleich Empfänger und Weiterverteiler von Elementen der großen Zivilisationsströme, die aus dem ägäisch-anatolischen Raum übers Meer her einflossen und sogar selbst an der schöpferischen Entwicklung einer Mittelmeerkultur mit Produkten teilhatte, deren handwerkliche und dekorative Raffinesse jener der orientalischen Vorbilder nicht nachstand (man denke etwa an die bemalte neolithische Keramik des Serra d'Alto-Stils). Es zeichnete sich durch die Präsenz von dauerhaften und prosperierenden Siedlungen aus, die allmählich den Charakter von protourbanen Gebilden annahmen (man denke etwa an Coppa Nevigata in Apulien oder an das Castello von Lipari auf den Äolischen Inseln). Auch ist das Vorhandensein einer entwickelten Landwirtschaft und handwerklichen Produktion, von beachtlichen sozialen Strukturen, von konsistenten politischen Organisationen und von dauerhaften Traditionen zu vermuten. Schließlich erfolgte die Integrierung in die große mykenische Expansion der mittleren und späten Bronzezeit, die fast das gesamte Gebiet erfaßte. Infolgedessen ist es nur schwer vorstellbar, daß diese Fakten keine entscheidenden historischen Konsequenzen nach sich gezogen haben sollten.

Das prähistorische Panorama von Mittel- und Norditalien ist längst nicht so charakteristisch. Seine Manifestationen und Kulturabfolgen gehören einer Stufe an, die mehr dem allgemeinen europäischen Kulturniveau entspricht. Die festen Siedlungen sind nichts anderes als Dörfer mit Hütten und Baracken oder – in sumpfigen Zonen und Flußniederungen – mit Pfahlbauten. Erst gegen Ende der Bronzezeit vermehrten und verdichteten sie sich vor allem auf den Anhöhen. Ein Gegenstück zur Agrikultur bildete in weiten Teilen des Inneren der Halbinsel die Viehzucht, die aufs engste mit der Entwicklung und Verbreitung der bronzezeitlichen Appenninenkultur verbunden ist. Es wurde bereits auf einen wiederholten Zufluß von kontinentaleuropäischen Elementen hingewiesen, besonders aus dem Donau- und Balkanraum, der damals in verschiedener Hinsicht entwickelter als Italien war. Zum Teil gelangten diese Einflüsse wohl auch über das Adriatische Meer nach Italien. Solch komplexe Phänomene machen sich bereits seit dem Neolithikum bemerkbar, reichen aber bis zur späten Bronzezeit und sogar bis zur Eisenzeit hinunter und manifestieren sich in keramischen Formen und Dekorationen, in Typen von Metallgegenständen etc. Seltener sind die Einflüsse aus Westeuropa wie etwa die Verbreitung der sogenannten Glokkenbecher (auch in Sardinien und Sizilien) in eneolithischer Zeit. Zeugnisse der Religion, der Lebensgewohnheiten und von figürlichen Äußerungen der Einwohner Italiens aus der jüngeren prähistorischen Zeit besitzen wir einerseits in den eingeritzten Felszeichnungen vom Monte Bego in den Seealpen und aus Valcamonica in den Zentralalpen, andererseits in den antropomorphen Stelen oder Menhir-Statuen aus Korsika, der Lunigiana, den Alpentälern und auch aus Apulien. Diese Monumente sind zweifelsohne an weiter zurückliegende Äußerungen des prähistorischen Europa gebunden, bleiben aber z. T. nicht ohne spätere Ausläufer in historischer Zeit, so im Falle der toskanisch-emilianischen und der apulischen Grabstelen.

Ein wichtiges Faktum ist ohne Zweifel das Aufkommen und die Verbreitung des Verbrennungsritus für die Toten. Seine Neuheit, seine massive europäische Diffusion, die Tragweite seiner Nachfolgeerscheinungen in Italien und seine Charakteristiken lassen an Geschehnisse denken, die für die Formation der historischen Strukturen der italischen Welt von Bedeutung waren. Diese neue Sitte findet ihren Niederschlag vor allem in der sogenannten Urnenfelderkultur in Zentraleuropa und dringt in der späten Bronzezeit unter teilweiser Mitwirkung der Terremare-Kultur nach Norditalien ein. Aber mehr oder weniger gleichzeitig er-

Die Anfänge

scheint sie auch im Süden der Halbinsel (ein Friedhof von Canosa in Apulien scheint ihre Präsenz sogar schon in der mittleren Bronzezeit zu beweisen). Ihre größte geografische Expansion in Italien von den Alpen bis zum Nordosten Siziliens erreicht die Verbrennungssitte in der Endphase der Bronzezeit mit den sogenannten Protovillanova-Nekropolen, unter denen vor allem folgende hervorzuheben sind: Ascona im Tessin, Fontanella Mantovana in der Lombardei, Bismantova in der Emilia, das Fioratal und die Tolfaberge in Etrurien, Pianello di Genga in den Marchen, Timmari und Torre Castelluccia in Apulien, Tropea in Kalabrien und Milazzo in Sizilien. Diese auch durch Siedlungen und Metallfunde bezeugte Phase manifestiert sich mit innovatorischen Elementen und relativ entwickelten kulturellen Eigenheiten. In der nachfolgenden Eisenzeit geht der Verbrennungsritus zurück und bleibt nur im tyrrhenischen Mittelitalien und in Norditalien stark verwurzelt. Eine der bisher unbeantworteten Hauptfragen der italienischen Prähistorie stellt das Problem dar, ob die Verbrennungssitte zumindest anfangs mit bestimmten, nach Italien eingewanderten Völkern in Verbindung zu bringen ist, denen vor allem die Propagierung besonderer religiöser Vorstellungen und kultureller Anregungen zuzuschreiben wäre oder ob diese Verbreitung nicht vielmehr durch zahlreiche und unterschiedliche Gründe je nach Zeit und Umständen bedingt war, was wohl wahrscheinlicher ist.

Die archäologischen Daten können uns natürlich nicht mehr als ein äußerliches, stummes und partielles – wenn auch unmittelbares und authentisches Bild von den realen Geschehnissen geben. Doch genügen sie für die Dokumentation von Traditionen und Kulturströmungen, die der Konstituierung der Kulturen des historischen Italiens vorausgehen, sie vorbereiten und wahrscheinlich auch bis zu einem gewissen Maße determinieren. Sie liefern einige wertvolle direkte und indirekte Hinweise auf die Konditionen der prähistorischen Gesellschaften, auf deren Fortschritte und Niedergänge und auf die gegenseitigen Beziehungen. Vor allem aber garantieren sie ein sicheres chronologisches Gerüst. Abgesehen von Unsicherheiten und Kontroversen hinsichtlich von Detailproblemen können wir die Fakten der jüngeren italienischen Prähistorie mit genügender Präzision in einer zeitlichen Abfolge ordnen (relative Chronologie), ja sie sogar ungefähr datieren (absolute Chronologie), und zwar nach folgendem Schema: Neolithikum (6./5. Jt.–3. Jt. v. Chr.); Kupferzeit/Eneolithikum und ältere Bronzezeit (3. Jt.–Anfang 2. Jt. v. Chr.); mittlere Bronzezeit mit der Appenninenkultur und den ersten mykenischen Einflüssen (16.–14. Jh. v. Chr.); späte Bronzezeit mit einer ersten Phase, die durch die subappenninische Kultur und großen mykenischen Einfluß gekennzeichnet ist (13.–12. Jh. v. Chr.) und einer Endphase mit der Verbreitung des Verbrennungsritus und dem kulturellen Phänomen des sogenannten Protovillanoviano (Ende 12.–Anfang 9. Jh. v. Chr.); Beginn der eisenzeitlichen Kulturen (seit dem 9. Jh. v. Chr.).

Innerhalb dieses chronologischen Gerüstes und vor dem Hintergrund dieser kontrollierbaren materiellen Hinterlassenschaften haben wir uns all jene, weitgehend dunklen Vorgänge vorzustellen, die sich auf das Wesen und die Aktivitäten von Gruppen und Gemeinden beziehen, auf ihre Kontakte und Konflikte, auf Wanderungen, Vermischungen, auf die Formierung oder Auflösung ethnischer Gruppen, auf Mentalität, Glauben, Traditionen, auf die Verbreitung neuer Ideen usw. Doch kann die historische Realität nicht allein mit Hilfe der materiellen Kultur rekonstruiert werden – diese kann vielmehr in vielen Fällen sogar irreführend sein –, wie nicht wenige Beispiele der Vergangenheit zeigen. Man muß also auch indirekte und gewissermaßen retrospektive Zeugnisse heranziehen, die aus dem Studium der Sprachen und einer kritischen Prüfung der literarischen Traditionen gewonnen werden.

Eindringen und Verbreitung der indoeuropäischen Sprachen

Der fundamentale und nicht zu unterschätzende Prozeß der Indoeuropäisierung Italiens ist in der bereits angesprochenen und entsprechend großen zeitlichen Dimension zu sehen. Er war jedoch auch noch im historischen Zeitalter zugange, und er fand seine Vollendung sogar erst mit der Romanisierung, d. h. mit dem Triumph der lateinischen über die restlichen, nichtindoeuropäischen Sprachen wie vor allem dem Etruskischen. Deshalb kann man die Indoeuropäisierung nicht ausschließlich mit einem oder gar mit „dem Problem" der Ursprünge gleichsetzen. Dieses Phänomen ist in Wirklichkeit in einem wesentlich größeren Rahmen zu sehen, der über die Geschichte des antiken Italiens und des Altertums überhaupt hinausgeht.

Was die italienische Vorgeschichte anbelangt, so kann kein Zweifel daran bestehen, daß die indoeuropäischen Sprachen nicht von den ältesten Bevölkerungsgruppen Italiens gesprochen wurden, sondern daß sie von außen eingeführt worden sind. Ihnen gingen in Italien andere Idiome unterschiedlicher Natur voraus, für welche die Linguisten den Terminus „Substrat" oder „Substrate" verwenden. Wie bereits erwähnt, hängt unsere Kenntnis der vorindoeuropäischen Idiome weitgehend von den toponomastischen und lexikalischen Überbleibseln ab und ist deshalb äußerst begrenzt und unsicher. Dennoch verfügen wir über gewisse Vergleichsmöglichkeiten mit anderen europäischen und mediterranen Substratzonen. Die Gelehrten haben auch versucht, einige eher vage und diskussionswürdige Sprachgruppen zu bilden, indem sie vom Hispanisch-Kaukasischen (oder Baskisch-Kaukasischen), Paläoeuropäischen, Ägäisch-Asianischen, Raetisch-Tyrrhenischen etc. sprechen. Diese Gruppen würden entweder zeitlich aufeinanderfolgen oder räumlich nebeneinander bestehen. So würde z. B. das Hispanisch-Kaukasische, das einer sehr alten Stratifikation angehört, innerhalb Italiens nur im Westen und zwar speziell auf Sardinien überleben, während das Ägäisch-Asianische eine jüngere Phase von Substraten auf der Halbinsel darstellen würde, vielleicht schon zur Zeit oder sogar nach der Zeit der ersten indoeuropäischen Einflüsse. Typische Beispiele dafür wären Namen mit -nt- wie Surrentum oder -s(s)a- wie Temesa oder Suessa sowie die lexikalischen Elemente einer bestimmten, vor allem naturalistischen Sphäre, die dem Griechischen und Lateinischen gemeinsam sind, d. h. vom Substrat in das Griechische und Lateinische eingegangen sind wie λείριον: lilium und σῦκον: ficus. In diesem Zusammenhang sind auch die intensiven kulturellen und archäologisch dokumentierten Beziehungen mit dem östlichen Mittelmeerraum im Neolithikum und in der Bronzezeit beachtenswert, weshalb man schon von echten prähistorischen „Kolonisationen" der Küsten Italiens und Siziliens gesprochen hat. Unter diesem Gesichtspunkt ist wohl auch das Ursprungsproblem der etruskischen Sprache zu sehen, wie später noch zu zeigen sein wird.

Indem wir von der Existenz eines nichtindoeuropäischen ethnischen und linguistischen Unterbaus ausgehen, der in weit zurückliegenden prähistorischen Zeiten wurzelt, müssen wir uns fragen, wie und wann die indoeuropäischen Sprachen nach Italien eingedrungen sind, zumal sie ja doch in sehr deutlicher Weise die ethnografische Landschaft des historischen Italien geprägt haben.

Wenn die ursprüngliche Heimat der indoeuropäischen Sprachgruppe von der gängigen Lehrmeinung zwischen Mittel- und Osteuropa sowie den Grenzen Zentralasiens lokalisiert wird, dann müssen diese Sprachen ganz offensichtlich vom Donau-Balkanraum her nach Italien eingedrungen sein, zumal die prähistorische Archäologie Einflüsse aus diesem Gebiet bereits seit dem Neolithikum bezeugt. Daß die Übertragung dieser Sprachen durch reale Wanderungen von Menschen und Menschengruppen als Vermittlern erfolgte, steht außer Diskussion. Und es ist anzunehmen, daß diese Menschen bis zu einem gewissen Grad auch Überbringer von kulturellen Neuerungen waren. Wir sind freilich nicht in der Lage, die Zwischenstationen, Umstände, Abfolgen und die Tragweite solcher Übermittlungen näher zu spezifizieren. Was wir sagen können, ist folgendes: Die Stoßrichtung der Bewegungen von Nordosten nach Südwesten bedingt zu Lande einen Weg durch die Ostalpen und zur See – auf einer wesentlich längeren Front – eine Überquerung der Adria. In das eindrucksvolle Bild der Pressionen und Verlagerungen, die das Vorrücken des Indoeuropäismus auf dem Kontinent gekennzeichnet haben müssen, fügen sich logischerweise jene Schübe ein, die wir mit Recht mit der Einwanderung von ethnischen Einheiten oder auch von kleinen isolierten Gruppen nach Italien gleichsetzen können. Diese Einwanderungen konnten sich allmählich oder auch – warum nicht? – durch rasche Eroberungszüge vollziehen, doch verteilten sie sich jedenfalls auf einen sehr langen Zeitraum. Die große territoriale Ausdehnung der indoeuropäischen Sprachen in Italien zu Beginn des historischen Zeitalters und der Grad der inneren Evolution dieser Sprachen (einschließlich ihrer gegenseitigen Beziehungen und ihrer Reaktionen auf die Substrate) bezeugen eindeutig, daß der Anfang ihrer Präsenz in Italien viele Jahrhunderte vor den ältesten schriftlichen

Dokumenten, d. h. weit zurück in der Prähistorie noch vor der Bronzezeit im Eneolithikum, wenn nicht sogar im Neolithikum zu suchen ist. Auf der anderen Seite muß dieser Prozeß noch bis zu Beginn der historischen Phase oder darüber hinaus angedauert haben. Zu seinen letzten Manifestationen gehört die Einführung indoeuropäischer Dialekte durch die Kelten in die Poebene. Auf das Konto des Phänomens der Indoeuropäisierung Italiens geht schließlich nicht zuletzt auch die griechische Kolonisation.

Betrachten wir nun etwas genauer – immer unter dem Gesichtspunkt der Ursprungsfrage – die verschiedenen, historisch kontrollierbaren indoeuropäischen Sprachtypen in Italien hinsichtlich ihrer Charakteristiken und territorialen Verteilung. Man muß sich vor Augen halten, daß die großen historischen Sprachen wie das Lateinische, Oskisch-Umbrische, Venetische und Messapische das Ergebnis eines langen Formationsprozesses sind, an dem sicherlich z. T. später ausgestorbene Sprachzweige, gegenseitige Interferenzen und Elemente von präindoeuropäischen Substraten beteiligt waren. Man kann dennoch eine bestimmte Struktur erkennen, die eine begrenzte und auch nur versuchsweise Standortbestimmung innerhalb der verschiedenen sprachlichen Einheiten des westlichen indoeuropäischen Raumes und ihrer Beziehungen untereinander erlaubt. Wir denken hier etwa, gängigen Lehrmeinungen folgend, an die peripheren und archaischen Aspekte des Lateinischen, an die „zentraleren" und weiter entwickelten Grundzüge des Oskisch-Umbrischen, die bis zu einem gewissen Grade mit dem Keltischen der Bretagne und dem Griechischen übereinstimmen, an die Beziehungen des Venetischen mit dem Lateinischen und Germanischen, die onomastischen und linguistischen Ähnlichkeiten des Messapischen mit dem Balkanraum, der historisch im Ostteil als thrakisch, und im Westteil als illyrisch (einschließlich des modernen Albanischen) zu bezeichnen ist. Die Stellung der historischen Sprachen entspricht in ziemlich deutlicher Weise ihrer vermutlichen genetischen Einordnung. So erscheint in der Tat das Lateinische im tyrrhenischen Italien als ein äußerster Ausläufer des Indoeuropäismus und könnte eine erste, besonders alte Einwanderungswelle repräsentieren, die von anderen innovatorischen Impulsen nach Westen verdrängt worden ist. Ein Gegenstück zu dieser älteren Stratifikation auf der italischen Halbinsel würde in Norditalien die

besondere Stellung des Venetischen bilden, die nicht ohne trans-
alpine Kontakte zu denken ist. Dagegen wäre die fächerartige
Verbreitung der Dialekte der oskisch-umbrischen oder ostitalischen Gruppe von der mitteladriatischen Küste aus nach Zentral-
und Süditalien als eine zweite, jüngere indoeuropäische, nach
Italien eingedrungene Welle zu verstehen. Besonders auffällig ist
schließlich die Verbindung des Messapischen in Apulien mit der
gegenüberliegenden illyrischen Seite.

Stellt man sich die Indoeuropäisierung Italiens nach diesem
Schema vor, so kann man einige, wenn auch hypothetische Präzi-
sierungen versuchen. Wahrscheinlich behaupteten sich die ersten
Gruppen der sprachlichen Innovation vorwiegend in den blühenden prähistorischen Zentren Südostitaliens, wo sie sich mit der
Zeit konsolidieren konnten, um sich schließlich von dort aus auf
die gesamte übrige Halbinsel zu verbreiten. Natürlich stellt eine
solche These die traditionellen Vorstellungen von einem Eindringen indoeuropäisch sprechender Menschen von Norden nach Süden gewissermaßen auf den Kopf. Aber die These eines Eindrin-
gens von Süden her bezieht sich vor allem auf jene erste Welle, an
deren Schlußpunkt – wie gesagt – das Lateinische stand und zu
der andere verlorene oder isolierte Dialekte wie wahrscheinlich
das historische Sikulisch gehört haben müssen. Es handelt sich
hier um jenes von F. Ribezzo als ,,ausonisch‟ und von G. Devoto
als ,,protolatinisch‟ definierte Stratum, das wir besser als ,,west-
italisch‟ bezeichnen wollen. Man kann tatsächlich nicht völlig
ausschließen, daß auch diese ersten linguistischen indoeuropäischen Einflüsse nach Italien längs der Adriaküste und auf dem
Landweg im Norden eingedrungen sind, wie das Venetische vermuten lassen könnte. Wahrscheinlich aber diente der mitteladriatische Seeweg als ,,Korridor‟ für das Eindringen der zweiten
großen Sprachwelle, nämlich jener oskisch-umbrischen oder
,,ostitalischen‟ oder ,,italischen‟, deren Ausbreitung zum tyrrhenischen Westen hin und nach Süditalien, wie wir sehen werden, noch in historischem Zeitalter in vollem Gange war. Noch
in prähistorischer Zeit, wahrscheinlich in der Bronzezeit, vollzog
sich schließlich die ,,Illyrisierung‟ Apuliens, aus der die messapische Sprache hervorging.

Noch eine letzte, sehr wichtige Beobachtung: Auch wenn mit
der Einführung der indoeuropäischen Sprachen neue Volksgrup-

pen eindrangen, so bedeutete das natürlich nicht, daß die ältere ansässige Bevölkerung verschwand oder vernichtet wurde oder sich stark veränderte. Das zeigt einerseits die allgemeine Kontinuität der prähistorischen Kulturen und Siedlungen, andererseits gerade in der linguistischen Sphäre jene sehr deutliche und schon kurz angesprochene Reaktion der Substrate auf das Eindringen der neuen Sprachen. Diese Reaktion manifestiert sich vor allem in der Aufnahme einer großen Zahl vorindoeuropäischer Ausdrücke in das Vokabular der historisch dokumentierten indoeuropäischen Sprachen, besonders des Lateinischen und kann als Zeichen eines langen Zusammenlebens und einer allmählichen Vermischung von alteingesessenen und eingewanderten Bevölkerungsgruppen gelten. Andererseits unterlagen wahrscheinlich auch jene Zonen Italiens, die nicht indoeuropäisiert waren und mit dem Vormarsch des Indoeuropäismus allmählich immer kleiner wurden (zu Beginn des historischen Zeitalters die toskanisch-ligurische Zone und die Inseln bis auf Ostsizilien), indoeuropäischen Einflüssen, welche, wie das Etruskische zeigt, sehr stark sein konnten.

Heroische Traditionen und Elemente für eine Historisierung der entscheidenden Ereignisse in der späten Bronzezeit

Wenn wir den bisher zusammengestellten Daten eine historische Konkretheit und sozusagen eine menschliche Dimension verleihen wollen, dann müssen wir – wenn auch mit aller gebotener Vorsicht – auf die Erzählungen der antiken literarischen Tradition zurückgreifen, sofern sie die hier zur Debatte stehenden Zeiträume und geografischen Regionen betreffen. Der große zeitliche Abstand dieser Quellen zu den erzählten Geschehnissen, ihr vorwiegend mythischer Charakter sowie die willkürlichen gelehrsamen Schlußfolgerungen der antiken Historiker und Ethnografen trugen dazu bei, daß man ihnen jegliche Glaubwürdigkeit absprach. Die jüngere Forschung möchte dagegen die Möglichkeit nicht völlig ausschließen, daß sich einige Erinnerungen an reale historische Ereignisse in den Legenden widerspiegeln oder daß sie durch mündliche Überlieferungen in die griechische Geschichtsschreibung und Ethnografie Eingang gefunden haben. Das, was heute für die griechische Vorgeschichte des 2. Jahrtausends v. Chr. allgemein als gesichert erscheint, muß auch für die gleichzeitige italische Prähistorie in Erwägung gezogen werden, gerade wenn man an die schon aufgezeigten gegenseitigen Beziehungen denkt.

Ein Aspekt solcher möglicher Überlieferungen betrifft die Art und Weise, wie sich die Ankunft einzelner Seefahrer oder Gruppen an den Küsten Italiens gestaltete, sowie die Beziehungen zwischen der lokalen Bevölkerung und den Eingewanderten. Schon am Beginn dieses Kapitels haben wir auf das gängige Schema der fremden Heroen hingewiesen, die sich auf Grund ihrer Tüchtigkeit durchsetzen, das Vertrauen des einheimischen Königs gewinnen, dessen Tochter heiraten, Ansehen und Rechte erlangen, Gebiete erobern und Städte gründen. Hierbei handelt es sich um eine romanhafte Darstellung einer möglicherweise plausiblen historischen Realität, die nicht ohne historische und ethnografische Analogien ist, wenn man etwa an das Eintreffen und die festen Niederlassungen von Völkern „überseeischer" Provenienz mit ihren Sprachen und Traditionen denkt. Aber die traditionellen Erzählungen geben auch manche Notizen über Völker, die sich auf italischem Boden formiert und etabliert haben, und über ihre Wanderungen, was für eine Wiedergewinnung historisch brauchbarer Daten nicht weniger interessant ist. Diese Hinweise finden sich verstreut in einer großen Zahl von erhaltenen griechischen und lateinischen literarischen Quellen. Noch wichtiger aber müssen manche der verlorenen Schriftquellen gewesen sein, vor allem der sikeliotischen Historiografie, d. h. der Griechen auf Sizilien (wie Antiochos, Philistos, Timaios aus Taormina). Eine nützliche chronologische Reihung der legendären Geschehnisse ist im ersten Buch der „Römischen Antiquitäten" des Dionys von Halikarnass, eines Historikers aus augusteischer Zeit, zusammengestellt.

Werfen wir unseren Blick nun auf einige Daten und Datenserien von größerer Bedeutung. Die ältesten Notizen beziehen sich auf die Einwanderung der Arkadier von Übersee nach Süditalien, 17 Generationen vor dem Trojanischen Krieg, also etwa im 18. oder 17. Jh. v. Chr., und auf die Expansion ihrer Nachkommen in

ganz Unteritalien, einerseits in Richtung tyrrhenische Küste und
Sizilien, andererseits in Richtung Zentralappennin. Nach ihrem
mythischen Heerführer und König Oinotros wurden diese Einwanderer als Oinotrer bezeichnet (Oinotroi: wahrscheinlich ein
fiktiver Name, der in Verbindung mit dem Wort oinos = Wein
steht, wie auch die griechisch-arkadische Herkunft fiktiv ist).
Von dem großen, von ihnen besetzten Gebiet ging auf ganz Italien als Synonym die Bezeichnung Oinotria über. Mit den Oinotrern wurden mittels eines komplizierten Systems von Identifika-
tionen und Abfolgen die Völker der Chones, Itali, Morgeti, Sikuler und Ausoner in Verbindung gebracht (man beachte die entsprechenden mythischen Figuren der Könige Italos, Morges, Siculus, Auson), die große Teile Unteritaliens und Siziliens bevöl-
kerten. Andererseits sollen aus den nach Norden verdrängten
Oinotrern die Aboriginer und aus diesen wiederum die Latiner
hervorgegangen sein. Wenn auch diese Erzählungen über die
zeitlich weit zurückliegende oinotrische Durchdringung Italiens
legendären Charakter haben mögen, so darf man doch nicht außer acht lassen, daß diese chronologisch mit einer Phase deutlicher kultureller Einflüsse aus dem Balkan- und Ägäisraum, d. h.
also mit der frühen italischen Bronzezeit zusammenfällt. Man
muß aber vor allem im linguistischen Bereich an eine Koinzidenz
mit dem Eindringen und der Verbreitung der ältesten, bereits
angesprochenen Welle von indoeuropäischen Idiomen denken,
ob man sie nun als ausonisch oder protolatinisch bezeichnet.

Die Überlieferung wird noch detaillierter und interessanter,
wenn sie über die Vertreibung der Ausoner aus Apulien und ihre
Verdrängung nach Westen durch die Einwanderung der Japyger
transadriatischen Ursprungs berichtet: Das ursprüngliche Territorium der Ausoner erstreckte sich vom äußersten Südostitalien
bis nach Campanien, wo sie historisch zusammen mit den Opikern erwähnt werden, und nach Südlatium, wo sie mit dem latinisierten Namen der Auruncer erscheinen; auch die äolischen Inseln werden nach der Eroberung des Liparos, Sohn des Auson,
miteingeschlossen. Das Gebiet der Ausoner entsprach also jenem, das man sonst den Oinotrern zuschrieb (bekanntermaßen
wurde Italien nicht nur Oinotria, sondern auch Ausonia genannt). Außerdem wird durch diese Überlieferung die Stoßrichtung jener Völker von Osten nach Westen bestätigt, ihr Ver-

schwinden im Osten – ausgelöst durch das Eintreffen der messa-
pisch sprechenden Japyger – und das Aufblühen ihrer Nachkommen im Westen als Latiner und wahrscheinlich als Sikuler.

Einen anderen Aspekt der Sage von der Bewegung nach Westen bilden die Wanderungen des Liparos, Sohn des Königs Auson, und des Aiolos von Süditalien auf die Äolischen Inseln, von
wo aus ihre Nachkommen ihre Herrschaft auf Teile Siziliens und
des heutigen Kalabriens ausgedehnt hätten und zwar mittels Dy-
nastien, die bis zum Beginn des historischen Zeitalters andauerten. Hinzukommt die sehr lebendige Erinnerung an den Übergang der Sikuler vom italischen Festland nach Sizilien, nach Thukydides (VI 2) 300 Jahre vor der historischen griechischen Kolonisation, also ungefähr im 11. Jh. v. Chr. In der Tat beweist die
Archäologie für das ausgehende 2. Jt. ein recht deutliches Erscheinen von festländischen kulturellen Elementen auf den äolischen Inseln – wo man von den „ausonischen" Kulturen spricht –
und in Ostsizilien. Auch die Sprachwissenschaft bestätigt die
Verwandtschaft des auf Ostsizilien gesprochenen Sikulischen mit
den italischen Sprachen und insbesondere – wie es scheint – mit
dem Lateinischen.

Viele Erzählungen beziehen sich auf Kontakte zwischen der
ägäischen und italischen Welt und zwar nach der ersten Einwanderung der Arkadier, ungefähr zur Zeit des Trojanischen Kriegs,
der nach dem heutigen Forschungsstand am ehesten zwischen
dem ausgehenden 13. und dem beginnenden 12. Jh. v. Chr. anzusetzen ist. Sehen wir einmal ab von den Überlieferungen, die in
Italien (vor allem an den tyrrhenischen Küsten) die Mythen des
Herakles oder der Argonauten lokalisieren, für Sizilien und Sardinien das Wirken des Dädalus belegen, im Falle von Sardinien
auch von der Präsenz des Aristaios, Iolaos und der Thespiaden
sprechen etc., auch wenn sie alle von der großen Bedeutung der
italischen Gebiete und Meere für die Formation und Bereicherung der griechischen Mythenerzählung zeugen. Wir möchten
vielmehr auf einige spezielle Sagen hinweisen, die auch gewisse
historische Aufschlüsse für die uns interessierenden Zeiträume
geben können. Unter ihnen sind etwa die Erzählungen von den
Expeditionen des kretischen Königs Minos nach Sizilien hervorzuheben, der dort am Hofe des Königs Kokalos in der Stadt
Kamikos im Territorium der Sikaner durch Verrat getötet wor-

den sein soll. Daraufhin hätten die Einheimischen die Kreter besiegt und größtenteils von ihrer Insel vertrieben. Im Laufe dieser
Ereignisse sei die Stadt Minoa nicht weit von dem späteren Agrigent gegründet worden. Einige besondere Aspekte der archäologischen Funde in der Zone von S. Angelo Muxaro, wo man das
antike Kamikos vermutet, sowie im allgemeineren Sinne die große Verbreitung von Elementen ägäischen Ursprungs auf Sizilien
(wie ausgehöhlte Gräber mit Tholosform bzw. falscher Kuppel,
mykenische Keramik etc.) scheinen dieser ja an sich so merkwür-
digen Geschichte einen überzeugenden Grad von Wahrscheinlichkeit zu verleihen und Ausdruck der Seemacht Kretas auch
nach der achäischen Eroberung zu sein. Die Präsenz der Kreter
wird übrigens von der Überlieferung auch für Apulien belegt.
Aber in den meisten Legenden spielen die Heroen des Trojanischen Krieges eine Rolle, so die Griechen Odysseus, Diomedes,
Philoktet, die Gefährten des Nestor auf ihren Heimfahrten (no-
stoi) und die Trojaner Aeneas und Antenor. Interessanterweise
kann man für jede dieser Persönlichkeiten bestimmte Erinnerungen und Kulte mehr oder weniger präzis lokalisieren; so das
tyrrhenische Meer für Odysseus, das Adriatische Meer für Diomedes, Unteritalien für Philoktet und die Gefährten des Nestor,
Latium für Aeneas, Venetien für Antenor. Eine Reihe anderer
Erzählungen handelt von der Ankunft der Pelasger aus der Ägäis
und der Lyder, den sogenannten Tyrrhenern, in Italien. Letztere
seien von Tyrrhenos, Sohn des Atys, angeführt worden und mit
den Etruskern zu identifizieren. Ganz offensichtlich müssen all
diese vielen Geschichten – so variantenreich und phantasievoll sie
auch erscheinen mögen – in ihrer relativen chronologischen Konzentration einen realen Hintergrund haben, der in der Intensivierung der Kontakte der ägäischen Welt zu Italien in der mittleren
und vor allem späteren Bronzezeit besteht. Diese Kontakte werden durch die große Zahl und geografische Verbreitung der mykenischen Importe und Einflüsse bewiesen, die sich besonders in
jenen Territorien Süditaliens und Siziliens konzentrieren, auf
welche die erwähnten Sagen vor allem eingehen.

    Im historischen Sinne könnten wir also die Existenz einer Pe-
riode annehmen, in der die Frequenz und Tragweite ägäischer
Einflüsse – von der literarischen Tradition angedeutet und den
archäologischen Quellen bezeugt – in Italien solch fortschrittli-

che Impulse auslösten, daß man von einer echten zivilisatorischen Wende sprechen kann. Dabei müssen mykenische Siedlungsgründungen von kolonialem oder „präkolonialem" Charakter (wie in Scoglio del Tonno bei Tarent, in Thapsos auf Sizilien, vielleicht auf den Äolischen Inseln und auf Vivara und Ischia im Golf von Neapel) eine wichtige Schrittmacherrolle gespielt haben. Die von der Indoeuropäisierung schon großenteils berührten und verwandelten lokalen Bevölkerungen erhielten so einen Anstoß zur Definition ihrer Eigenarten und zur Bereicherung ihrer Erfahrungen. In diesem Sinne erscheint uns die hier zur Debatte stehende Periode auch von eminenter Bedeutung für den Beginn jenes Prozesses, der zur Konstituierung der historischen Strukturen des antiken Italien führte. Möglicherweise spiegeln die legendären Erzählungen über die Nachfolgerreiche des Oinotros, Italos, Morges und Siculus (gemäß eines auf den Historiker Antiochos von Syrakus zurückgehenden Schemas) die tatsächliche ursprüngliche Existenz von großen staatlichen Organismen – vielleicht in Anlehnung an die mykenischen Reiche – auch nach dem Zusammenbruch des politisch-wirtschaftlichen Systems der Mykener wider. Analoge Betrachtungen könnte man für das Reich des Aiolos anstellen, das unter seinen Söhnen aufgeteilt wurde, nämlich unter Iokastos (im heutigen Kalabrien), Pheraimon, Androkles, Xuthos und Agathyrnos (in verschiedenen Zonen Siziliens) und Asyochos (auf Lipari). Nicht alle diese Überlieferungen dürften frei erfunden sein. In Sizilien kontrastieren zu den dauerhaften mykenisierenden Traditionen an der Ostküste die von den Äolischen Inseln kommenden „ausonischen" Neuerungen. Sämtliche Kulturen der ausgehenden Bronzezeit scheinen im übrigen auch auf der italischen Halbinsel von Neuerungstendenzen durchsetzt zu sein. Mit dem Fürsten- oder Sakralgebäude von Luni sul Mignone in Südetrurien und dem großen Flußhafen von Frattesina im Polesine – um nur zwei der bedeutendsten Komplexe der sogenannten Protovillanovaphase zu nennen – befinden wir uns ganz offensichtlich an den Grenzen zu einer neuen historischen Zivilisation.

An dieser Stelle müssen wir zwangsläufig kurz auf ein kontroverses Problem eingehen, das ebenfalls zum Thema der Beziehungen zwischen Italien und dem östlichen Mittelmeerraum während der späten Bronzezeit gehört. Ich meine damit die

orientalischen Quellen über die sogenannten Seevölker, die als
Aggressoren Ägyptens an der Wende vom 13. zum 12. Jh. v. Chr.
(unter den Pharaonen Meneptah und Ramses III.) und besonders
auch als Söldner im ägyptischen Heer erwähnt werden. Zu nennen sind unter ihnen einmal Völker eindeutig ägäisch-anatolischen Ursprungs einschließlich der Achäer und der Plst (d. h. der
Philister), die vielleicht mit den Pelasgern zu identifizieren sind,
dann die Trš (Turša), Šrdn (Šardana oder Šerdani) und Šklš (Šaka-
laša), in denen man schon seit dem letzten Jahrhundert die Tyrrhener (Tyrsenoí), die Sarden (Sardanioi) und die Sikuler (Sikeloí)
erkennen wollte. Auch wenn man die Gültigkeit dieser verführe-
rischen onomastischen Übereinstimmungen akzeptiert – für die
Šrdn gibt es darüber hinaus auch Analogien bei der Tracht von
Bronzestatuetten sardischer Krieger – so bleibt doch der Zweifel,
ob es sich hier um im östlichen Mittelmeerraum herumziehende
und dann nach Italien gelangte Volksgruppen handelt (was die
griechischen Sagen über einen transmarinen Ursprung der Vorfahren einiger italischer Völker entsprechend aufwerten würde)
oder um schon auf der Halbinsel und den italischen Inseln ansässige Völker, die an den Kriegen und allgemeinen Unruhen am
Ende des mykenischen Zeitalters im Ostmittelmeerraum beteiligt
waren, sei es als Verbündete oder Söldner der Achäer, sei es auf
andere Weise. In letzterem Fall würde eine embryonale Historizität der ausgehenden italischen Bronzezeit von den zeitgleichen
schriftlichen Zeugnissen gewissermaßen bestätigt.

Die Geburt des historischen Italien

Der Prozeß der Formation, d. h. der Differenzierung, Stabilisierung und Qualifizierung der großen ethnischen Einheiten des
historischen Italien, die bis zur römischen Einigung weitgehend
unverändert bleiben sollten, kann nicht vor dem Beginn der Eisenzeit, d. h. vor dem 9. bis 8. Jh. v. Chr. als abgeschlossen gelten.
Das beweist die archäologische Dokumentation ganz deutlich.
Für die vorangehenden Phasen besitzen die materiellen Zeugnisse
nur geringen Wert als ethnische Indizien. Ein Zusammenhang
mit den linguistischen Fakten während oder infolge des Indoeu-

ropäisierungsprozesses ist schwer herauszulesen in einer Landschaft kultureller Phänomene von großer Ausdehnung und geringer Differenzierung zwischen den einzelnen Zonen, wie sie typisch für die bronzezeitliche Appenninenkultur auf der italischen
Halbinsel war. Trotz der grundsätzlichen Einheitlichkeit der
,,protovillanovianischen" Manifestationen machen sich bereits
am Ende der Bronzezeit gegen 1000 v. Chr. einige lokale Besonderheiten bemerkbar, die später auch in der Eisenzeit in den
kulturell dann gut voneinander differenzierten Regionen auftreten sollten. So zeigt in Apulien die von bemalter Keramik charakterisierte sogenannte protojapygische Phase mit Sicherheit die
Präsenz von Einwanderern illyrischen Ursprungs mit messapi-
scher Sprache an, d. h. der historischen Japyger. Und in Latium
manifestiert sich eine typische Kultur mit Verbrennungsritus und
Hüttenurnen, die als ,,protolatialisch" bezeichnet wird, keine
Kontinuität zur eisenzeitlichen latialischen Kultur aufweist und
zweifelsohne den Latinern zu eigen war.

In der Eisenzeit erscheinen jene regionalen Kulturen klar definiert, in denen wir die ,,nationalen" Einheiten der italischen Welt
erkennen, zumal sie mehr oder weniger exakt jenen Sprachzonen
entsprechen, die in den unmittelbar darauffolgenden Jahrhunderten von den epigrafischen Dokumenten bezeugt werden, und
auch mit den Territorien der von den literarischen Quellen genannten historischen Völker identisch sind. Diese Übereinstimmungen sind zum größten Teil ganz evident, wie der Vergleich
der beiden geografischen Verbreitungskarten der eisenzeitlichen
Kulturen und der Sprachen des antiken Italien beweist (Karte 1
und 2). Für diese Zeitstufe kontrastiert die Realität keineswegs
mit den methodologischen Zweifeln, die anfangs hinsichtlich der
,,lex Kossinna" geäußert wurden. Manchmal erscheint die Übereinstimmung weniger sicher und nebulöser sei es auf Grund unserer beschränkten Kenntnisse, sei es infolge der wahrscheinlich
noch sehr embryonalen, fluktuierenden und variierenden ethnischen Zusammenschlüsse während des historischen Zeitalters wie
im Falle einiger Zonen Zentralitaliens und besonders der Poebene
und des alpinen Bereiches. Andererseits kann der archäologische
,,Test" verständlicherweise die vielfältige und komplizierte Realität der historischen Ereignisse nicht offenbaren, mittels derer der
Übergang vom prähistorischen Italien zu einer Formation von

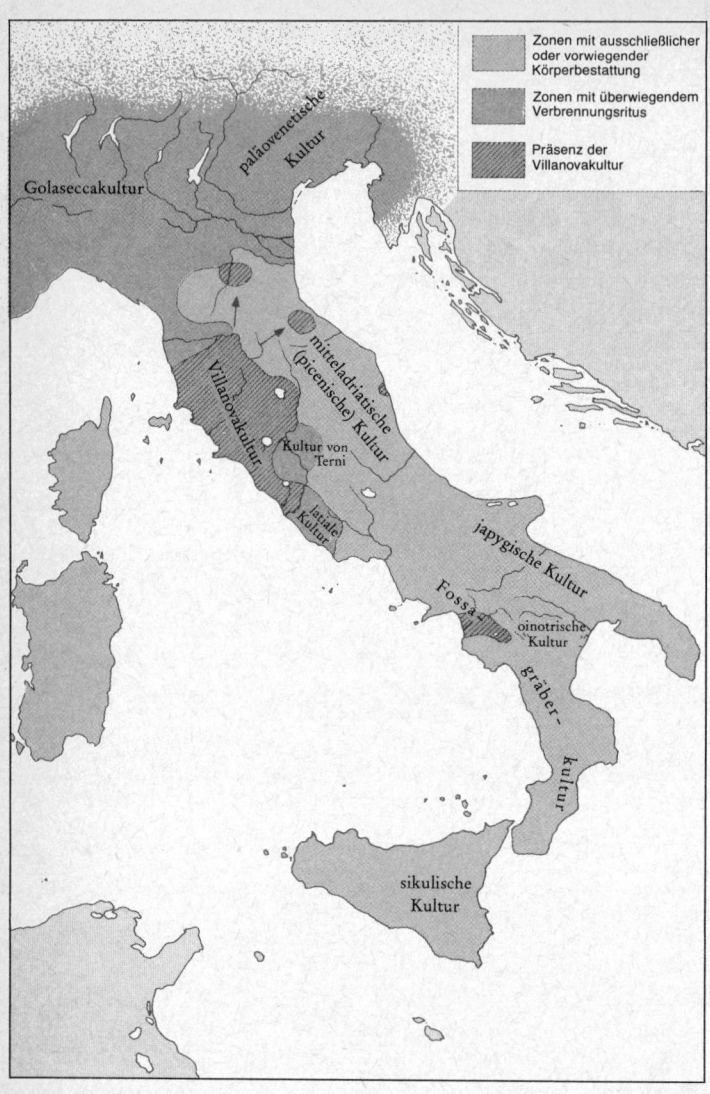

Karte 1:   *Die Kulturzonen Italiens zu Beginn der Eisenzeit (IX. Jh. v. Chr.)*

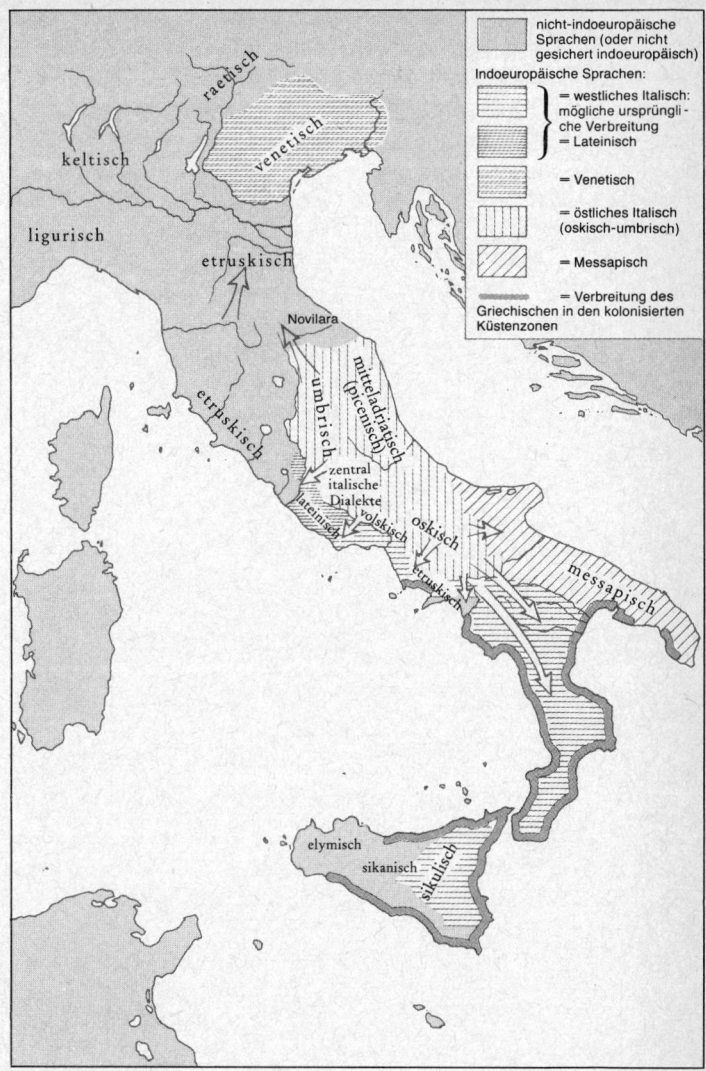

Karte 2: *Ursprüngliche Verteilung und Ausbreitung der Sprachen im antiken Italien*

stabilen territorialen Einheiten vollzogen wurde, die von besonderen Traditionen, Lebensformen und linguistischen Gewohnheiten geprägt wurden und sich ihrer Einheit als „Nationen"
(nomina lateinisch gesprochen) innerhalb des historischen Italien
auch bewußt waren. Solche Ereignisse können von Mal zu Mal
durch die Machtergreifung einzelner Männer oder Gruppen be-
wirkt worden sein, aber auch durch Verteidigungs- oder Erobe-
rungsbedürfnisse, durch die gemeinsame Entwicklung von Pro-
duktionen, durch die Interessenkonzentrierung im Bereich von
Heiligtümern, Märkten, bewohnten Zentren usw. Zum guten
Teil aber kennen wir die Gründe dafür nicht mehr. Unter diesen
allgemeinen Überlegungen bleibt aber vor allem die Tatsache hervorzuheben, daß sich die grundsätzliche ethnische Strukturie-
rung des antiken Italien mehr oder weniger gleichzeitig am Beginn des 1. Jts. v. Chr. in jenem kulturhistorischen Klima vollzog,
das der frühen Eisenzeit unmittelbar voraus- oder mit ihr einherging. Es handelt sich um ein Phänomen, das – abgesehen von den
einzelnen Entwicklungen – nur von gemeinsamen Anstößen mit
Merkmalen einer ausgeprägten, wechselseitigen Abhängigkeit bestimmt worden sein kann, was als Zeichen für die Einheitlichkeit
der italischen Geschichte von Anfang an zu werten ist.

Sehen wir nun, inwieweit es möglich ist, den Ablauf dieser
Formations- und Stabilisationsprozesse zu rekonstruieren, wobei
wir im Süden beginnen und einer gleichzeitig geografischen wie
auch chronologischen Ordnung folgen wollen. Auf die frühere
Entwicklung des Südens schon seit prähistorischer Zeit wurde
bereits hingewiesen. Es wurde auch die Möglichkeit angedeutet,
daß Unteritalien und Sizilien vielleicht infolge der kulturellen
mykenischen Befruchtung schon seit der späten Bronzezeit ein
gewisses Niveau historischer Strukturen (protourbane Zentren,
staatliche Gefüge etc.) erlangt hatten, deren Existenz im übrigen
nur aus der Interpretation der Sagen über die oinotrischen, ausonischen, sikulischen und äolischen Königreiche und aus einigen
archäologischen Daten hervorgeht. Diese „paläoitalische" Phase
muß – sofern sie wirklich existiert hat – ihren Höhepunkt im
Zeitalter der griechischen Kolonisation des 8. Jhs. v. Chr. bereits
überschritten haben. Wahrscheinlich bewirkte die griechische
Kolonisation ihrerseits den Abbruch oder die Veränderung von
neuen, autonomen Entwicklungsprozessen. Der Druck der Japy-

ger von Osten und vor allem die Ausbreitung der Ostitaliker mit
oskisch-umbrischer Sprache von Norden führten zur Absorption
der letzten ,,paläoitalischen" Reste. All dies erklärt, daß dieses
wohl erste Kapitel der italischen Geschichte schnell der Verges-
senheit anheimfiel und daß die Ausbildung einer authentischen
und dauerhaften Nationalität jener Völker wie der Oinotrer,
Ausoner, Italer, Morgeten und Sikuler nicht vollzogen werden
konnte. Ihren Namen haftet – sofern es sich nicht um verschiedene Bezeichnungen für den gleichen Volksstamm handelt – immer
etwa Legendäres an und sie werden in fortgeschrittenen historischen Zeiten fast immer mit der Vergangenheit in Verbindung
gebracht (abgesehen von den sehr vitalen Sikulern auf Sizilien,
wie noch zu zeigen sein wird). Es fehlt aber nicht an beachtlichen
archäologischen Überresten aus der Eisenzeit in den uns interessierenden Territorien, d.h. – abgesehen von Sizilien – in den
heutigen Regionen Kalabrien, Basilicata und Campanien, wo die
sogenannte Fossagräberkultur eine Blüte erlebte. Besonders in
der Basilicata wurden dichte und dauerhafte Siedlungen im Hinterland der griechischen Kolonien entdeckt, deren Kennzeichen
die typisch geometrisch bemalte, sogenannte oinotrische Keramik ist. Wir dürfen natürlich auch nicht vergessen, daß von den
im heutigen Kalabrien zu lokalisierenden Italern der Name ,,Ita-
lien" herstammt, mit dem die Griechen allmählich den gesamten
Süden der Halbinsel zu bezeichnen pflegten (nur sehr viel später
im Zeitalter der römischen Eroberungen sollte sich dieser Name
auf die ganze Halbinsel und schließlich bis zu den Alpen ausdeh-
nen).

Apulien, ursprünglich oinotrisch-ausonisches Territorium und
schon in der Bronzezeit illyrisiert, brachte mit Beginn der Eisenzeit eine eigene Kultur mit sehr charakteristischen Merkmalen
hervor. Die Schöpfer dieser Kultur waren die Japyger (oder Apuler in der lateinischen Variante des gleichen Namens), unterteilt
in Messapier im Süden, Peuketier im Zentrum und Daunier im
Norden in der heutigen Provinz Foggia. Sie siedelten sich in
zunehmendem Maße in Zentren von urbanen Dimensionen an.
Ihre Hauptproduktion bestand in raffinierten, geometrisch bemalten Vasen, die je nach Zone variieren konnten. Die daunische
Region brachte auch antropomorphe Grabstelen mit ornamenta-
len und figürlichen Flachreliefs hervor. Trotz unvermeidbarer

Beziehungen zu anderen Kulturzonen des Südens stellte die apulische Kultur doch ein relativ spezielles und isoliertes Phänomen dar, das vielleicht in der Eigenart des erst in jüngerer Zeit eingewanderten Volksstammes selbst begründet lag. Diese schon seit den Anfängen wahrnehmbare Isolation sollte erhebliche historische Konsequenzen haben.

Es wurde bereits auf die mögliche entfernte Verwandtschaft der Bewohner Campaniens und Latiums mit den ,,Paläoitalikern'' im Süden hingewiesen. In Campanien (im modernen Sinne) fehlte in der Eisenzeit eine einheitliche kulturelle und wahrscheinlich auch ethnisch-kulturelle Ordnung. Ein Großteil der Region gehörte zur Zone der sogenannten Fossagräberkultur, die wohl den Ausonern und Opikern zuzuschreiben ist. Aber im Gebiet der heutigen Provinz Salerno, besonders in Pontecagnano in der Küstenebene und in Sala Consilina im Tanagrotal sind Friedhöfe mit Brandbestattungen zu Tage gekommen, die jenen der eisenzeitlichen Villanovakultur Etruriens so ähnlich sind, daß man an eine sehr frühe etruskische Präsenz und entsprechenden Einfluß (kolonialer oder ,,präkolonialer'' Art?) schon im 9. Jh. zu denken hat. Stellt man dies und die ebenfalls sehr frühe (1. Hälfte 8. Jh.) Ankunft der Griechen im Golf von Neapel in Rechnung und erwägt man außerdem nicht wahrnehmbare Einfilterungen der Ostitaliker in den inneren Gebirgszonen, dann kann man verstehen, warum es nicht zur Bildung eines organischen staatlichen Gefüges der ursprünglichen Einwohner Campaniens kommen konnte. Jenseits der ,,Zone des Schweigens'' von Südlatium, also nördlich der ausonischen Berge erscheint die Entwicklung Latiums (das später Latium vetus genannt wird) völlig andersartig. Hier manifestiert sich bereits am Ende der Bronzezeit und dann zu Beginn der Eisenzeit, also im 10. und 9. Jh. v. Chr. eine Brandgräberkultur, die von Urnen in Hüttenform gekennzeichnet wird und sich vor allem auf das Gebiet um die Albaner Berge konzentriert (aber auch an der Stelle des gerade erst geborenen Rom präsent ist). Auf diese erste Phase folgte bei den Latinern eine vor allem von der Körperbestattung geprägte Periode, die wahrscheinlich von der südlichen ,,Fossagräberkultur'' beeinflußt war und in der viele der ursprünglich sehr bescheidenen Dörfer die Dimension protourbaner Zentren erlangten und einige – wie Rom – danach strebten, wirkliche Städte zu werden.

Damals breiteten sich auch griechischer Einfluß und eine sicher von Etrurien übernommene, orientalisierende Kultur aus. Vom Binnenland drängten die Ostitaliker, d. h. in diesem Fall die Sabiner, nach. Im politisch-wirtschaftlichen Sinne gewannen die Etrusker immer mehr die Oberhand. All dies spielte sich im Laufe des 8. und 7. Jhs. ab.

Wir haben nun bereits die Etrusker genannt, ohne die die Geschichte des antiken Italien nicht verständlich wäre. Bekannt ist die Diskussion der modernen Forschung über den Ursprung der Etrusker, den viele Gelehrte in den östlichen Mittelmeerraum verlegten und immer noch verlegen und dabei den klassischen Traditionen folgen, welche die Tyrrhener (= der griechische Name für die Etrusker) als Nachkommen der Lyder betrachteten oder mit den Pelasgern identifizierten oder sie jedenfalls als Einwanderer nach Italien aus der Ägäis und insbesondere von der Insel Lemnos ansahen (man darf in der Tat nicht übersehen, daß gerade auf Lemnos eine Inschrift in vorgriechischer Sprache zu Tage kam, die dem Etruskischen bisher am nächsten kommt). Andere Gelehrte postulierten dagegen eine nordische Herkunft wie jene der ,,Italiker" oder etwas später als diese. Und wiederum andere sprachen gemäß einer berühmten antiken Theorie des Dionys von Halikarnass von einer Authochtonie der Etrusker, die als Abkömmlinge des vorindoeuropäischen Substrats in Italien anzusehen wären. Bei den meisten dieser Thesen wird die Tendenz deutlich, das Ursprungsproblem der Etrusker losgelöst vom generellen Problem der italischen Ursprünge zu sehen, offensichtlich wegen der Tatsache, daß die etruskische Sprache im wesentlichen nicht indoeuropäisch ist. Man kann aber diese Frage nicht mit allzu einfachen Formeln lösen. Die verschiedenen Argumente überschneiden sich zwar gegenseitig, schließen aber auch einander nicht aus, wenn man nur die Geburt der etruskischen Nation und Kultur als einen entsprechend langen Formationsprozeß versteht, dessen Ursprung weit vor den Beginn des historischen Zeitalters zurückreicht, was im weiteren Sinne für alle Volksstämme der italischen Welt gilt. Deshalb sind Interferenzen mit den Ursprüngen der anderen Völker unvermeidlich. In dem schon beschriebenen komplexen Bild der Beziehungen zwischen den eisenzeitlichen Kulturzonen und den ethnisch-sprachlichen Regionen des historischen Italien erscheint die

Übereinstimmung der sogenannten Villanovakulturzone (benannt nach dem Ort Villanova bei Bologna, wo sie erstmals entdeckt wurde, und charakterisiert vor allem von Brandbestattungen in bikonischen Urnen) mit dem von den Etruskern in historischer Zeit bewohnten Territorium, d. h. dem eigentlichen Etrurien, aber auch Teilen der Emilia-Romagna und Campaniens evident. Unserer Ansicht nach kann kein Zweifel mehr daran bestehen, daß die Villanovakultur die älteste Ausdrucksform des schon formierten etruskischen Volkes ist. Seine Ursprünge sind folglich in älterer Zeit zu suchen, also entweder in der Bronzezeit in Entsprechung zum sehr entwickelten „Protovillanoviano" in Etrurien oder noch früher. Die linguistischen Daten lassen an eine Formationsphase in einem Gebiet denken, das nicht massiv von indoeuropäischen Innovationen berührt war, und an eine mögliche Befruchtung durch Elemente ägäischen Ursprungs, die sich vielleicht in den Sagen über die Einwanderungen der Pelasger und Tyrrhener verbergen. Die Präsenz der Villanovakultur in Norditalien, an der Adria (eine kleine villanovianische Enklave kennen wir in Fermo in den Marchen) und in Süditalien beweist, daß sich die Etrusker schon im 9. Jh. in einer Expansionsphase befanden und daß sie vielleicht zur Beschleunigung von Differenzierungsprozessen in den von dieser Expansion berührten Völkern beitrugen. Im eigentlichen Etrurien nahm das Villanoviano eine besonders schnelle und intensive Entwicklung im Laufe des 8. Jhs., verbunden mit einer immer stärkeren Umwandlung von Dörfern in protourbane Zentren und mit der Öffnung für orientalische Einflüsse, woraus schließlich die orientalisierende Kultur des 7. Jhs. entstand.

Einen anderen Schwerpunkt innerhalb des ethnisch-kulturellen Mosaiks des antiken Italien bilden die zahlreichen ostitalischen Volksstämme mit den zur oskisch-umbrischen Sprachgruppe gehörenden Dialekten. In historischer Zeit sind sie verstreut über ein großes Territorium, welches das Zentrum der Halbinsel und die Adriaküste mit immer stärkeren Expansionen in Richtung Tyrrhenisches Meer, Jonisches Meer und Romagna im Norden umfaßt. Diese Volksstämme sind je nach Zeitstellung und der Art ihrer Manifestationen zu differenzieren. Wir können dennoch, vor allem im Lichte der jüngsten Entdeckungen und Forschungen, konstatieren, daß sich in dem Gebiet von Marchen, Abruz-

zen und der Provinz Rieti wenigstens seit Beginn der Eisenzeit
eine ethnische Einheit herausgebildet hat, die wir mit dem generellen Namen ,,Sabiner" umschreiben können (oder – in ihrer
eigenen Sprache – mit ,,Safini"). Ihre älteste, charakteristische
Ausdrucksform ist in der allgemein als ,,picenisch" bekannten
Kultur zu erkennen (der Name kommt von den Picenern oder
Picenti, einem der Zweige des ursprünglichen Volksstammes),
die sich in den Marchen und Nordabruzzen findet und stark von
adriatischen Kulturströmungen beeinflußt ist. Aber die Präsenz
der Sabiner mit ihrem Drang nach Westen bis in das Tibertal
schon in recht alter Zeit wird auch als Beweis ihrer Beteiligung an
der Gründung Roms von der traditionellen Überlieferung angeführt. Auf diesen Volksstamm zurückzuführen, aber mit einer
wahrscheinlich jüngeren Differenzierung, sind verschiedene Völker des abruzzesischen Gebietes wie die Vestiner, Marser, Päligner, Marruciner etc. Zur gleichen Gruppe gehören weiter im Süden die Samniten in den Molise und in Campanien, aus deren
Diaspora dann in historischer Zeit die Campaner, Lukaner und
Bruttier hervorgehen sollten. Nicht beweisbar, aber wahrscheinlich ist, daß auch die Expansion der Ostitaliker nach Norden,
d. h. nach Umbrien und von dort aus in die Romagna, der Ur-
sprungsphase angehört.

· Kurioserweise reicht die ,,picenische" Kultur längs der Adriaküste bis in die Zone von Pesaro, wo die Nekropole von Novilara
epigrafische Zeugnisse in einer Sprache zu Tage gebracht hat, die
von jener der Ostitaliker verschieden und schwer zu klassifizie-
ren ist. Dieses Faktum ist als Hinweis auf eine ethnische Formation zu verstehen, die noch Spuren von älteren, nicht aufgesaug-
ten Gruppen hinterlassen hat, vor allem in den Randbereichen
der östlichen Poebene (in der heutigen Emilia, Romagna und in
Teilen der Lombardei und des Veneto), wo außer den etruskischen, venetischen und umbrischen Invasoren auch ältere Bewohner nicht indoeuropäischen Ursprungs oder der indoeuropäischen Vorhut gelebt haben müssen. In diesem Zusammenhang
ist an die Euganeer zu erinnern, von denen wir nicht mehr als
ihren Namen kennen.

Einer sehr gut umrissenen ethnisch-kulturellen Gruppe, die zu
den am besten definierten Gruppen des vorrömischen Italien
zählt, begegnen wir im Veneto, wo aus der bereits ausgeprägten

„protovillanovianischen" lokalen Facies zu Beginn der Eisenzeit
(9.–8. Jh.) die sogenannte paläovenetische oder Estekultur hervorging, benannt nach dem fundreichsten Zentrum Este (lateinisch Ateste). Die überraschend lange Kontinuität dieses Phänomens bis in weit fortgeschrittene historische Zeit hinein beweist
die Zugehörigkeit dieser Kultur zum Ethnos der Veneter im Gebiet zwischen Etsch (Adige), den Alpen und Istrien. Die Verbrennungssitte herrschte deutlich vor. Typisch war die Herstellung von Gegenständen aus Bronzeblech mit getriebenen Verzie-
rungen, wobei wir von der sogenannten Situlenkunst sprechen.
Trotz ihrer relativen Isoliertheit wies die venetische Kultur dennoch bemerkenswerte Kontakte zur villanovianischen Emilia und
zur picenischen Kultur auf, darüber hinaus auch zu den eisenzeitlichen Kulturen Zentraleuropas (Hallstatt) und Sloveniens.

Zu betrachten bliebe nun noch das große Gebiet der zentralen
und westlichen Poebene und der Alpen. Hier sind die Ur-
sprungsfragen mangels linguistischer und historischer Zeugnisse
(sieht man von einigen späten und unsicheren Beispielen ab) fast
ausschließlich an die archäologischen Daten gebunden. Wir kennen die Namen zahlreicher Völker und Stämme. Unter den größeren Volksgruppen sind in den Zentral- und Ostalpen die Räter
und in großen Teilen Nordwestitaliens die Ligurer hervorzuheben, die auch jenseits der Alpen auftraten. Ein historisches Ereignis von großer Tragweite für diese Territorien war die Invasion
der Kelten. Aber das Gesamtbild bleibt verschwommen für uns
und läßt sich weder im topografischen noch im chronologischen
Sinn präziser definieren. Man kann sich also des Eindrucks nicht
erwehren, daß hier auch in historischer Zeit der Volkswerdungs-
prozeß noch längst nicht abgeschlossen war, ähnlich wie in anderen Teilen Italiens zu prähistorischer Zeit. Als schwierig erweist
sich auch die Bestimmung der Phasen und der Art und Weise der
keltischen Ausbreitung, die sicher nomadenhaften Charakter hatte und nicht systematisch vonstattenging (wie wir in einem ge-
sonderten Kapitel noch sehen werden) und die zur Vermischung
mit ligurischen oder anderen, schon vorher ansässigen Volksstämmen führte. Mit Sicherheit zu den Kelten oder ihrer Vorhut
gehörten die in der Zone um die lombardischen Seen konzentrierten Lepontier. Archäologisch zeichnet sich in der Eisenzeit
vor allem in der Lombardei eine relativ klar definierte kulturelle

Zone ab, die wir als Golaseccakultur bezeichnen. Sie wird durch die vorherrschende Verbrennungssitte charakterisiert und hat Vorläufer in der späten Bronzezeit. Wir können sie aber keinem bestimmten Ethnos zuweisen.

Der Konstitutionsprozeß der historischen Strukturen des antiken Italien sollte sich mit der griechischen Kolonisation vervollständigen und in mancher Hinsicht auch vollenden. Diese fand zwar am Beginn des 8. Jhs. den ethnischen Definierungsprozeß in Italien bereits weit fortgeschritten vor, doch trug sie in entscheidender Weise zu einer beschleunigten Entwicklung der italischen Völker bei, indem sie ihnen das Modell der Stadt vermittelte, die Grundzüge des öffentlichen Rechts, die Schrift, die Monumentalarchitektur, die große figurative Kunst und andere Bestandteile einer entwickelten Zivilisation. Dadurch erhielten diese italischen Volksgruppen ihre definitive Physiognomie. So vollendete sich jener Fortschritts- und Qualifikationszyklus, der einige Jahrhunderte zuvor mit den mykenischen Einflüssen begonnen hatte und in dessen Verlauf der erste Abschnitt der Geschichte oder – wenn man so will – der Vorgeschichte der italischen Welt fällt.

III. Die archaische Blütezeit
(8.–5. Jh. v. Chr.)

Die griechische Kolonisation

Die Geschichte und Kultur des antiken Italien wären ohne die Kolonisierung des Südens und Siziliens durch die Griechen undenkbar. Dieses einzigartige Phänomen hatte direkte oder indirekte Auswirkungen auf große Teile der Territorien und Völker Italiens. Mit dem Beginn der griechischen Kolonisation im 8. Jh. trat Italien voll ins historische Zeitalter ein. Gleichzeitig konstituierten sich definitiv die großen ethnisch-kulturellen Einheiten und begann der Urbanisierungsprozess in Italien. Und gerade in diesem Zeitalter der Stadtwerdung, der Verbreitung der euböischen Alphabetschrift und des Imports und der Imitation von geometrisch bemalter Keramik können wir beobachten, wie sich eine Art kultureller Dialektik zwischen Einwanderern (nicht nur Kolonisten, sondern auch Kaufleuten, Seefahrern und Handwerkern) und einheimischen Bevölkerungen entwickelte. Gleichzeitig sehen wir auch, wie sich die nationalen Traditionen der ansässigen Volksstämme sowohl in einheitlichen Impulsen als auch in differenzierten Ausdrucksformen niederschlugen. Die Ableitung des etruskischen und lateinischen Alphabets von jenem euböischen aus Pithekusa und Cumae ist ein gutes Beispiel dafür. Die im jonischen und tyrrhenischen Meer besonders ausgeprägte Küstenschiffahrt vermittelte nicht nur Produkte, sondern auch Techniken, Vorbilder und Ideen. Die mineralhaltigen Zonen von Populonia und Vetulonia in Etrurien, die zu den damals reichsten Metallproduktionsstätten im Mittelmeerraum zählten, zogen das Interesse von nach Rohstoffen suchenden Leuten besonders auf sich, wobei sie Anregungen und Innovationen aus Griechenland und dem Orient empfingen und – wie C. F. C. Hawkes gut beobachtete – gleichzeitig zur Formation einiger charakteristischer Wesenszüge des historischen Etrurien beitrugen. Dies kommt in der augenscheinlichen Exotik und im kulturellen Eklektizismus, in der Tendenz zur Entwicklung einer industriell-handwerklichen und kaufmännischen Gesellschaft und in der relativen Gleichgültigkeit bezüglich stabiler rechtlicher und geistiger Ordnungen zum Ausdruck.

Es ist ganz klar, daß wir infolge der großen Schwierigkeit der historischen Auswertung von so unterschiedlichen und fragmentarischen Indizien wie den archäologischen Zeugnissen und der Interpretation von nur vereinzelten und späten Notizen in den literarischen Quellen wenigstens für die ältesten Phasen der Beziehungen zwischen Griechen und Nichtgriechen in Italien eine Reihe von z. T. auch fundamentalen Lücken und Unsicherheiten zu verzeichnen haben, durch die jeder Rekonstruktionsversuch der Ereignisse extrem hypothetisch und provisorisch bleiben muß. Jede neue Entdeckung kann die Perspektiven verändern und bereichern. Man denke nur an die revolutionäre Bedeutung der Ausgrabungen in der Nekropole und Siedlung von Pithekusa auf der Insel Ischia mit ihren bis auf die erste Hälfte des 8. Jhs. zurückgehenden Funden. Diese Grabungsergebnisse haben unser Wissen über die Geschichte und Chronologie der frühesten griechischen Kolonisation und ihrer Beziehung zu den einheimischen Kulturen Mittelitaliens ganz entscheidend erweitert. Gleiches gilt für die Resultate anderer z. T. noch andauernder Ausgrabungen in Sizilien, Kalabrien, Campanien und Latium.

Der modernen Geschichtsforschung ist es jedoch gelungen, die Grundzüge des Kolonisierungsprozesses der Griechen an den Küsten Unteritaliens und Siziliens zu rekonstruieren, dank der zahlreichen, wenn auch verstreuten Notizen in der antiken Literatur, vor allem in den Werken von Herodot, Thukydides, Diodorus Siculus und Strabon. Leider sind die Werke der älteren kolonialgriechischen Geschichtsschreibung (Antiochos und Philistos von Syrakus, Timaios von Taormina und andere) verloren gegangen, sieht man von einigen Derivaten und Fragmenten einmal ab. Hinzu kommt der immense Bestand an topografisch-architektonischen, archäologischen und epigrafischen Zeugnissen, der infolge der modernen, vor allem in den letzten Jahrzehnten stark intensivierten Bodenforschung ständig anwächst.

Abgesehen von der Möglichkeit von Erkundungs- und Handelsfahrten, die vielleicht der eigentlichen Kolonisation voraus-

gingen – man hat dafür den etwas umstrittenen Begriff der „Präkolonisation" vorgeschlagen – scheinen die ältesten bekannten
kolonialen Ansiedlungen auf italischem Boden von der Insel Eu-
böa ausgegangen zu sein, d. h. zunächst von den beiden jonischen
Städten Chalkis und Eretria, später nur noch von Chalkis. Die
Euböer drängten sofort zu den weitesten Zielen der griechischen
Kolonisation im tyrrhenischen Meer. Auf diese Weise wurde
zwischen dem zweiten und dritten Viertel des 8. Jhs. gegenüber
der campanischen Küste Pithekusa und von dort aus dann unmittelbar darauf Cumae auf dem Festland gegründet, sodann Zancle
an der Meerenge von Messina und Naxos an der Ostküste Siziliens. In der Folgezeit entstanden, begleitet und bedingt von verschiedenen Ereignissen und möglicherweise auswärtigen Faktoren, die endgültige Kolonie von Zancle-Messina und das gegen-
überliegende Rhegion, ferner Leontinoi und Catania. Für die älteste Kolonisationsphase sind auch mögliche rhodische Unternehmungen in Erwägung zu ziehen, denen man neben verschiedenen Operationen in den westlichen Meeren die Gründung des
halblegendären Partenope zuschrieb.

Bald traten jedoch bei der Kolonisierung Siziliens auch dori-
sche Einwanderer als Konkurrenten in Erscheinung. So kamen
aus den Zonen um den Isthmos von Korinth die Megarer, die
Megara Hyblaea vielleicht schon in der Mitte des 8. Jhs. oder
kurz darauf gründeten (worauf die neuesten archäologischen Daten der französischen Ausgrabungen hinweisen könnten), und
die Korinther selbst, die 733 v. Chr. (nach dem traditonellen Datum des Thukydides) Syrakus gründeten. Aber die letzten Jahrzehnte des 8. Jhs. erlebten auch eine Art Wettlauf zu den jonischen Küsten der italischen Halbinsel mit der Gründung der
„achäischen" Kolonien von Sybaris, Kroton und Metapont und
der spartanischen Kolonie von Tarent. Etwas später vervollstän-
digte sich der Zyklus der ersten Kolonien mit den Gründungen
(ktíseis) von Gela in Südsizilien durch die Rhodier und Kreter
(688), von Locri Epizefirii an der jonischen Küste durch die Lok-
rer und von Siris zwischen Sybaris und Metapont durch klein-
asiatische Jonier aus Kolophon (circa 680–670).

In den folgenden Phasen der archaischen Zeit entwickelte sich
die Kolonisation in zwei Richtungen. Einmal vervielfältigten sich
die Tochtergründungen in neuen Expansionsterritorien. Beispiele

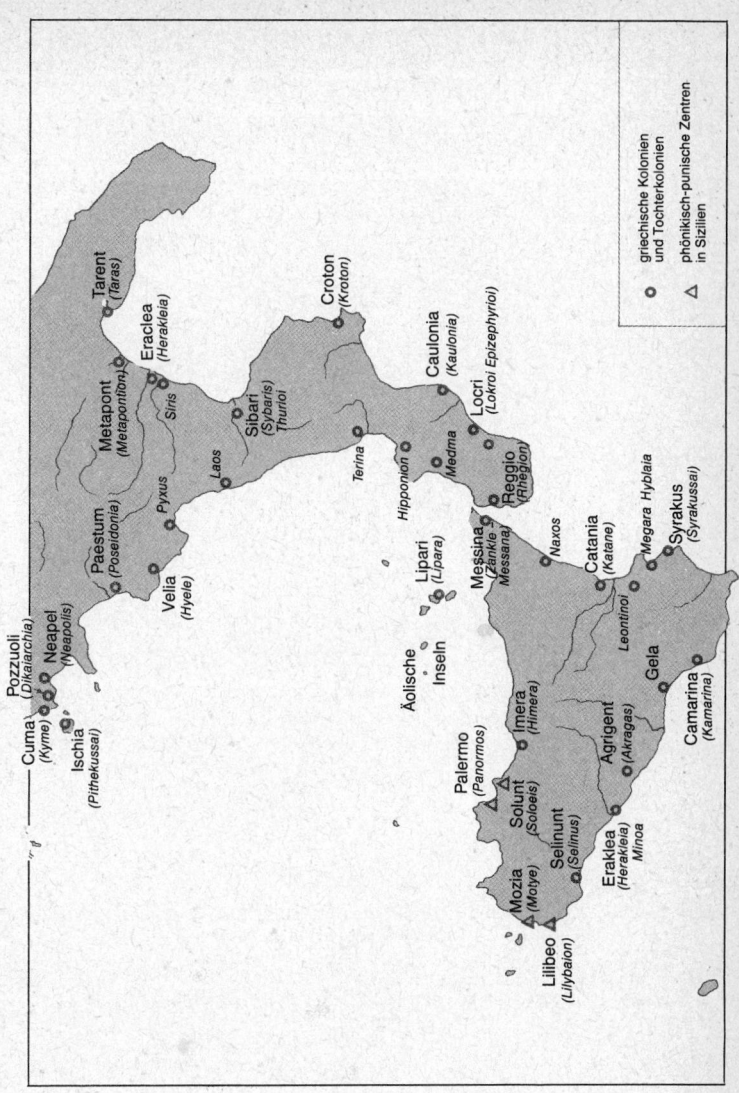

Karte 3: Die griechische Kolonisation

dafür sind Mylai und Himera in Nordsizilien als Subkolonien
von Zancle, Selinunt in Südsizilien als Tochterkolonie von Megara Hyblaea (um 650), Camarina als Subkolonie von Syrakus (598)
und Agrigent als Tochterkolonie von Gela (580). An der tyrrhenischen Küste Kalabriens wurden von Locri aus Metauros, Med-
ma und Hipponion gegründet; weiter im Norden entstand Laos
als Subkolonie von Sybaris und schließlich Poseidonia, das schon
im 7. Jh. von Troizenern aus Sybaris gegründet worden war und
deshalb nach jüngster Analyse auch als Schöpfung von Sybaris zu
gelten hat. Andererseits drängte seit dem späten 7. Jh. eine neue
Welle von Kolonisten aus den weiter entfernten und politisch
immer unruhigeren Gebieten des griechischen Kleinasiens nach
Westen nach: Zunächst die Phokäer, Gründer von Massalia
(Marseille) an der südfranzösischen Küste und von Alalia auf
Korsika, von wo aus sie sich dann nach Elea (Velia) südlich von
Poseidonia zurückzogen (um 535); sodann mit dem Beginn des
6. Jhs. Knidier und Rhodier, die sich auf Lipari niederließen; und
schließlich Samier in Dikaiarcheia, d. h. in Pozzuoli am Golf von
Neapel (um 530) und in Zancle-Messina zu Beginn des 5. Jhs.
Von den zuletzt genannten Geschehnissen wird später noch die
Rede sein.

Die heutigen Forscher sind sich bezüglich der Ursachen und
der Natur der griechischen Kolonisation in ihrer Komplexität
nicht immer einig. Wahrscheinlich verfolgte sie vor allem am
Anfang handelspolitische Ziele, beispielsweise den Erwerb von
Rohstoffen, vor allem von Metallen und den Austausch von verschiedenen Waren. Vermutlich geriet sie dann in Konkurrenz zu
den phönikischen Seefahrern, wie die schnelle Gründung von
sehr weit und an Schnittpunkten von internationalen Seerouten
gelegenen Stützpunkten (wie Pithekusa) suggerieren könnte. In
dieses Bild gehören auch die friedlichen Beziehungen und die
teilweise gegenseitige Durchdringung mit den einheimischen
Volksstämmen, archäologisch dokumentiert in einigen indigenen, nahe den griechischen Kolonien gelegenen Siedlungen (z. B.
im Hinterland von Sybaris). Aber es ist genauso wahrscheinlich,
daß auch demografische Gründe (Überbevölkerung) maßgeblich
zum Prozeß der Kolonisation beitrugen, daß ein Teil der Bevölkerung des Mutterlandes gezwungen war, in fremde Länder aus-
zuwandern, sich dort fest niederzulassen und den Boden zu be-

stellen. Wegen der Weite seiner landwirtschaftlich gut nutzbaren Flächen erhielt der von Griechen besiedelte Teil Italiens den treffenden Namen ,,Magna Graecia" (Großgriechenland). Besonders signifikant ist für uns in diesem Zusammenhang z. B. die Entdekkung einer gekonnten territorialen Planifikation mit einer geometrischen Unterteilung der Felder aus archaischer Zeit in der Zone von Metapont, das als Symbol auf seinen Münzen bezeichnenderweise die Ähre hatte. Vielleicht findet auch das Ursprungsproblem der orthogonalen Stadtpläne (also mit geradlinigen Straßen, die sich im rechten Winkel kreuzen und rechteckige Viertel bilden) seine Lösung im System der Aufteilung von Landpartikeln an die einzelnen Kolonistenfamilien, wie die Untersuchungen des ältesten Stadtplanes von Megara Hyblaea nahelegen. Es versteht sich, daß der Bedarf an Boden für die landwirtschaftlichen Kulturen und die daran gebundene Entwicklung eine expansive Okkupation der umliegenden Territorien bedingte, was wiederum Konflikte mit den Einheimischen und deren Verknechtung oder Verdrängung zur Folge haben mußte. Die demografische Kolonisation entsprach also auch einer territorialen Vorherrschaft.

Die historische Bedeutung der großen Kolonisierungsbewegung ist daran zu bemessen, daß sie die von ihr berührten Territorien aus einem prähistorischen (wenn auch schon von ostmediterranen Einflüssen durchdrungenen) in ein den Zentren der griechischen Welt ebenbürtiges Stadium versetzte, mit all den Errungenschaften der immer reifer werdenden archaischen Kultur, d. h. mit organisierten Städten, aus dem Mutterland importierten Kulten, stabilen politischen Ordnungen, immer größeren Tempelbauten, Kunstwerken und sogar dichterischen Schöpfungen (wie im Falle des Stesichoros aus Himera), ganz zu schweigen von der Größe und dem kulturellen Niveau, welche das griechische Unteritalien und Sizilien dann schließlich in klassischer und hellenistischer Zeit erreichen sollten.

Die zivilisatorischen Einflüsse der griechischen Kolonisation wirkten sich auch auf andere Teile Italiens aus. In diesem Zusammenhang ist weniger die geografische Nähe als vielmehr die Aufnahmebereitschaft der einzelnen Zonen und Völker, die diese Anregungen empfingen, entscheidend. Solche Anregungen hatten in der Tat in manchen Hinterlandzonen der griechischen Ko-

Ionien nur oberflächlichen und partiellen Charakter (das gilt für Unteritalien wie für Sizilien), während sie sich im tyrrhenischen Bereich Italiens, also in Campanien, Latium und vor allem Etrurien als wesentlich fruchtbarer und dauerhafter erwiesen. Dort stieg das kulturelle Niveau jeweils beachtlich an. Aber der griechische Einfluß ging nicht nur von den Kolonien aus, sondern gelangte z. T. auch ohne deren Mittlerfunktion direkt aus dem Mutterland nach Italien. So übte z. B. Korinth eine viel größere und tiefere Wirkung auf die tyrrhenischen Zentren aus als es ihre einzige, wenn auch sehr bedeutende Koloniegründung in Italien, nämlich Syrakus, vermuten läßt. Das beweißt unter anderem die literarische Überlieferung (Plinius, Naturalis historia XXXV, 36, 152) von der Niederlassung korinthischer Künstler im 7. Jh. in Etrurien. Ein großer Teil der ins Etruskische eingeflossenen griechischen mythologischen Namen scheint korinthischen Ursprungs zu sein. Aus Korinth wurden auch in großem Umfang Keramik importiert und dann häufig lokal imitiert; das gilt auch für die figurativen Anregungen in der Malerei und in der Plastik und wahrscheinlich auch für den Gebrauch von tönernen, architektonischen Verkleidungsplatten, der in Italien auf besonders fruchtbaren Boden stieß und auch über die Archaik hinaus eine lange Entwicklung vor sich haben sollte. Andere Importe von bemalter Keramik und künstlerische Einflüsse kamen von Rhodos, Sparta und schließlich vor allem von Athen, das trotz seiner völligen Absenz bei der Kolonisierung Großgriechenlands schon im Laufe der ersten Hälfte des 6. Jhs. eine Vormachtstellung im Absatz von Keramik auf den Märkten Italiens gewann.

Parallel zur griechischen Kolonisation (und vielleicht z. T. auch schon früher) vollzog sich im westlichen Mittelmeerraum die phönikische Kolonisation, die in unserer Betrachtung nicht fehlen darf. Man muß freilich konstatieren, daß sie sich nicht unbedingt als Konkurrenz zur wesentlich größeren und folgenreicheren griechischen Kolonisation verstand, zumindest was Italien anbelangt, wo sie nur den Westen Siziliens und Sardinien berührte. In Sizilien gründeten die Phöniker die Städte Mozia, Palermo und Solunt, in Sardinien Nora, Bithia, Sulcis, Tharros und Karalis (Cagliari). Der ursprüngliche Handelsimpuls und der Emporioncharakter der ersten Ansiedlungen dauerten lange an. Ihr Einfluß erstreckte sich lediglich auf die unmittelbar angrenzenden lokalen Territorien. Eine wirkliche Blütephase erlebten diese Städte erst im Zeitalter der Hegemonie von Karthago, mit der sich ein neues Kapitel der Geschichte eröffnete, auf das wir später noch zu sprechen kommen werden.

Die etruskische Expansion und das übrige Italien

Wir deuteten bereits die Möglichkeit einer schon sehr frühen etruskischen Expansion an, worauf die spezielle Verbreitung der Villanovakultur hinweist. Etrurien selbst, stellt auf Grund seiner raschen und eindrucksvollen Entwicklung, der Größe seines Territoriums und der Geschlossenheit seiner Manifestationen zusammen mit der griechischen Kolonisation das bedeutendste Phänomen in der Geschichte des archaischen Italien dar. In Etrurien entwickelten sich zwischen dem 9. und 7. Jh. aus den Villanovadörfern echte Städte, die zu den wichtigsten Zentren nicht nur Italiens, sondern des gesamten zentralen und westlichen Mittelmeerraums gehören sollten. Die berühmtesten Beispiele sind – von Süden nach Norden – Veji, Caere (Cerveteri), Tarquinia, Vulci, Roselle, Vetulonia, Populonia und Volterra; weiter im Innern (und z. T. zeitlich später) sind Volsinii (an der Stelle des heutigen Orvieto), Chiusi, Perugia, Cortona, Arezzo und Fiesole hervorzuheben. Aber das archaische Etrurien umfaßte nicht nur große Städte, sondern auch zahlreiche kleinere Zentren und isoliertere Ortschaften mit z. T. monumentalen Nekropolen und Gräbern, was auf das Entstehen von landbesitzenden Oligarchien hindeutet.

Der Ursprung der wirtschaftlichen Prosperität und des kulturellen Fortschrittes Etruriens ist – wie anfangs schon gesagt – in den reichen Bodenschätzen zu suchen, vor allem in der nördlichen Küstenzone Etruriens, d. h. in den Territorien von Populonia und Vetulonia mit der Insel Elba und Colline Metallifere, wo man Eisen, Kupfer und silberhaltiges Blei abbaute. Auch der Eisenbergbau in den Tolfabergen spielte eine wichtige Rolle. Die große internationale Nachfrage nach Metallen mußte einerseits eine Konzentration von Unternehmern, Technikern und Arbeitern, z. T. auch ausländischer Herkunft, provozieren, andererseits zur Ausbildung eines äußerst dichten Handelsnetzes beitra-

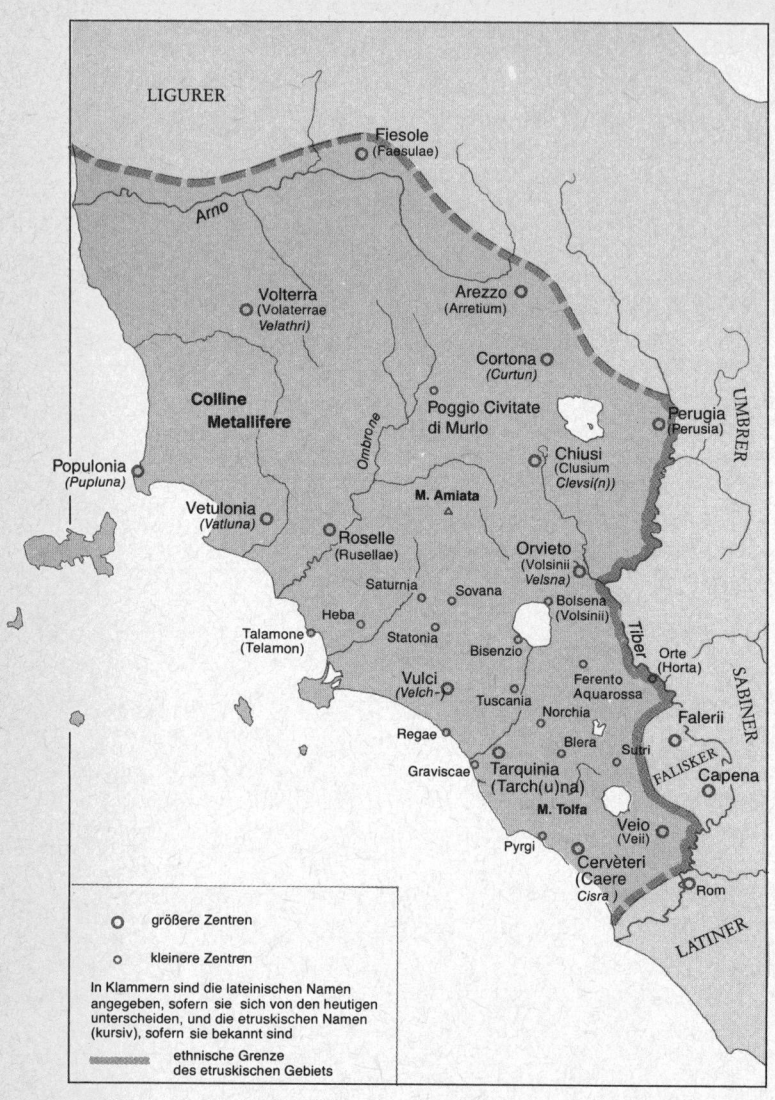

Karte 4:   Das tyrrhenische Etrurien

gen, das die Voraussetzung dafür bot, daß immer mehr exotische Produkte nach Etrurien gelangten. Dem wachsenden politischen Interesse an Etrurien und den daraus resultierenden Bestrebungen der griechischen Seefahrer und vor allem Kolonisten mußten die Etrusker mit einer wachen Defensiv- und Offensivpolitik auf den Meeren entgegentreten, woraus sich in erster Linie die etruskische Thalassokratie, d. h. die Seemacht Etruriens entwickelte. Das Phänomen der Importe aus Griechenland und dem Vorderen Orient wurde durch die finanzielle Potenz der reichen und mächtigen Käuferschicht und deren Bedürfnis nach Luxus entscheidend gefördert. So vollzog sich in Etrurien der Wandel vom entwickelten Villanoviano zum kulturell außerordentlich bedeutsamen sogenannten Orientalizzante, das vom späten 8. bis zum frühen 6. Jh. andauern sollte. Für diese orientalisierende Periode waren wertvolle, fremdländische Materialien wie Gold und Elfenbein, verschiedene Importstücke wie vorderasiatische Bronzen, ägyptische Fayencen, z. T. vergoldete syrische oder cyprischen Silberschalen mit figürlicher Verzierung und vor allem griechische Luxuskeramik kennzeichnend; daneben aber gab es auch raffinierte Produkte einheimischer Kunsthandwerker, die sich in der Toreutik, der Goldschmiedekunst und der Elfenbeinschnitzerei an orientalischem Geschmack inspirierten. Freilich auch diese Erzeugnisse setzen einen Import in großem Stile von ausländischen Kunstgütern aus vergänglichem Material wie Holz und Stoff voraus, von denen uns leider nichts erhalten geblieben ist. In den griechischen Kolonien Siziliens und Unteritaliens begegnet man dagegen kaum diesem Phänomen. Ganz offensichtlich waren die wirtschaftlichen und soziopolitischen Bedingungen in den etruskischen Metropolen völlig anders als im griechischen Kolonialgebiet, zumindest in dieser Periode. Das griechische Mutterland selbst weist im übrigen lediglich in den reichen Heiligtümern Funde auf, die sich mit jenen des orientalisierenden Etrurien vergleichen lassen. In Etrurien häufen sich diese Gegenstände vor allem in den Gräbern der sozialen Oberschicht.

Das Phänomen des Orientalizzante setzt eine intensive Schifffahrt auf dem tyrrhenischen Meer vor der etruskischen Küste und überhaupt auf den Meeren um Italien herum voraus, und zwar nicht nur von Seiten der griechischen und wahrscheinlich auch phönikischen Seefahrer, sondern auch der Etrusker selbst. In diesem Zusammenhang sei daran erinnert, daß es bereits seit der Villanovazeit eine Seefahrtsroute von der südetruskischen Küste zum Golf von Salerno gegeben haben muß, wenn die Ähnlichkeit dieser beiden Kulturen nicht trügt. Eine zeitlich so weit zurückliegende Präsenz von Etruskern in den südlichen Meeren erscheint um so plausibler, wenn wir an die Notiz des Historikers Ephoros (in Strabon VI 2,2) bezüglich der Aktivität tyrrhenischer Piraten vor den Küsten Ostsiziliens in der Zeit bereits vor der griechischen Kolonisation denken. Die etruskische Piraterie ist ein sprichwörtlicher Begriff, der in der griechischen Literatur bereits seit dem „homerischen" Hymnos auf Dionysos verwurzelt ist. Sicherlich hat man in diesen Zeiten unter einem „schnellen Krieg" wohl vor allem Seegefechte mit dem Ziel der Zermürbung rivalisierender Mächte zu verstehen. Auch hinsichtlich der griechischen Kolonisation selbst ist daran zu erinnern, daß die Gründung der ersten Siedlung von Zancle auf „Piraten" aus Cumae zurückgehen soll, wahrscheinlich mit der Intention, den etruskischen „Piraten" die Meerenge von Messina zu versperren.

Für die gesamte Handelsschiffahrt längs der tyrrhenischen Küste und für jede eventuelle Unternehmung gegen Sizilien müssen die Häfen Campaniens von außerordentlicher Bedeutung gewesen sein. Das mit Fruchtbarkeit und guten natürlichen Häfen gesegnete Campanien scheint schon seit Beginn der historischen Zeit eine Scharnierfunktion zwischen den beiden Expansionsbewegungen der Etrusker und Griechen gehabt zu haben. Seit den ersten Kontakten mit der Golfzone von Salerno, wo nach unserer heutigen Kenntnis Pontecagnano das Hauptzentrum bildete und auch die „Kolonie" Marcina angesiedelt war (ihre genaue Lokalisierung ist freilich noch unsicher, vielleicht in Vietri), konsolidierten und erweiterten die Etrusker immer mehr ihr Herrschaftsgebiet bis zur sorrentinischen Halbinsel und der Mündung des Sarno mit Castellamare und Pompeji. Es umfaßte schließlich die gesamte campanische Ebene im Hinterland der griechischen Kolonien am Golf von Neapel, wo in fortgeschrittener historischer Epoche die Städte Nocera, Nola, Acerra, Suessula und vor allem Capua aufblühten. Capua sollte die Hauptstadt des campanischen Etrurien werden.

Schon aus dem bisher Gesagten geht hervor, daß die etruskische Aktivität auf den Meeren sehr ausgeprägt war und andere

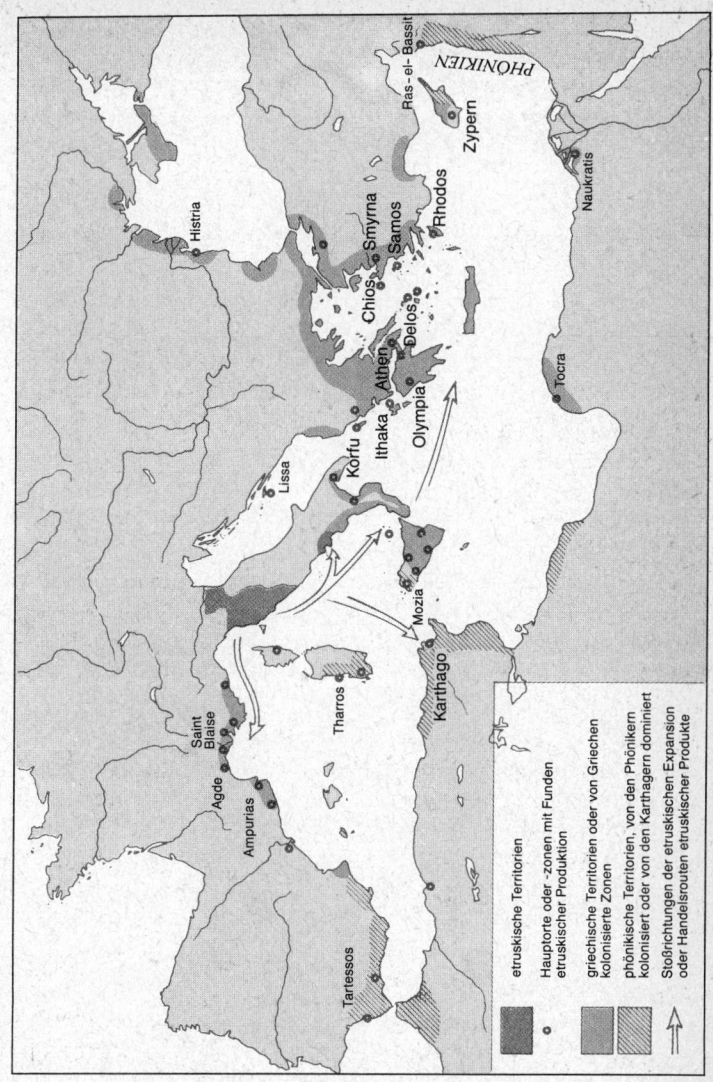

Karte 5:   Die etruskische Handelsexpansion im Mittelmeerraum (VII.–1. Hälfte VI. Jh. v. Chr.)

das Fürchten lehrte, wobei sie vor allem mit dem Übergang von
der Villanova- zur orientalisierenden Phase neue Dimensionen
gewann. Die antiken literarischen Quellen bezeugen ausdrücklich eine Seeherrschaft, also eine Thalassokratie der Etrusker und
ihre Präsenz nicht nur in Campanien, sondern auch auf den liparischen Inseln, an den Küsten Siziliens, auf Sardinien, Korsika
und sogar auf den Balearen und in Spanien. Aber aus diesen
fragmentarischen, vagen und bisweilen auch suspekten Hinweisen läßt sich weder eine präzise Chronologie noch die effektive
geografische Tragweite dieser Ereignisse herauslesen. Die Funde
von etruskischen Erzeugnissen (vor allem von Bucchero, etrusco-
korinthischer Keramik und Amphoren) an den Küsten der italischen Halbinsel, auf den großen tyrrhenischen Inseln, in den
Küstenzentren Südfrankreichs und Spaniens, in Karthago, in
Griechenland und in anderen Zonen des östlichen Mittelmeer-
raumes beweisen lediglich die große Ausdehnung der Handelsbeziehungen, in denen Etrurien freilich mehr nehmender als geben-
der Teil war. In vielen Fällen wird es sich lediglich um indirekte
Vermittlungen gehandelt haben. Nichtsdestotrotz suggeriert eine
gewisse Übereinstimmung der Marktzentren vor allem im Westen mit den Erwähnungen in den literarischen Quellen die Möglichkeit einer Ausdehnung der Seefahrt, wenn nicht sogar eine
Kontrolle der Etrusker auch über den eigentlichen tyrrhenischen
Seebereich hinaus. Die meisten der etruskischen Exportstücke
datieren in die Jahrzehnte des ausgehenden 7. und beginnenden
6. Jhs. Sie sind damit zumindest teilweise älter als die Gründung
von Massalia durch die Phokäer (um 600). Alles läßt darauf
schließen, daß der Höhepunkt der etruskischen Thalassokratie in
das 7. Jh. fällt, d. h. in eine Periode, in der sich die griechische
Kolonisation im Westen noch in einer Gründungs- und Konsoli-
dierungsphase befand und die phönikische Kolonisation noch
nicht den einheitlichen und dynamischen Impuls durch die Hegemonie Karthago's erhalten hatte.

Hand in Hand mit der etruskischen Expansion zur See ging
auch jene zu Lande in Italien. Wir dürfen uns freilich nicht zu
sehr beeindrucken lassen von gewissen Behauptungen antiker
Schriftsteller wie jener berühmten des Cato (in Servius, ad Aen.
XI, 584) „in Tuscorum iure pene omnis Italia fuerat" (= fast
ganz Italien war unter der Herrschaft der Etrusker) oder der

etwas vorsichtigeren, aber detaillierteren Äußerung des Livius (I 2; V 33), der von der Macht, dem Reichtum und dem Ruhm der Etrusker zur See und zu Lande, von den Alpen bis zur Meerenge von Messina berichtet. Wir haben uns auch kein etruskisches Reich gleichsam als ersten Einigungsversuch der italischen Halbinsel und Vorläufer der künftigen römischen Eroberung vorzustellen. Wie auch immer die Anfänge der etruskischen Expansionsbewegungen, die sich im Halbdunkel der Vorgeschichte verlieren, ausgesehen haben mögen, wird man doch wahrscheinlich an einzelne Initiativen zu denken haben, die vorwiegend der wirtschaftlichen und handelspolitischen Kontrolle dienten, dabei aber natürlich auch politische und militärische Ereignisse implizierten und kulturelle Folgeerscheinungen hatten. Man kann auch konstatieren, daß die etruskischen Aktionen zu Lande in mancher Hinsicht der Festigung der Vorherrschaft zur See dienten. Auf Grund der evidenten Nachrichten der antiken Geschichtsschreibung sowie der archäologischen, epigrafischen und toponomastischen Daten ist es jedenfalls völlig sicher, daß die Etrusker außerhalb ihres eigenen Territoriums zwischen Tiber und toskanisch-emilianischem Appennin auch Latium und Campanien oder zumindest wichtige Teile davon und jenseits des Appennin die Emilia und Romagna besetzten und dominierten. Hinzu kommt eine begrenzte, relativ kurze und bisher nur schwer zu präzisierende Expansion nördlich des Po's und längs der ligurischen Küste.

Auch wenn es uns unlogisch erscheinen mag, so vollzog sich die etruskische Expansion in das Etrurien benachbarte Latium (womit das antike Latium südlich des Tibers gemeint ist) erst später als die Einflußnahme in dem weiter entfernten Campanien. Das erklärt sich aus dem Primat der maritimen Interessen, welche die Etrusker seit altersher an die Küsten Campaniens führten. Erst in einer zweiten Phase, nachdem sich die etruskische Vorherrschaft in Campanien konsolidiert und erweitert hatte, sah man die Notwendigkeit von Kontakten zwischen Etrurien und Campanien auch auf dem Landweg durch Latium, nämlich durch die Täler des Sacco und Liri. Daraus kann man, wenn schon keine vollständige Eroberung, so doch wenigstens eine Kontrollfunktion der Etrusker über die wichtigsten Zentren und Hauptstraßen in Latium folgern. Das beweisen die reichen orientalisierenden

Beigaben aus der ersten Hälfte des 7. Jhs. in den Fürstengräbern
von Palestrina, dem antiken Praeneste, die auf die Präsenz etruskischer Dynasten hinzudeuten scheinen (wofür auch eine etruskische Inschrift spricht). Andere mehr oder weniger gleichzeitige
relevante Funde sind in Lavinio und Satricum zu verzeichnen.
Die literarische Überlieferung verlegt den Beginn einer etruskischen Monarchie in Rom in das Jahr 616 v. Chr., verbunden mit
der Machtergreifung des aus Tarquinia stammenden Lucius Tarquinius Priscus. Will man dieses sicher nur annähernd richtige
Datum nicht anzweifeln, dann wird man eine gewisse Retardie-
rung der etruskischen Präsenz in Rom im Vergleich zu anderen,
schon genannten Zentren Latiums festellen, was auf Grund der
unmittelbaren Nähe Roms zu Etrurien verwundern mag. Eine
Erklärung dafür ist vielleicht im Vordringen der zur ostitalischen
Volksgruppe gehörenden Sabiner zu suchen, für die Rom bereits
seit dem 8. Jh. eine Art Vorposten bildete. Die Sabiner waren das
Tibertal heruntergezogen und dürften damit die etruskische Expansion entscheidend behindert haben. Der literarischen Überlieferung zufolge soll in der Tat der Vorgänger des Tarquinius Priscus, nämlich Ancus Martius, ein König sabinischer Abstammung
gewesen sein, und der größte Teil der militärischen Unternehmungen des Tarquinius Priscus sollen sich eben gegen die Sabiner
gerichtet haben. Diese Periode zwischen dem Ausgang des 7. und
den ersten Jahrzehnten des 6. Jhs., die wir als jene des Tarquinius
Priscus bezeichnen könnten, zeigt uns in archäologischer Hinsicht die endgültige Stadtwerdung Roms mit den ersten monumentalen Bauten wie der Regia und dem Comitium auf dem
Forum. Hinzu kommen die literarischen Nachrichten über die
Errichtung des kapitolinischen Jupitertempels und der Stadtmau-
er. Architekturterrakotten und spätorientalisierende Gegenstände zeugen von unbestreitbarem etruskischem Einfluß. Die Historizität des Königs wie auch seiner Frau Tanaquil (ein typisch
etruskischer Vorname) und der Begründer der tarquinischen Dy-
nastie überhaupt kann kaum mehr in Zweifel gezogen werden.
Wahrscheinlich hatte sich am Fuße des Kapitols eine aristokratische Gens etruskischen Ursprungs niedergelassen. Nicht weit
von diesem später als „vicus tuscus" bezeichneten Ort, nämlich
im Heiligtumsbereich von S. Omobono, wurde eine kleine Elfenbeinplakette in Löwenform mit dem Namen des Araz Silqetenas

Spurianas gefunden, einer Persönlichkeit, die vielleicht auch aus Tarquinia stammte. Während die etruskischen Inschriften allerdings nur privaten Charakter haben, wurde für ein öffentliches Monument wie den Cippus beim Lapis Niger auf dem Forum Romanum die lateinische Sprache verwendet, was als Zeichen einer nur teilweisen Etruskisierung Roms zu werten ist. Die Inschrift auf besagtem Cippus enthält heilige Vorschriften für den König des Comitium und datiert in die gleiche Epoche.

Komplexer sind die Probleme hinsichtlich der etruskischen Vorherrschaft in Oberitalien, die von den Alten als echte Kolonisation angesehen wurde mit der Gründung von 12 Städten entsprechend dem Schema der Dodekapolis im tyrrhenischen Etrurien. Den sehr frühen Zeitpunkt dieser Kolonisation suchte man durch die legendäre Präsenz des Tarchon, des heroischen Gründers von Tarquinia, zu beweisen. Wir äußerten bereits die Meinung, daß es ein bestimmtes etruskisches Element um Bologna herum und in der Romagna (in Verucchio, San Marino) schon seit Beginn der Eisenzeit gegeben haben muß, repräsentiert von der lokalen Villanovakultur, die offensichtlich aus dem tyrrhenischen Bereich eingeführt worden war. Die einst gängige Theorie einer etruskischen ,,Eroberung‘‘ erst gegen Ende des 6. Jhs. scheint neuerdings auch durch die Entdeckung einer etruskischen Inschrift auf einer spätvillanovazeitlichen Vase (um 600) aus Bologna widerlegt zu werden. Und interessanterweise würde in diese Zeit auch – gemäß der Überlieferung des Livius – eine Niederlage der Etrusker gegen die in die Poebene vordringenden Gallier am Fluß Ticino fallen. All das würde auf eine sehr frühe und ausgedehnte Expansion der Etrusker hindeuten, was nicht völlig unmöglich ist. Die Ablösung der spätvillanovianischen Arnoaldiphase durch die ganz etruskisch geprägte sogenannte Certosaphase kann als Phänomen einer Reaktivierung der transapenninischen Etruskizität verstanden werden und ist auch mitbedingt durch eine neue und wichtige Schwerpunktverlagerung der etruskischen Interessen in Richtung obere Adria als Folgeerscheinung der wirtschaftlich-politischen Krise im tyrrhenischen Etrurien (auf die noch einzugehen sein wird). Diese Schwerpunktverlagerung brachte auch eine z. T. intensive Kolonisierung des Nordens mit Stadtgründungen (Felsina = Bologna, Marzabotto, Spina) mit sich. Darauf werde ich an anderer Stelle noch zu sprechen kommen.

Wenden wir uns zunächst der Situation im übrigen Italien, sowohl auf dem Kontinent als auch auf den Inseln zu. Historisch gesehen stellt sich vor allem das Problem der Beziehungen zwischen Kolonisten und Einheimischen in den von der Kolonisation berührten Gebieten. Das gilt insbesondere für die Griechen, die sich an den Küsten Unteritaliens niedergelassen hatten. Aber es betrifft auch in ähnlicher Weise die Etrusker, vor allem dort, wo sie sich als Kolonisatoren vom Meer her näherten – wie in Campanien und vielleicht auch in Ligurien. Komplexer ist dagegen das Problem der Berührungen von Etruskern und Nichtetruskern im Binnenland längs der Flußgrenzen. Der Tiber beispielsweise bildete seit altersher die ungefähre Trennlinie (abgesehen von der faliskischen Enklave) zwischen Etruskern einerseits und Latinern, Sabinern und Umbrern andererseits bildete, während Po und Etsch (Adige) die Etrusker von den Venetern trennten. Für die einen war das villanovianisch-etruskische Bologna am Fuße des Appennin das Zentrum, für die anderen Este bei den Euganeischen Bergen. Im Grunde gab es eine generelle Dialektik, reich an historischen Verwicklungen und Konsequenzen, zwischen den Einwanderern an der Küste mit ihrer organisatorischen und zivilisatorischen Dynamik und den einheimischen Völkern im Binnenland, die unter fast noch prähistorischen Bedingungen in einem statischen und rückständigen Zustand lebten. Diese Dialektik offenbart sich in einem Prozeß allmählicher und reicher kultureller Anregungen von seiten der Immigranten sowie einer teils bereitwilligen, teils mehr mechanischen Imitation von seiten der Einheimischen. Sie zeigt sich außerdem in einer mehr oder weniger tiefen und unmittelbaren Durchdringung des Hinterlandes längs der Flußtäler (wofür die Basilicata und Campanien typische Beispiele sind) und in der starken Wirkung und Anziehungskraft der reichen Kulturzentren an den Küsten auf die unbedarfte Bergbevölkerung, von der schließlich jene mächtige Reaktion ausging, welche die zweite große Epoche der Geschichte des vorrömischen Italien charakterisieren sollte.

Die Bewohner der Adriaküste werden für uns erst jetzt in ihrem ethnischen Bewußtsein und in bestimmten kulturellen Merkmalen allmählich historisch greifbar. Im Süden in Apulien saßen als Erben einer frühen paläoitalischen Entwicklung die Japyger oder Apuler, die auf Grund ihrer geografischen Position schon früh für mediterrane und transadriatische Einflüsse empfänglich waren. Ihre Kultur zeichnete sich durch relativ fortschrittliche Aspekte einer protourbanen (und später dann echt urbanen) Organisation aus, ferner durch die geometrische Dekoration der Keramik und durch figürliche Kunst, wie sie auf den singulären Grabstelen in der Zone von Siponto in der Provinz Foggia erscheint, die in der jüngeren Forschung besondere Aufmerksamkeit erregten. Gleichzeitig erweist sich die apulische Kultur in der Archaik und später aber auch als relativ isoliert und unberührt von der überwältigenden Ausstrahlung der nahegelegenen griechischen Kolonialzentren, voran Tarent, was sich auch in politischer Feindseligkeit ausdrücken sollte. In Mittelitalien begegnen wir den Angehörigen der traditionell als picenisch und heute eher als mitteladriatisch bezeichneten Kultur, die vom 8. bis zum 5. Jh. aufblühte, dabei stark empfänglich für orientalisierende und griechisch-archaische, vielleicht z. T. über Etrurien vermittelte Anregungen war und sich u. a. in einer relativ fortgeschrittenen Phase durch rohe steinerne Skulpturen auszeichnete, deren berühmtestes und charakteristischstes Beispiel der sogenannte Krieger aus Capestrano ist. Vor allem auf der Basis der epigrafisch-linguistischen Daten neigen wir heute dazu, im größten Teil dieser Bevölkerung eine Frühform der Ostitaliker und vor allem der Sabiner zu sehen. Im Norden erscheinen die Veneter als ein in sich geschlossenes und seiner ethnischen, kulturellen und geografischen Tradition treues Volk vom Beginn der Eisenzeit bis zur römischen Eroberung. Aus ihrer kunsthandwerklichen Produktion ragen – wie auch bei anderen alpinen Volksstämmen – jene eigenartigen, figürlich verzierten Bronzegeräte heraus, die unter dem Begriff der ,,Situlenkunst" bekannt sind und mitteleuropäische, orientalisierende, etruskische und griechische Einflüsse aufweisen. Die binnenländischen Volksstämme auf der Halbinsel – seien sie nun oinotrisch-ausonischer, japygischer oder ostitalischer Abstammung – unterlagen auf unterschiedliche Weise Einflüssen aus dem griechischen Süden, dem tyrrhenischen und dem adriatischen Raum. In ihrer oft nicht sehr geradlinigen Entwicklung barbarisierten diese Völker manchmal ihre künstlerischen Vorbilder, manchmal übernahmen sie diese intakt oder aber sie verarbeiteten sie in eklektischer Weise, wie das Beispiel der singulären archaischen Blütezeit von Melfi zeigt, einem Zentrum im

westdaunischen Territorium, d. h. in der heutigen Basilicata.
Doch war diese indigene Welt der einheimischen Völker historisch völlig passiv und mußte auf die Stunde ihres Erwachens
noch warten.

Ostgriechische Impulse und die Entwicklung der griechischen Kolonien und tyrrhenischen Zentren

Die letzte Welle der griechischen Seefahrten und Kolonisationen
seit dem Ende des 7. Jhs. mit den Expeditionen der Samier und
Phokäer aus Ostgriechenland nach dem Westen eröffnete eine
neue Phase in der Geschichte des archaischen Italien. Die Gründung von Massalia und anderer Emporia an der ligurischen und
südfranzösischen Küste schuf praktisch eine zweite Front am
Rande des Aktionsgebietes der etruskischen Flotte und führte zu
einem Nachlassen ihres Druckes nach Süden. Andererseits
schickte sich zur gleichen Zeit Karthago an, die verschiedenen
Erfahrungen der alten phönikischen Kolonisation im Westen zu
koordinieren und das Monopol für die Kontrolle des Zuganges
zum äußersten westlichen Mittelmeer an sich zu reißen. Zwei
Geschehnisse symbolisieren auf treffende Weise das Ende der
Expansionsphase der etruskischen Thalassokratie und damit auch
den Beginn ihres Niederganges: Zum ersten ein nicht datierbares
und z. T. vielleicht auch legendäres Ereignis, nämlich eine durch
die Karthager verhinderte etruskische Kolonialexpedition über
die „Säulen des Herakles" hinaus zu einer unglaublich fruchtbaren Insel im Atlantik (nach Diodorus Siculus V 19 ff.); zum anderen die Niederlassung der Knidier und Rhodier auf den Äolischen Inseln gegen 580 v. Chr., die eine Art griechische Schutz-
mauer vor Sizilien und der Meerenge von Messina bilden sollte.
Die strategische Bedeutung dieser Niederlassung machen die
hartnäckigen und wiederholten Versuche der Etrusker deutlich,
den Kolonisten den Besitz dieses Archipels wieder abzujagen
(nach Strabon VI 2,10). Diese Bemühungen hielten wahrscheinlich das ganze 6. Jh. und auch noch darüber hinaus an, blieben
aber immer erfolglos, wie wir aus den historischen Quellen und
sogar aus epigrafischen Zeugnissen wissen, nämlich von den
Weihgeschenken der Liparesen im Heiligtum von Delphi.

Auf die äußert kraftvolle Dynamik der ersten griechischen, phönikischen und etruskischen Seefahrten und Kolonisationen, unter denen die weiträumigen Unternehmungen der kleinasiatischen Griechen die jüngste Manifestation darstellen, folgte allmählich die Tendenz, bestimmte politische und wirtschaftliche Einflußsphären zur See und zu Lande abzugrenzen und zu konsolidieren. Es scheint sich also im italischen und speziell tyrrhenischen Bereich ein Kräftegleichgewicht zwischen den griechischen Städten, den etruskischen Zentren und Karthago herausgebildet zu haben, das zweifelsohne komplexer und instabiler Natur war, wie wir gleich noch sehen werden, das aber immer intensivere diplomatische, religiöse, kulturelle, künstlerische und wirtschaftliche Kontakte förderte, um so eine echte internationale Atmosphäre zu schaffen, Elemente einer gemeinsamen Zivilisation zu verbreiten und einen enormen Entwicklungsprozeß der einzelnen Zentren unabhängig von ihrer ethnischen Zugehörigkeit einzuleiten.

Es ist ein interessantes und historisches sehr aufschlußreiches Faktum, daß gerade die Zunahme der direkten Kontakte mit der ostgriechischen Welt, vor allem mit Jonien, einen entscheidenden Einfluß auf die Entwicklung dieser Gemeinden in Italien und auf viele einheitliche Aspekte ihrer Kultur im Laufe des 6. Jhs. hatte. Es handelte sich hier nicht nur um die Ankunft von mehr oder weniger zahlreichen und organisierten Pionieren, Händlern und Kolonisatoren – darunter jene Seefahrer aus dem äolischen Phokäa, die auf den Spuren des kühnen samischen Seefahrers Kolaios mit ihren großen Schiffen bis zu den adriatischen Regionen, nach Etrurien, Iberien und nach Tartessos vordrangen (Herodot I 163), – sondern auch um die Einrichtung fester Handelsschifffahrtsrouten und freundschaftlicher enger Beziehungen wie etwa zwischen Sybaris und Milet, sodann um den Austausch von Persönlichkeiten des Kulturlebens wie z. B. des Dichters Ibykos aus Rhegion, der für eine gewisse Zeit als Gast am Hofe des Tyrannen Polykrates von Samos weilte, und des berühmten Pythagoras, der definitiv gegen 530 v. Chr. von Samos nach Italien auswanderte. Auch wurden sicherlich jonische Künstler und Handwerker von den günstigen Arbeitsmöglichkeiten in den aufblühenden Städten des Westens, vor allem Etruriens, angezogen, wo ihre Präsenz durch ihre Produktion selbst dokumentiert wird (man denke an die Töpferwerkstatt der sogenannten Caeretaner Hydrien). Von großer Intensität waren die Handelsbeziehungen und insbesondere der massive Import von ostgriechischen Erzeugnissen, darunter vor allem Vasen (speziell jene fast überall in Italien gefundenen Trinkschalen mit bemaltem Streifendekor) und Textilien, die zwar verloren gegangen sind, aber in der literarischen Überlieferung erwähnt werden. Andere wertvolle figurative Werke trugen zur Vermittlung neuer Kunst- und Geschmacksströmungen bei.

Die weiche und dem Realismus zugeneigte jonische Kunst löste fast überall in Malerei und Plastik seit der Mitte des 6. Jhs. die strengeren Schemata der dädalisch-peloponnesischen Tradition ab, suchte der figürlichen Kunst der großgriechischen und tyrrhenischen Zentren eine einheitliche Prägung zu geben und fand dabei ein besonders aufnahmewilliges, ja fast ideales Terrain in Etrurien. Raffinierte Moden, Luxus, Verweichlichung und asiatische „habrosyne" verbreiteten sich unter den Angehörigen der gesellschaftlichen Oberschicht in diesen Städten. Sie wurden sprichwörtlich für Sybaris und Siris und spiegeln sich auch in der Darstellung von Etruskern in der tarquinischen Grabmalerei wider. Es ist anzunehmen, daß auch das religiöse und intellektuelle Leben in den bedeutenden Küstenstädten am jonischen und tyrrhenischen Meer von ostgriechischen Impulsen durchdrungen war, nämlich von der Dichtung, der wissenschaftlichen Neugier und den spekulativen Anregungen des großen archaischen Joniens. Zu den bezeichnendsten Merkmalen dieser unter gemeinsamem jonischem Einfluß aufblühenden griechisch-tyrrhenischen kulturellen Koinè gehört zweifelsohne die Lehrtätigkeit von Pythagoras in Kroton, dessen Doktrin und politisch-soziale Bewegung eine außerordentliche Resonanz und enthusiastische Anhänger nicht nur in allen Teilen Unteritaliens und Siziliens, sondern auch in Etrurien und Rom fanden (sogar der römische König Numa Pompilius wird in verschiedenen antiken Überlieferungen anachronistischerweise zu den Schülern des samischen Philosophen gezählt). So nahm jene sogenannte italische Schule (nach Definition von Aristoteles) ihren Anfang. Ein anderer Zweig der jonischen Philosophie, der fast gleichzeitig in Italien im neugegründeten Velia unter Xenophanes aus Kolophon Fuß faßte, führte zur Entstehung der einzigartigen eleatischen Philosophie.

All diese kraftvollen Neuerungen hatten ihre Voraussetzung in der inzwischen in den Kolonien Unteritaliens und den tyrrhenischen Zentren erreichten wirtschaftlichen Prosperität. Von den gegenseitigen Beziehungen dieser Städte, ihren Rivalitäten, ihren Expansions- und Hegemoniebestrebungen, von ihren internen legislativen Aktivitäten, den verschiedenen Polisverfassungen sowie den sozialen und politischen Konflikten beginnen wir jetzt allmählich einige Grundzüge für diese Periode zu erkennen, die von den historischen und epigrafischen Quellen besser belegt sind (wenn auch längst nicht so gut wie für das gleichzeitige griechische Mutterland und in sehr summarischer und fragmentarischer Weise für die nichtgriechischen Zentren außer Rom).

Auf Grund ihrer Ausdehnung, Monumentalität, demografischen, wirtschaftlichen oder politischen Bedeutung ragen unter diesen Städten an der jonischen Küste vor allem Tarent, Metapont, Siris, Sybaris, Kroton und Locri heraus, an der Meerenge zwischen Sizilien und Unteritalien Rhegion, an der tyrrhenischen Küste Poseidonia, Cumae, Rom, Caere, Tarquinia, Vulci und Populonia. Sie suchten ihre Handelsverbindungen zur See zu schützen und auszuweiten, sich immer neue Absatzmärkte für ihre Agrar- und handwerklichen Produkte zu sichern und sich Einfluß- oder Herrschaftsgebiete im jeweiligen Hinterland zu schaffen. Da es unseres Wissens kein festes Kooperationssystem zwischen den großgriechischen Kolonien gab, auch nicht zwischen solchen gleichen Ursprungs wie etwa den achäischen, mußten sie sich natürlicherweise gegenseitig entweder neutralisieren oder ausschalten. Die Vorherrschaft über das heutige Kalabrien südlich des Isthmos, also über das ursprüngliche eigentliche „Italia" hatten Rhegion und Locri inne, vor allem nach der Niederlage Krotons gegen die mit Rhegion verbündeten Locrer am Sagrafluß in der Mitte des 6. Jhs. Fast gleichzeitig hatten die Golfstädte das jonische Siris erobert und zerstört. So konnte vor allem Sybaris sein Primat behaupten und festigen. Diese Stadt besaß unter den achäischen Kolonien eine besondere Hegemoniestellung, beherrschte ein weites Territorium bis zur tyrrhenischen Küste mit den befreundeten und abhängigen Städten Laos, Pyxus und Poseidonia, dehnte ihren Einflußbereich schließlich bis an die Grenzen Campaniens aus und stieg damit zur Hauptmacht ganz Süditaliens auf.

Der Akmè (Blüte) von Sybaris in Großgriechenland steht jene von Caere und Vulci in Etrurien gegenüber. Eine Bedeutung von fast mediterraner Dimension hatten diese Städte in der ersten Hälfte und der Mitte des 6. Jhs. erlangt. Viele vor allem archäologische, aber auch literarische Indizien sprechen dafür, daß auf eine frühe Blütezeit und wohl auch eine politisch-wirtschaftliche Vorrangstellung von Tarquinia und Vetulonia im 8. und 7. Jh. der Aufstieg von Caere im Laufe des 7. Jhs. folgte, dokumentiert durch die Denkmäler des mittleren und späteren Orientalizzante mit Reflexen im Hinterland und in Latium. Die Blüte von Vulci in der ersten Hälfte des 6. Jhs. manifestiert sich ihrerseits im intensiven Export seiner keramischen Erzeugnisse auch außerhalb Etruriens, so nach Rom und Karthago. Die Kämpfe um die Hegemonie in Südetrurien und Latium spiegeln sich in einigen literarischen, epigrafischen und archäologischen Zeugnissen wider (vor allem in den Wandmalereien der Tomba François aus Vulci), die von den Unternehmungen der Vulcenter Brüder Aulus und Caelius Vibenna (= Aule und Caile Vipinas) und ihres Freundes Mastarna (= Macstrna) gegen die Tarquinier von Rom und andere mit diesen alliierten Fürsten berichten. Sie sollen daraufhin eine zeitweilige Herrschaft in Rom ausgeübt haben. Auch ist in diesem Zusammenhang an eine von Kaiser Claudius aufgegriffene Überlieferung zu erinnern, die Mastarna mit dem König Servius Tullius gleichsetzte.

Konflikte um die Vorherrschaft im tyrrhenischen Meer

Auf internationaler Ebene wurde das zwischen den Städten Südetruriens und Großgriechenlands vermutlich hergestellte Gleichgewicht von außen her bedroht, nämlich – wie schon angedeutet – von den Phokäern und Karthagern. Die Phokäer, Gründer der Kolonie Alalia an der Ostküste Korsikas und verstärkt durch Flüchtlinge aus ihrer von den Persern eingenommenen Mutterstadt Phokäa (545 v. Chr.), bedrohten nun aus unmittelbarer Nähe die Küsten Etruriens. Zugleich mußten sie dem Anspruch Karthagos auf die Vorherrschaft in Sardinien entgegentreten, das teilweise schon sehr früh (d. h. wenigstens seit dem 8. Jh.) von den Phönikern kolonisiert worden war. Der Name Olbia an der

Nordostküste Sardiniens deutet in der Tat auf den Versuch einer phokäischen Gründung hin. All diese Umstände führten zu einer militärischen Koalition zwischen Etruskern (aus Caere oder unter der Führung von Caere) und Karthagern. Die Flotten dieser beiden Mächte mit jeweils 60 Schiffen stießen mit der phokäischen Flotte von ebenfalls 60 Schiffen im Sardischen Meer (vielleicht nahe der Mündung von Bonifacio) in einer denkwürdigen, von Herodot (I 166) beschriebenen Seeschlacht aufeinander, deren Ausgang er als „Kadmossieg", d. h. de facto als Niederlage der Griechen bezeichnet. Tatsächlich gaben die Phokäer daraufhin das wahrscheinlich nicht mehr zu verteidigende Alalia auf und versuchten vergeblich, sich in Rhegion niederzulassen. Schließlich gründeten sie an der Küste des Cilento (Südcampanien) die Kolonie Velia, wohl mit Einverständnis des nahegelegenen Poseidonia.

So ergab sich – auch wenn in jüngster Zeit daran gezweifelt worden ist – eine Aufteilung der Interessensphären zwischen den Etruskern, die wenigstens die Ostküsten Korsikas besetzten und eine Kolonie vielleicht an der Stelle von Alalia mit dem griechischen Namen Nikaia gründeten, und den Karthagern, die nun freie Hand auf Sardinien hatten. Die territoriale Eroberung Sardiniens brachte freilich große Schwierigkeiten mit sich infolge des hartnäckigen Widerstandes der einheimischen Sarden, deren beachtliches Entwicklungsniveau und Organisationstalent sich archäologisch in den monumentalen Festungen, Siedlungen und Heiligtümern der Nuraghenkultur dokumentiert, die in den ersten Jahrhunderten des 1. Jts. v. Chr. ihre größte Blüte erreichte. Nach dem Scheitern einer von Malchos (dem König?) angeführten karthagischen Expedition im mittleren 6. Jh. konnte die Insel schließlich unter großen Mühen gegen Ende des Jahrhunderts vor allem durch Hasdrubal und Hamilkar, die Söhne des Mago, definitiv unterworfen werden. Daß in dieser Periode einzelne sardische Gemeinden oder eine sardische Föderation auch diplomatische Schritte unternommen haben könnten, um von den Großgriechen Hilfe zu erhalten, läßt eine in Olympia gefundene Inschrift auf einem Bronzeblech vermuten, die eine Vereinbarung zwischen Sybaris, der Schutzherrin von Poseidonia, und seinen Alliierten sowie den „serdaioi" erwähnt (wenn es sich hierbei tatsächlich – wie wir glauben – um die Sarden handelt und nicht um ein anderes Volk oder eine andere Stadt mit ähnlichem Namen). Wenn es wirklich Beziehungen zwischen Sybaris und den Sarden gegeben hat, dann kann man nicht ausschließen, daß durch die Zerstörung von Sybaris im Jahr 510 v. Chr. die Eroberung Sardiniens durch die karthagischen Magoniden begünstigt worden ist. Die zeitlichen Daten stimmen jedenfalls überein. Das Interesse der Griechen an Sardinien und ihre Beziehungen zu den dortigen einheimischen Volksstämmen werden übrigens von dem gescheiterten Projekt einer panjonischen Kolonisation der Insel durch Bias bezeugt und zwar genau zum Zeitpunkt der persischen Eroberung Kleinasiens und der Flucht der Phokäer nach Korsika. Dieses Projekt wurde fast 50 Jahre später gleichsam als alte Wunschvorstellung von Histiaios zur Zeit des jonischen Aufstandes wiederaufgegriffen, war aber infolge der inzwischen vollzogenen karthagischen Okkupation nicht mehr realisierbar. Auch legendäre Traditionen bringen die nuraghische Welt ausdrücklich mit mythischen griechischen Heroen wie Aristaios und Dädalus in Verbindung.

Genau in dieser Zeit begann Karthago seine ,,epikráteia", also seine Territorialherrschaft außer auf Sardinien auch auf Westsizilien auszudehnen, hier aber offensichtlich im Einvernehmen mit der einheimischen Bevölkerung der Elymer und in evidenter antigriechischer Funktion. So entstanden die Voraussetzungen für jene Rivalität zwischen Karthagern und Griechen auf Sizilien, die fast drei Jahrhunderte andauern und außerordentlich starke Konsequenzen für die Geschichte des antiken Italien haben sollte. Die Konsolidierung von schon angesprochenen See- und Landherrschaftsgebieten brachte eine Serie von Konflikten wie auch eine Reihe von mehr oder weniger beständigen Allianzen mit sich.

Von dieser Blockpolitik zeugen auch die historischen Quellen – vor allem der berühmte Passus von Aristoteles (Politeia III 9, 1280a) – über Freundschafts-, Handels- und Bündnisverträge zwischen Etruskern und Karthagern, die darüber hinaus von der starken Präsenz etruskischer Erzeugnisse in Karthago bestätigt werden, darunter einer Inschrift mit dem Namen dieser Stadt (der jetzt die phönikische Inschrift auf einem der Goldtäfelchen von Pyrgi gegenübersteht, über die noch zu sprechen sein wird). Es handelte sich dabei wahrscheinlich um freundschaftliche Beziehungen, Kooperationen und konkrete diplomatische Abmachungen, die in einen weiten Zeitraum vom 6. bis zum 4. Jh. gehören und einem gemeinsamen, generellen Interesse an einer starken Opposition gegen die griechische Militär- und Handelsmacht entspringen. Wir dürfen uns freilich keine einheitliche, streng konstante Kooperation vorstellen. Man kann zwar die Möglichkeit in Betracht ziehen, daß die etruskischen Städte schon in archaischer Zeit eine Bündnispolitik betreiben konnten, die vielleicht in einer Art Koinon analog den jonisch-kleinasiatischen Städten institutionalisiert war (von denen darüber hinaus zahlreiche kulturelle Einflüsse kamen). Doch haben wir für die spätere Periode hinsichtlich der ,,Kongresse'' der etruskischen Stadtstaaten im Fanum Voltumnae zu konstatieren, daß es sich bei ihnen um unabhängige und bisweilen auch untereinander zerstrittene Poleis handelte, die wenigstens auf formaler Ebene getrennt voneinander diplomatische Beziehungen zur mächtigen ,,Polis'' Karthago betrieben haben müssen. Karthago war bereits Hauptstadt eines großen Imperiums geworden. Hinzu kam auch das mögliche Wechselspiel von innenpolitischen Tendenzen und Strömungen. Vermutlich gab es deshalb durchaus unterschiedliche Positionen angesichts der großen Rivalität zwischen Griechen und Karthagern. Auch dürften einer natürlichen Interessenübereinstimmung wie im Falle des Krieges gegen die Phokäer von Alalia in anderen Fällen unterschiedliche Einzelinteressen entgegengestanden haben, so etwa in Fragen der Handelsbeziehungen oder der Respektierung des kulturellen oder religiösen Prestiges der griechischen Welt. Beispielhaft dafür ist die Abhaltung feierlicher Sühneopfer in Caere auf Geheiß des delphischen Orakels, nachdem die Caeretaner im Anschluß an die Seeschlacht im Sardischen Meer ein Massaker an den phokäischen Kriegsgefangenen begangen hatten und dafür mit einer Seuche bestraft worden waren (gemäß der Erzählung von Herodot). In diesem Zusammenhang sei auch an die Existenz etruskischer ,,thesauroi'' (Schatzhäuser) und Weihegeschenke in Delphi und Olympia erinnert.

Es ist nicht auszuschließen, daß das ständig mächtiger werdende Karthago nicht nur den Inselbevölkerungen, sondern manchmal auch Städten auf der italischen Halbinsel seine eigene Politik, wenn nicht sogar Oberherrschaft zumindest in bestimmten Situationen aufzwingen konnte und daß sich die Präsenz karthagischer

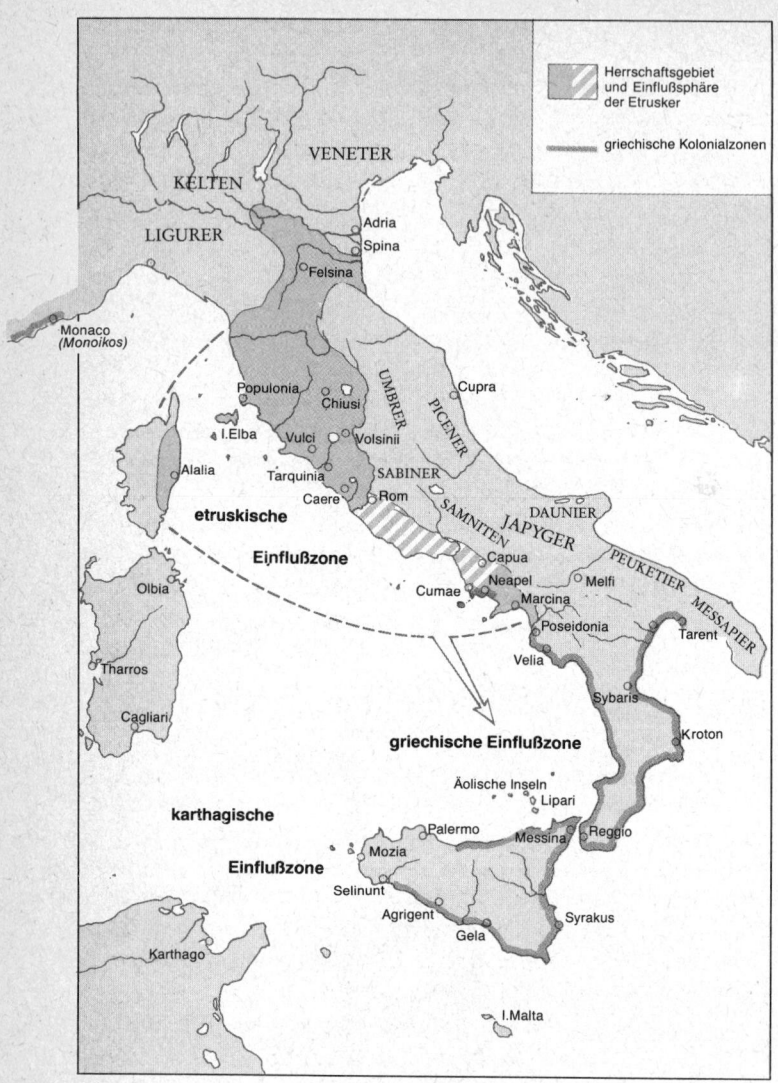

Karte 6:   Einflußsphären am Ende des VI. Jhs. v. Chr.

Schiffe in Razzien oder anderen Bedrohungen vor den italischen Küsten manifestierte. Daß die Vereinbarungen zwischen Etruskern und Karthagern nicht immer völlig paritätisch gewesen sein können, ist aus der progressiven Einengung des politischen und maritimen Aktionsradius der Etrusker auf die nordtyrrhenischen Gewässer im Anschluß an die Seeschlacht im Sardischen Meer und den wiederholten Niederlagen vor den Äolischen Inseln zu ersehen. Diese Situation spiegelt sich in den Klauseln des einzigen Vertrages wider, der zwischen einer (an die etruskische Welt gebundenen) Stadt im tyrrhenischen Bereich und Karthago abgeschlossen wurde und dessen ursprünglich in archaischer Sprache und Schrift verfaßter Wortlaut uns durch die literarischen Quellen erhalten geblieben ist. Wir meinen den ersten Vertrag zwischen Rom und Karthago (Polybios III 22), an dessen Datierung in das letzte Viertel des 6. Jhs. heute kaum noch jemand zweifeln dürfte. Dieser Vertrag implizierte eine relative Freiheit für den Seehandel im tyrrhenischen Meer, mit Einschränkungen für die Meere vor Sardinien und Nordafrika und einer völligen Sperre für den westlichen Mittelmeerraum. Erwähnt werden auch karthagische Streifzüge an die Küsten Latiums. Ein unmittelbarer politischer Einfluß, wenn nicht sogar eine Art Protektorat Karthagos über Etrurien wird wahrscheinlich mit der Weihung eines „heiligen Ortes" an die phönikische Göttin Astarte im Heiligtum von Pyrgi durch den „König" von Caere Thefarie Velianas eingestanden, was aus der etruskisch-phönikischen Inschrift auf den Goldblechen aus Pyrgi hervorgeht. Wir werden noch Gelegenheit haben, über diese Episode genauer zu sprechen.

Sowohl in eigenen Initiativen als auch in der militärischen Kooperation mit den Karthagern manifestierten sich freilich auch weiterhin etruskische Ambitionen im südtyrrhenischen Meer während der letzten Jahrzehnte des 6. und dem Beginn des 5. Jhs. Ein Versuch, aus der allmählich immer enger werdenden Einkreisung Etruriens auszubrechen, fand genau an der empfindlichsten Stelle des gesamten tyrrhenischen Kriegsschauplatzes statt, nämlich in Campanien, als die Etrusker einen massiven Angriff gegen Cumae starteten (525 v. Chr. nach der „cumaeischen Chronik" bei Dionys von Halikarnass VII 3). Bemerkenswerterweise wurden die Etrusker bei dieser Unternehmung auch von Nordetruskern, Umbrern und sogar Dauniern aus Apulien unterstützt, die wahrscheinlich als Söldner fungierten. Bei erfolgreichem Ausgang wäre mit der nördlichsten der großen griechischen Kolonien an der tyrrhenischen Küste ein Jahrhunderte altes Haupthindernis für die etruskische Expansion nach Süden beseitigt und vielleicht die Möglichkeit einer neuen etruskischen Territorialpolitik in Italien eröffnet worden, sowohl hinsichtlich der Beziehungen zu den Völkern des Binnenlandes als auch bezüglich einer Einkreisung der griechischen Kolonialmächte, voran Sybaris und seiner Verbündeten. Das Scheitern dieser etruskischen Offensive ist also wahrscheinlich auch der Solidarität der anderen griechischen Städte mit Cumae zuzuschreiben. Weiter führende Schiffsaktionen in Richtung Sizilien werden außer für die Liparischen Inseln auch im Zusammenhang mit den Unternehmungen des Spartaners Dorieus auf Westsizilien (um 510) vage erwähnt. In Campanien sind sicherlich an der Wende vom 6. zum 5. Jh. weitere Angriffsversuche von den etruskischen Städten auf Cumae gestartet worden. Auf das endgültige Scheitern solcher etruskischer Offensiven in der Seeschlacht vor Cumae 474 v. Chr. werden wir noch zu sprechen kommen.

Institutionelle Entwicklungen und Ende des politischen Gleichgewichts: Die Phase der Tyrannen

Die Krise, die sich überall in Italien gegen Ende des 6. Jhs. abzeichnete und die Endphase des archaischen Zeitalters charakterisierte, hatte ihre Ursprünge nicht nur in der vorher geschilderten internationalen politischen Konstellation, sondern auch im Reife- und Veränderungsprozeß der gesellschaftlichen Strukturen und Institutionen in den Städten der griechisch-tyrrhenischen Welt, d. h. bei den Protagonisten der Geschichte des archaischen Italien.

Man kann sich nur sehr schwer eine genaue Vorstellung von der sozialen und politischen Organisation der Kolonien zur Zeit ihrer Gründung oder in ihrer ältesten Phase machen, was auch für die nichtgriechischen Gemeinden in Campanien, Latium und Etrurien bei ihrer Konstituierung als Poleis nach griechischem Vorbild gilt. Für letztere gibt es detailliertere, wenn auch retro-

1. Bronzezeit. a) Tongefäß der Appenninenkultur, aus Belverde di Cetona

b) Mykenische Tonkanne, aus Porto Perone

2. Protolatialische Kultur. Urne aus Terrakotta in Hüttenform, aus
Marino, Campofattore

3. Villanovakultur. Bikonische Urne mit Bronzehelm als Deckel, aus Tarquinia

5. ,,Oinotrische'' Kultur. Geometrisch bemalte Vase, aus Sala Consilina

4. Paleovenetische Kultur. Bronzene Kriegerstatuette, aus Lozzo Atestino

6. Goldfibel der orientalisierenden Periode aus der Tomba Regolini
Galassi in Caere, VII. Jh. v. Chr.

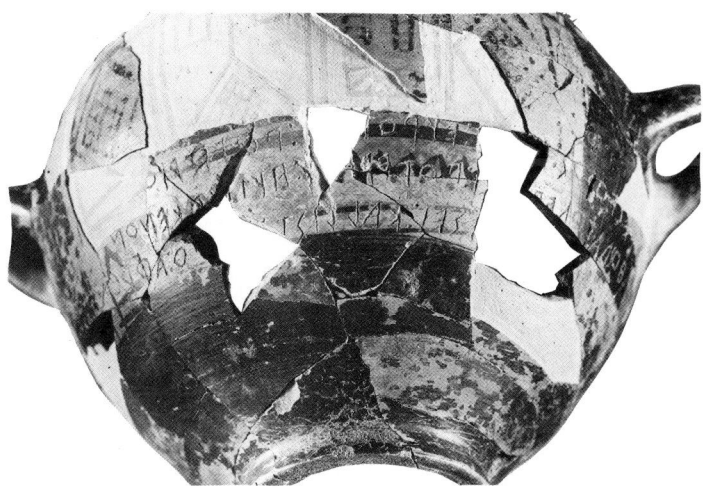

7. Erste Schriftdenkmäler in Italien
   a) Inschrift in euböischem Alphabet auf einem Gefäß aus Pithekusa,
   VIII. Jh. v. Chr.

   b) Schreibtäfelchen aus Elfenbein mit Modellalphabet aus Marsiliana
   d'Albegna, VII. Jh. v. Chr.

8. Zeugnisse der ersten Phasen der griechischen Kolonisation in Italien,
VII. Jh. v. Chr.
a) bemaltes Vasenfragment aus Megara Hyblaea

b) Detail eines bemalten Kraters mit der Signatur des Aristonothos
aus Caere

9. Archaische Silbermünzprägung der großen griechischen Kolonien in Italien, VI. Jh. v. Chr. Von links und von oben: Tarent, Metapont, Sybaris, Kroton, Poseidonia

10. Graeco-tyrrhenische Blütezeit: Figürliche Darstellungen in jonischem Stil
  a) Tänzerinnen; Dekoration eines Tempels im Heraheiligtum von Foce del Sele

  b) Darstellung einer vornehmen etruskischen Familie; auf einem Grabgemälde in der Tomba del Barone von Tarquinia

11. Graeco-tyrrhenische Blütezeit, Architektur
    a) Hera-Tempel II von Poseidonia

b) Inneres eines etruskischen Hauses, nachgebildet in der Tomba
   Bartoccini von Tarquinia

12. Archaische Schriftdokumente aus Rom, 1. Hälfte des VI. Jhs. v. Chr.
   a) Elfenbeinplakette in Form eines Löwen mit etruskischer Inschrift
      mit dem Namen des Araz Silqetenas Spuriazas aus dem Heiligtum
      von S. Omobono

b) Detail der lateinischen Inschrift des Cippus vom Lapis Niger auf dem Forum Romanum mit dem Wort „König" (recei)

13. Szenen aus dem Leben der Brüder Vibenna und des Mastarna, aus der Tomba François in Vulci

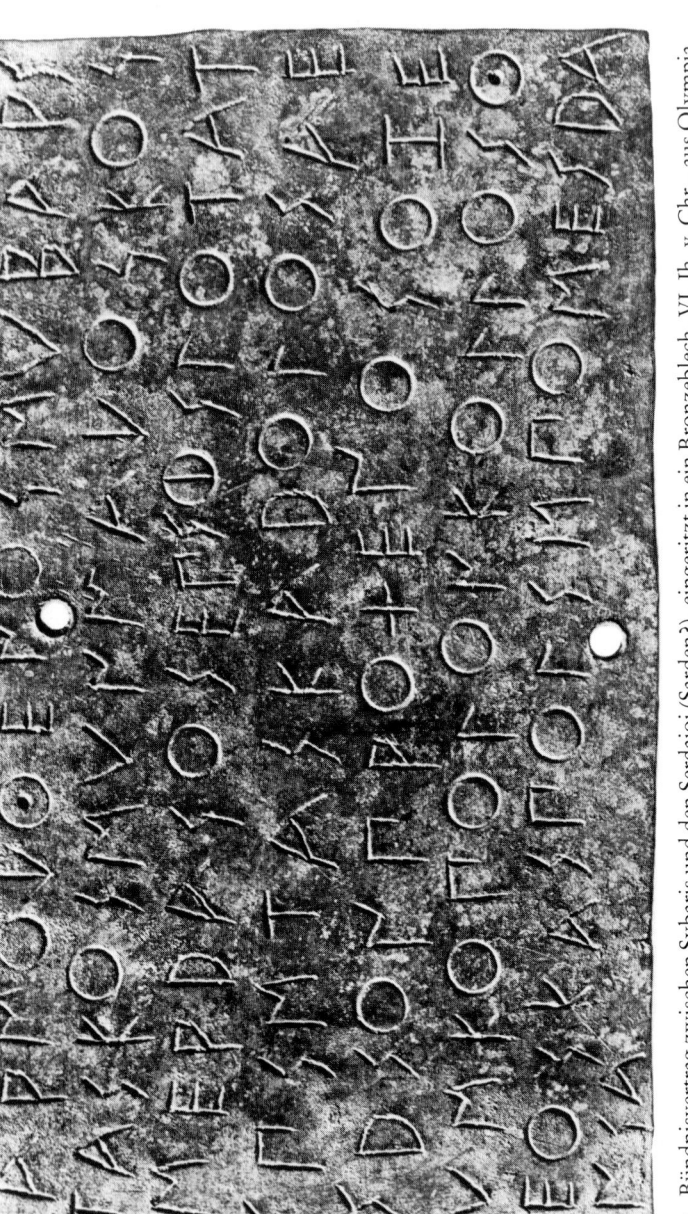

14. Bündnisvertrag zwischen Sybaris und den Serdaioi (Sarden?), eingeritzt in ein Bronzeblech, VI. Jh. v. Chr., aus Olympia

15. Weihinschrift des Königs oder Herrn von Caere Thefarie Velianas an die phönikische Göttin Astarte, die mit der etruskischen Uni zu identifizieren ist, auf Goldblech, Anfang des V. Jhs. v. Chr., aus Pyrgi
a) Phönikischer Text
b) Etruskischer Text

16. Szenen mit Seeschlachten
    a) Bemaltes etruskisches Gefäß, VI. Jh. v. Chr., aus Caere

    b) Detail einer bemalten etruskischen Vase des Micalimalers, Ende
    des VI. Jhs. v. Chr.

17. Etruskischer Helm aus der Seeschlacht von Cumae, geweiht von
    Hieron von Syrakus an Zeus, aus Olympia

18. Kultur im padanisch-adriatischen Etrurien: Reliefverzierte Bronzesitula (sogenannte Certosasitula), Ende des VI./Anfang des V. Jhs.
v. Chr., aus der Nekropole von Bologna

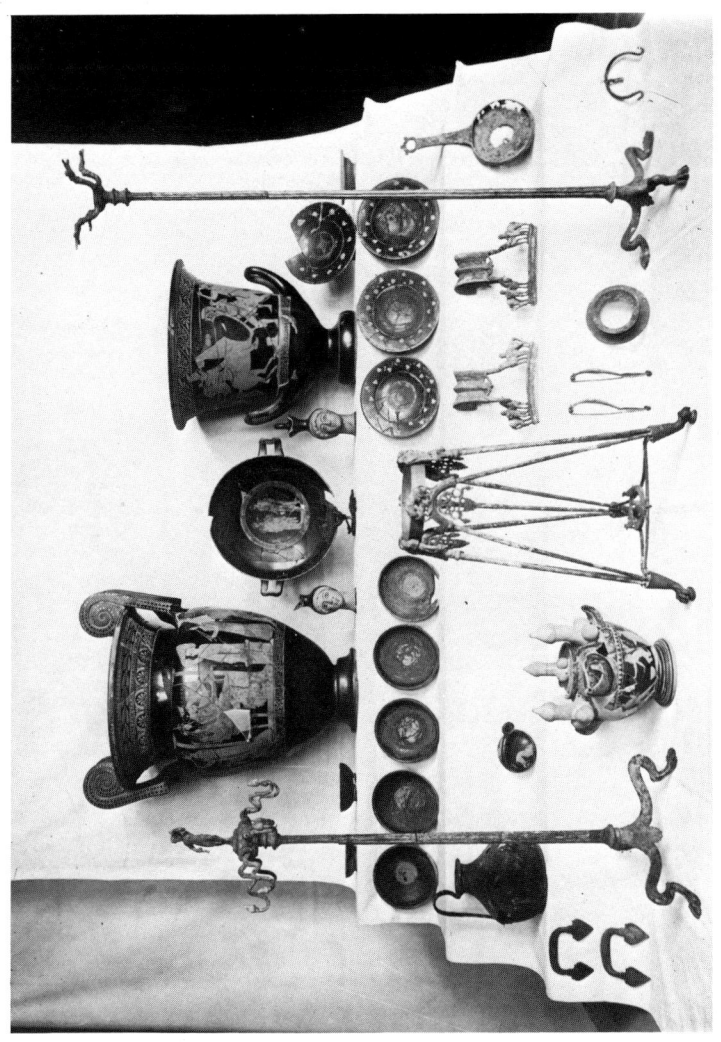

19. Kultur im padanisch-adriatischen Etrurien: Beigaben aus einem Grab
der Nekropole von Spina, 1. Hälfte des V. Jhs. v. Chr.

20. Mitteladriatische Kultur: Steinerne Grabstatue in Form eines italischen Kriegers, VI. Jh. v. Chr., aus Capestrano

21. Mitteladriatische Kultur: Detail des Cippus von Penne S. Andrea, mit langer Inschrift, in der die sabinische Bevölkerungsgruppe genannt wird (Safinas tútas)

22. Bronzestatuette eines samnitischen Kriegers

23. Italische Krieger, wahrscheinlich Söldner, in einem Grabgemälde von Paestum, IV. Jh. v. Chr.

24. Kampf eines nackten gallischen Kriegers zu Fuß gegen einen etruskischen Reiter; Ausschnitt von einer Grabstele aus Bologna, Ende des V./Anfang des IV. Jhs. v. Chr.

25. Paradehelme aus dem
IV. Jh. v. Chr.
a) Gallischer Helm aus
einem Grab von Ca-
selvatica (Comune di
Berceto) im toska-
nisch-emilianischen
Appennin

b) Japygischer Helm aus Conversano
in Apulien

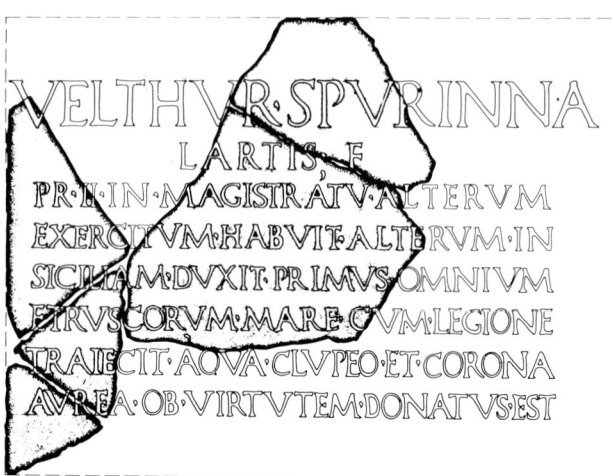

VELTHVR·SPVRINNA
LARTIS·F
PR·II·IN·MAGISTRATV·ALTERVM
EXERCITVM·HABVIT·ALTERVM·IN
SICILIA·M·DVXIT·PRIMVS·OMNIVM
ETRVSCORVM·MARE·CVM·LEGIONE
TRAIECIT·AQVA·CLVPEO·ET·CORONA
AVREA·OB·VIRTVTEM·DONATVS·EST

AVLVS·SPVRINNA·VOLTVRIS·F
PR·III·ORGOLNIVM·VELTHVRNENS   ENSI
CAERITVM·REGEM·IMPERIO·EXPVLIT
ARRETIVM·BELLO·SERVILI·
LATINIS·NOVEM·OPPIDA

26. Nennungen von historischen Persönlichkeiten der tarquinischen
Familie der Spurinna in fragmentarischen lateinischen Inschriften
der römischen Kaiserzeit aus Tarquinia
a) Elogie des Velthur Spurinna
b) Elogie des Aulus Spurinna

27. Verteidigungsanlagen und die sogenannte Porta Rosa in der großgriechischen Stadt Velia, IV. Jh. v. Chr.

28. Münzprägung der griechischen Städte in Italien und Sizilien, V. und
IV. Jh. v. Chr. Von links und von oben: Didrachme aus Cumae,
Tetradrachme aus Rhegion, Dekadrachme von Syrakus des Münz-
schneiders Euainetos aus der Zeit des Dionysios (Vorder- und
Rückseite), Tetradrachme des Timoleon (Vorder- und Rückseite),
Tetradrachme des Agathokles (Vorder- und Rückseite)

29. Münzprägung aus nichtgriechischen Städten und Gemeinden Italiens, IV.–III. Jh. v. Chr. Von links und von oben: Silbermünze aus Populonia, Ass aus Volterra (Velathri), Ass aus Rom, etruskisches Ass, Ass aus Todi (Tutere), Ass aus Adria (Hatr), Didrachme aus Teano (Tianud), römisch-campanische Didrachme (Rom), Bronzemünze der Bruttier (Brettion)

30. Kriegs- und Waffenstillstandsszene zwischen den von M. Fannius befehligten Samniten und den von Q. Fabius angeführten Römern auf einem Wandmalereifragment aus einem Grab auf dem römischen Esquilin, Anfang des III. Jhs. v. Chr.

31. Von den Italikern im Bürgerkrieg geprägte Münze mit dem italischen
Stier, der die römische Wölfin schlägt

32. Tomba Giglioli, frühhellenistisches Gentilizgrab der Familie Pinie in Tarquinia

33: Sarkophag des L. Scipio Barbatus, des Eroberers von Lukanien, mit Inschrift

34. Endphase der etruskischen Kultur in Perugia
   a) Urne des P. Volumnius mit etruskischer und lateinischer Inschrift
      im Volumniergrab

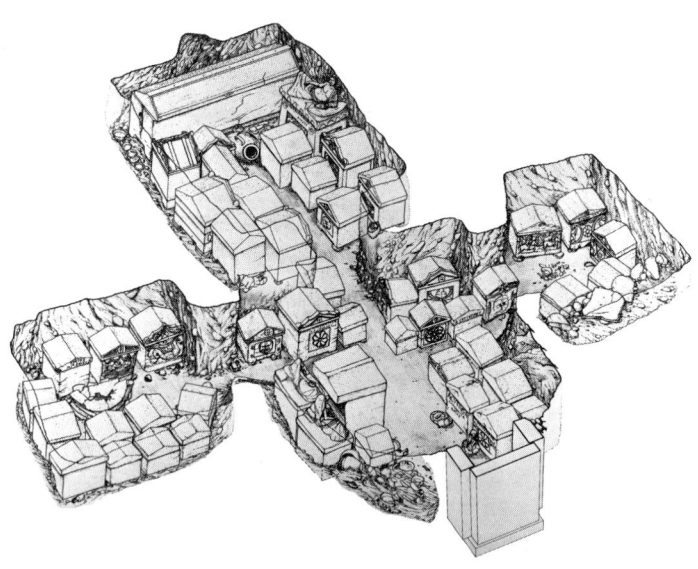

VVLCENTANI TARQVINIENSI

ETVLONENSES

35. Römisches Relieffragment aus Marmor mit Heroen oder Gottheiten, welche die drei etruskischen Völker von Tarquinia, Vulci und Vetulonia symbolisieren

b) Zeichnung mit axonometrischer Ansicht des Grabes der Familie Cutu im Moment der Entdeckung. Das Grab ist voll von Urnen mit etruskischen und lateinischen Inschriften

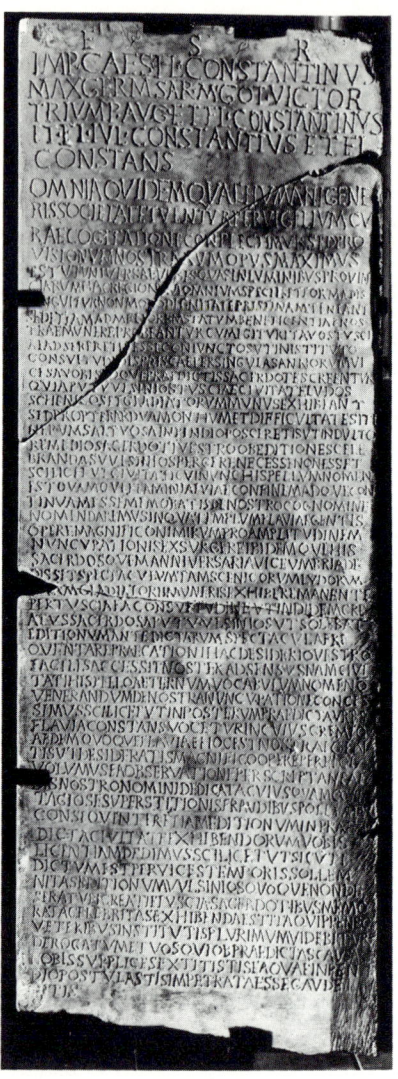

36. Cippus mit einer Inschrift des Kaisers Konstantin, derzufolge die
Einwohner von Spello die alten religiösen, einst bei Volsinii in Etrurien abgehaltenen Feste auch in ihrer Heimatstadt zelebrieren dürfen

spektive und in ihrer Authentizität bisweilen diskutable Daten nur in jenen literarischen Quellen, die sich auf die Frühgeschichte Roms beziehen. Zweifelsohne traten dabei recht unterschiedliche Formen auf. Vermutlich aber verlieh die Konzentration des Reichtums (vor allem von Land und Boden) und der Macht in den Händen einiger weniger Familien (gene oder gentes) – wie sie sich auch im gleichzeitigen Griechenland fand und im tyrrhenischen Italien wahrscheinlich schon seit Beginn der Urbanisationsphase, wenn nicht früher abzeichnete – diesen Stadtstaaten im allgemeinen eine aristokratische Prägung. Während in den griechischen Kolonien die monarchischen Regime archaischen Typs schon verschwunden oder am Verschwinden waren, haben sie sich in Etrurien und in anderen indigenen Zentren nachweislich viel länger gehalten, wobei sie auch funktionelle Formen (Sakralität und oberste Militärgewalt der Fürsten oder gewählten Führer) und Aspekte äußerlichen Pomps (Goldkrone, Toga praetexta, Elfenbeinsitz, Fasces und andere von Etrurien auf die römischen Könige und Magistratsbeamten übertragene Insignien) annehmen konnten, die vielleicht teilweise von orientalischen Vorbildern beeinflußt waren.

Die progressive Durchsetzung eines Rechtsstaates in der gesamten griechischen Welt zwischen dem 7. und 6. Jh. infolge von Gesetzeswerken, der hoplitischen Revolution, der neuen Geltung des Demos, des politischen Kampfes und des Aufstiegs von Tyrannen war auch von entscheidender Bedeutung für das Westgriechentum, das in beachtlichem Maße zu dieser Entwicklung beitrug und sie in mancher Hinsicht sogar vorwegnahm (man denke etwa an die Gesetzgebungen des Zaleukos aus Locri und der in Rhegion tätigen Charondas und Andromadas). Andererseits mußten sich die Reflexe dieser Entwicklung auch in der politisch-institutionellen Evolution der nichtgriechischen Zentren in Italien widerspiegeln, wenn auch auf unterschiedliche Weise je nach den lokalen Gegebenheiten. Die in den Notizen der römischen Historiker verstreuten Hinweise auf die konstitutionelle Reform des Servius Tullius, das Ende der Monarchie der Tarquinier und die Einrichtung der Republik sowie die Existenz von höchsten, einheitlichen, protorepublikanischen Magistraturen, die sich vom Kollegium der zwei Konsuln unterschieden (magister populi, praetor maximus), künden von Ereignissen gro-

ßer Tragweite, die zweifelsohne im Laufe des 6. Jhs. mehr noch
als Rom die großen, politisch und kulturell dominierenden etruskischen Städte im tyrrhenischen Bereich erfaßten. Vermutlich
führten die Intensität des Seehandels und die Steigerung der Produktion zum Aufstieg einer neuen Kaufmannsschicht und zu ihrer Eingliederung in die staatliche Struktur mittels timokratischer
Regeln (wie in Athen unter Solon und im römischen Zenturiats-
system, das Servius Tullius zugeschrieben wird). Die alten monarchischen Institutionen verloren damals ganz offensichtlich an
Bedeutung unter für uns leider nicht mehr nachvollziehbaren
Umständen oder wurden durch auf Zeit gewählte Magistraturen
abgelöst. Zugleich wurden sich auch die Bürger ihrer Rechte immer mehr bewußt und bildeten so eine mehr oder weniger insti-
tutionalisierte Gruppe (im Sinne des demos oder populus) neben
den Ältestenräten, die von den alten Aristokratien beherrscht
wurden. Diese Errungenschaften waren z. T. nur durch gewaltsa-
me Konflikte möglich, die Regime einzelner Persönlichkeiten
ähnlich den griechischen Tyrannen begünstigen konnten.

Der in ganz Italien wahrnehmbare Übergang von den Oligarchien und alten Monarchien zu stärker isonomischen Konstitu-
tionen und zu Tyrannisherrschaften erfolgte je nach Ort und
Umständen sehr schnell oder mit Verspätung, in evolutionärer
oder revolutionärer Form, oder auch mit Unterbrechungen,
Rückfällen und Kompromißlösungen (man denke an die gemä-
ßigten oligarchischen Verfassungen in einigen griechischen Städten wie jene in Rhegion vor der Tyrannis des Anaxilas, die dem
Charondas zugeschrieben wird) und führte manchmal im Inneren der Polis zur Entstehung und Organisierung von politischen
Strömungen und Parteien, die gegeneinander auch über einen
langen Zeitraum hinweg opponierten, oder sogar zu scharfen
ideologischen Gegensätzen zwischen Städten mit unterschiedlichen Regimen. So überschnitt sich das institutionelle Wechselspiel nicht ohne Grund mit der Außenpolitik und den Hegemo-
niekämpfen und nahm dabei unmittelbaren Einfluß auf jene Ereignisse, die gegen Ende des 6. Jhs. das in den vorangehenden
Jahrzehnten bestehende und bereits beschriebene Gleichgewicht
zwischen Großgriechenland und Etrurien zerstörten.

Das bezeichnendste Ereignis in dieser Hinsicht war das gewalt-
same Ende von Sybaris. Nachdem diese berühmte Stadt den Gip-

fel ihrer Macht, Prosperität und Vervollkommnung erreicht hatte, hatte die Intensität ihres Wirtschaftslebens zu schnellen sozialen Verschiebungen geführt und war ihre Kultur offen geworden, so daß die Stadt zwangsläufig zum Schauplatz besonders einschneidender Erneuerungsbewegungen wurde. Vermutlich trugen zu dieser Entwicklung auch der beispielhafte Fortschritt und die heftigen politischen Kämpfe im befreundeten Milet bei, der bei weitem entwickeltsten und unruhigsten Stadt Joniens. Die letzte und bekannteste Episode war die Tyrannis des Telys mit stark demokratischem Einschlag. Diese hatte ganz offensichtlich die Gegnerschaft der oligarchischen Regime in anderen Städten Großgriechenlands provoziert, deren Ziel die Beseitigung der Vorherrschaft von Sybaris war. Unter den Gegnern von Sybaris nahm Kroton als Zentrum der Lehrtätigkeit und legislativen Aktivität des Pythagoras eine ganz besondere Stellung ein. Dessen Programme tendierten zum Konservativismus und zu strengen Normen des öffentlichen und privaten Lebens und wurden mit einem fast mystischen Fanatismus in Bezug auf die Persönlichkeit des Lehrmeisters propagiert. Der starke moralische Anspruch erstreckte sich auch auf die politischen Interessen. Der Krieg zwischen Krotoniaten und Sybariten endete nicht nur mit der Niederlage, sondern mit der unbarmherzigen totalen Zerstörung von Sybaris (510 v. Chr.).

Dieses fatale Ereignis, das ganz Griechenland bewegte und ein plötzliches Vakuum in Italien hinterließ, läßt sich mit einer Reihe von Geschehnissen in Verbindung bringen, die deutlich die Veränderung des politischen Panoramas in Italien am Ende der Archaik kennzeichnen. Fast überall – mit einer gewissen Verspätung im Vergleich zum griechischen Mutterland – setzten sich tyrannische Regime durch. Das Beispiel von Sybaris wirkte trotz seiner Zerstörung und vielleicht auch als Reaktion darauf weiter. Sogar die Siegerstadt Kroton wurde wiederholt von antioligarchischen und antipythagoräischen Unruhen erfaßt, die in einem Volksaufstand, im Brandanschlag auf den Sitz der Hetairia (Bruderschaft) des Pythagoras, in der Demagogenherrschaft des Kylon und schließlich im Exil des Philosophen selbst gipfelten, der später in Metapont starb. Mit Hilfe demokratischer Kräfte kamen die Tyrannen Aristodemos von Cumae (in den letzten Jahren des 6. Jhs.) und Anaxilas von Rhegion, ein Messenier (ab 494), ans

Ruder. Dagegen wurde Tarent zu dieser Zeit in traditionellerer Weise von einem „König" namens Aristophilides regiert. Im griechischen Sizilien etablierten sich die Alleinherrschaften – sieht man von vereinzelten älteren, nur schlecht bekannten Tyrannisregimen ab – mit Kleandros und Hippokrates in Gela, das über einen großen Teil Ostsiziliens im späten 6. und frühen 5. Jh. dominierte. Ihrem Nachfolger Gelon ist die Gründung der Deinomenidendynastie in Syrakus (485 v. Chr.) zu verdanken.

Analoge oder ähnliche Phänomene mußten sich zwangsläufig auch in den nichtgriechischen Städten manifestieren. Und das führt uns in jene etruskisch-latinisch-campanische Zone, die jetzt – auch wenn man von wichtigen Daten und Problemen bezüglich der Frühgeschichte Roms einmal absieht – eine Stellung ersten Ranges innerhalb der italischen Welt einnahm. Im Lichte der historischen Quellen und archäologischen Zeugnisse können wir mit der Mehrzahl der heutigen Historiker darin übereinstimmen, daß Rom in den letzten Jahrzehnten des 6. Jhs. unter der Herrschaft und dem Einfluß der Etrusker einen Entwicklungsgrad erreicht hatte, der jenem in den Hauptküstenzentren Südetruriens gleichkam. Höchstwahrscheinlich konsolidierte oder bestätigte sich aufs neue die alte Monarchie der Tarquinier nach den außen- und innenpolitischen Wirren der „servianischen" Periode für eine gewisse Zeit. Wir denken dabei gemäß der antiken Tradition an die Königsherrschaft des Tarquinius Superbus (534–509 v. Chr.). Nicht auszuschließen ist auch die Historizität der Nachrichten, daß Rom in Latium eine Vorherrschaft ausübte, und somit die Fürsten oder Aristokraten in den verschiedenen latinischen Zentren (wie Octavius Mamilius in Tusculum, Tullius Herdonius in Aricia, Sextus Tarquinius in Gabii etc) vom König von Rom abhängig waren. Im Zusammenhang damit muß auch die damals vorherrschende Tendenz zur Bildung von Territorialstaaten oder epikráteia der führenden Städte (angefangen vom „Reich" von Sybaris über die Hinterlandzonen der großen etruskischen Zentren bis zu den Inseldomänen von Karthago) gesehen werden. Bezeichnenderweise wird aber die Figur des Tarquinius Superbus, eines an sich „legitimen" Königs, in der antiken Literatur als selbstherrlich, gewalttätig und verschwenderisch beschrieben, Wesenszüge, die an griechische Tyrannen erinnern und die offenbar auch in Etrurien nicht unbekannt waren; verein-

zelte Beispiele dafür sind die Grausamkeit und Unbarmherzig-
keit des legendären Caeretaner Königs Mezentius (oder auch des
Vejienter Königs Thebris/Tybris) einerseits und der historisch
besser faßbaren Tyrannen Phalaris von Agrigent und Telys von
Sybaris andererseits. Es erscheint glaubhaft, daß Rom am Ende
der Königszeit zusammen mit den nächstgelegenen etruskischen
Städten sowohl außen- als auch innenpolitisch das große Vorbild
Sybaris nachahmte.

Es ist daher nicht auszuschließen, daß die neue, von Unruhen
und Konflikten geprägte Periode in Latium im ausgehenden
6. Jh. zumindest teilweise als Auswirkung des Untergangs der
führenden Stadt Unteritaliens zu betrachten ist. Die Vertreibung
des Tarquinius, d. h. das traditionelle Ende der Monarchie – dieser Synchronismus mit der Zerstörung von Sybaris kann übrigens
auch das symptomatische Ergebnis späterer annalistischer Speku-
lationen sein und ist vielleicht um einige Jahre nach unten zu
datieren – entsprach wahrscheinlich einer erneuten Machtergreifung jener Partei der „servianischen" Reformen, die jetzt eine
dauerhaftere Wirkung fanden. Das bedeutete freilich nicht das
Ende der etruskischen Vorherrschaft über Rom und auch nicht
die Abschaffung persönlicher Machtprivilegien, die – wie schon
vom König – auch von den obersten Magistratsbeamten auf mehr
oder weniger demokratischer Basis ausgeübt wurden (wie etwa
von Publius Valerius Publicola, einem der Begründer der römischen Republik, dessen Name in einer kürzlich im Tempel von
Satricum gefundenen archaischen Inschrift genannt wird). Parallel zu diesen innenpolitischen Wandlungen ergaben sich neue
außenpolitische Situationen. Nach dem Sieg über die große etruskisch-italische Koalition eröffnete die alte griechische Kolonie
Cumae unter Führung des Siegers Aristodemos eine Offensive
gegen das etruskische Einflußgebiet, indem sie die inzwischen
überfällige politische Autonomie der Städte Latiums unterstützte. Andererseits trat zur gleichen Zeit von Norden her die inner-
etruskische Stadt Chiusi als Machtfaktor in Erscheinung, deren
König Lars Porsenna eine kurze und umkämpfte Herrschaft über
Rom ausübte. In der Schlacht von Aricia (circa 504 v. Chr.) aber
wurde das von seinem Sohn Aruns befehligte Heer von Aristodemos und den Latinern geschlagen. Die hegemonischen Bestrebungen Cumae's in der tyrrhenischen Sphäre dauerten bis zum

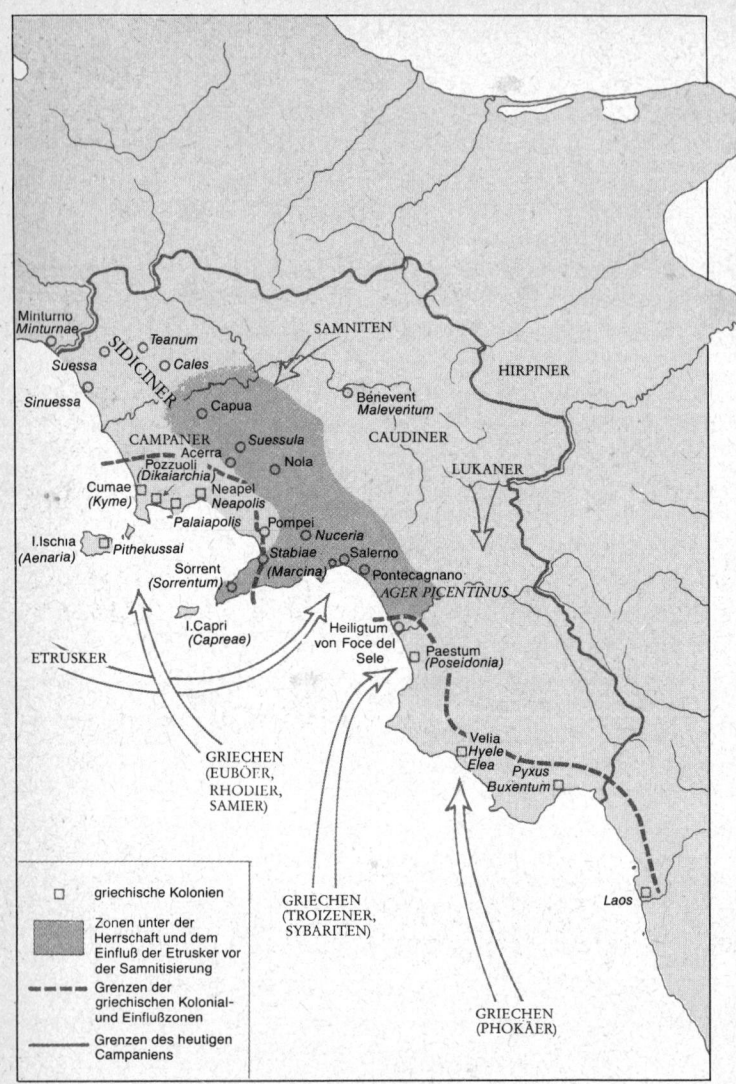

Karte 7:   Campanien (vom VIII. bis zum V. Jh. v. Chr.)

Sturz des Tyrannen durch die oligarchische Opposition um 490 an. Rom versuchte seinerseits militärisch und politisch in Latium zu agieren, das inzwischen von den Invasionen der Volsker und Aequer heimgesucht worden war. Als letzter und glühendster Vertreter der von den Etruskern aufrechterhaltenen „Diktatur" in Rom wurde Spurius Cassius von der Oligarchie 485 v. Chr. gestürzt, nachdem man ihn wegen seines Strebens nach dem Königstitel angeklagt hatte.

Aus diesem wenn auch fragmentarischen Bild resultiert ganz eindeutig der Niedergang der etruskischen Seestädte, die zwischen dem 7. und 6. Jh. ihre Hauptblütezeit erlebt hatten und an das große archaische, politisch-wirtschaftliche Kräftegleichgewicht zwischen Städten wie Sybaris, Caere und Vulci gebunden waren. Möglicherweise erlangte in dieser Endphase der Archaik die Stadt Veji beachtliche Bedeutung, also die unmittelbare Lehrmeisterin in der Kunst für das benachbarte Rom (und dann ihr hartnäckiger Gegner das ganze 5. Jh. hindurch). Auch Falerii im Herzen eines von lateinischen und etruskischen Sprachelementen durchsetzten Territoriums gewann an Potenz. Wahrscheinlich nahm auch Tarquinia zum Schaden seiner einst mächtigen Nachbarn wieder eine dominierende Position wie schon einmal in der Frühzeit ein und schuf sich allmählich ein großes territoriales Einflußgebiet im Hinterland. Nicht zuletzt ist die plötzliche Blüte der Grabmalereien ein Indiz für die beachtliche wirtschaftliche Kapazität dieser Stadt. Dem beginnenden Niedergang der tyrrhenischen Küstenzentren entsprach zeitlich aber vor allem der Aufstieg der inner- und nordetruskischen Zentren, darunter Chiusi – von dem wir die Expansion unter Porsenna kennen – und Orvieto, d. h. Volsinii. Auf der anderen Seite führte die Suche nach einem neuen freien Zugang zum Meer zur Blüte des padanischen und adriatischen Etruriens im Laufe des 5. Jhs., worauf schon hingewiesen wurde. Die innenpolitische Situation in den etruskischen Städten am Ende des 6. und in den ersten Jahrzehnten des 5. Jhs. wird nur von relativ wenigen indirekten Hinweisen aus der griechischen und lateinischen Historiographie und von einigen lokalen epigrafischen Dokumenten beleuchtet. Zu letzteren gehört freilich eine zeitgenössische Quelle von unschätzbarem Wert, nämlich die beschriebenen Goldtäfelchen von Pyrgi. Sie bezeugen uns für einen nicht näher bestimmbaren Zeitpunkt im

ersten Viertel des 5. Jhs. in Caere die persönliche Machtstellung
eines Mannes namens Thefarie Velianas (oder Veliunas), der der
phönikischen Göttin Astarte ein Heiligtum weihte. Die phönikische Inschrift bezeichnet ihn als ,,König von Caere'', auch wenn
es sich wohl um einen hohen gewählten Magistratsbeamten (zilac
in der etruskischen Inschrift) handelt, eine Art Tyrann und Ex-
ponent einer karthagerfreundlichen Politik.

Der Zusammenbruch des von Sybaris garantierten politisch-
wirtschaftlichen Systems im tyrrhenischen Raum hat nicht nur
die Dekadenz der etruskischen Küstenzentren beschleunigt, sondern auch den Weg für die Expansion Karthago's geebnet, das
genau zu diesem Zeitpunkt seine größte Machtblüte auf den italischen Inseln und Meeren erlebte. Dennoch blieb – auch abgesehen von Ereignissen wie der schon erwähnten Unternehmung des
Dorieus (s. S. 107) – diese Vorherrschaft im Mittelmeerraum
nicht unbestritten. Man denke an die wache Präsenz Massalias im
westlichen Mittelmeer, die durch den Sieg seiner von ,,König''
Herakleides von Mylasa kommandierten Flotte über die karthagische Flotte vor Kap Artemision an der iberischen Küste (490
v. Chr.) bezeugt wird. Interessant ist die chronologische Koinzidenz dieser Schlacht mit jener von Marathon. Offensichtlich war
die gesamte hellenische Welt damals gezwungen, sich gegen zwei
kolossale ,,barbarische'' Mächte zur Wehr zu setzen, nämlich die
Perser im Osten und die Karthager im Westen. Wir können auch
ein bewußtes und gezieltes Interessenzusammenspiel nicht völlig
ausschließen. Jedenfalls war das Schicksal der italischen Welt
jetzt erstmals an die größeren Probleme und Ereignisse der gesamten Mittelmeerwelt gebunden. Die erste, besonders heiße
Phase dieses Doppelkonflikts endete 10 Jahre später, nämlich 480
mit der Niederlage der Karthager in Himera auf Sizilien gegen die
Syrakusaner und die der Perser bei Salamis gegen die Athener.
Syrakus und Athen sollten auch die beiden Mächte sein, die in
der Folgezeit von außen her den größten Einfluß auf die italische
Geschichte ausübten.

Dem Stillstand im archaischen Großgriechenland stand eine
lebhaftere politische und kulturelle Entwicklung in vorwiegend
peripheren Zonen gegenüber. Wir erwähnten schon den plötzlichen Aufstieg von Cumae in Campanien. Und alles läßt auf eine
gleichzeitige Blüte von anderen tyrrhenischen Zentren schließen,

die in gewisser Hinsicht Epigonen von Sybaris waren wie etwa Poseidonia und Velia. Weiter im Süden behauptete sich ein mächtiger Einheitsstaat an der Meerenge von Messina unter der Herrschaft des Anaxilas von Rhegion und seiner Nachfolger (494–461 v. Chr.). Aber vor allem das durch unterschiedliche und fruchtbare Erfahrungen der archaischen Kultur reif gewordene Sizilien sollte den Primat innerhalb der griechisch-kolonialen Welt einnehmen infolge der raschen Machtzunahme von Syrakus, die den Tyrannen Gelon (485–478) und Hieron (478–467) aus der Familie der Deinomeniden zu verdanken war. Diese begannen mit einer einheitlichen Griechenpolitik auf der Insel und leisteten dabei hartnäckigen und erfolgreichen Widerstand gegen den Druck der Karthager und ihrer etruskischen Alliierten. Nach dem Sieg bei Himera über das Heer des Hamilkar mit Hilfe des Tyrannen Theron von Agrigent drängte Gelon die Karthager in den äußersten Westteil Siziliens zurück und setzte der Bedrohung für viele Jahrzehnte ein Ende. Nur wenig später (474) besiegte Hieron eine etruskische Flotte vor Cumae und schuf so die Voraussetzung für eine syrakusanische Kontrollfunktion im tyrrhenischen Meer. Beide Schlachten hatten eine enorme Resonanz in der gesamten griechischen Welt.

Mit diesen Ereignissen fand die Geschichte des archaischen Italiens ihren endgültigen Abschluß, während schon die Voraussetzungen für eine neue Epoche reiften, die sehr verschieden sein sollte.

IV. Das Zeitalter der Krise
(5.–4. Jh. v. Chr.)

Die allgemeine Entwicklung: Aspekte und Motive bezüglich der Rezession im griechisch-tyrrhenischen Küstenbereich

Die archäologischen Ausgräber der südetruskischen Nekropolen kennen nur allzu gut jenes weit verbreitete und ganz evidente Phänomen, nämlich daß die Zahl, die Monumentalität und der Reichtum der Gräber und ihrer Beigaben zwischen dem Ende des 6. und der ersten Hälfte des 5. Jhs. immer mehr abnehmen, je nach Ort mal rascher und mal etwas langsamer, bis sie sich schließlich in einer Phase zwischen dem ausgehenden 5. und dem beginnenden 4. Jh. auf ein Minimum reduzieren. Dagegen ist seit der zweiten Hälfte des 4. Jhs. wieder eine starke Zunahme der Zeugnisse zu beobachten, die das ganze hellenistische Zeitalter hindurch andauert.

Der quantitative und qualitative Rückgang der archäologischen Dokumentation, vor allem der Grabbeigaben und darunter besonders der attischen Keramik, betraf nicht nur die etruskischen Küstenzentren, auch wenn er hier besonders stark war und in bemerkenswertem Gegensatz zum Glanz der vorangehenden Periode stand (man denke nur an die zahllosen archaischen Grabanlagen von Caere und Vulci, die mit wertvollen Beigaben geradezu überfüllt waren). Es handelte sich hier in Wirklichkeit um ein Phänomen von großer Tragweite. Sieht man einmal von Rom und Latium ab, wo die Sitte der Grabbeigaben bereits wesentlich früher, d. h. schon zu Beginn des 6. Jhs. aufhörte (was nicht leicht zu erklären ist und wohl am ehesten soziale oder religiöse Gründe hatte), so zeichnet sich eine mit Etrurien vergleichbare Fundlücke für fast das ganze 5. Jh. in den großgriechischen Städten ab, von Campanien bis zu den Küsten am Jonischen Meer und darüber hinaus auch in den mehr oder weniger hellenisierten indigenen Zentren des jeweiligen Hinterlandes. In diesem Zusammenhang sei auch an das gleichzeitige stärkere Auftreten von Funden außerhalb Italiens an verschiedenen Orten des westlichen Mittelmeerraums erinnert, darunter auch Karthago, nicht aber Sizilien.

Zweifelsohne haben wir es hier mit einem Phänomen zu tun, das nicht rein zufällig oder nur durch lokale Umstände bedingt sein konnte. Es verlangt vielmehr – gerade wegen seiner Verbreitung und Konsequenz – nach einer einheitlichen historischen Erklärung. Bei proportionaler Betrachtung der äußerst geringen Menge uns bekannter archäologischer Reste im Vergleich zur realen Produktion der antiken Kulturen in ihren verschiedenen Phasen erscheint es logisch, daß aus Zeiträumen und an Orten mit geringerer produktiver Aktivität die überkommenen Zeugnisse so dürftig ausfallen können, daß man fast den Eindruck einer völligen Leere gewinnt. Es gibt dafür gut bekannte Beispiele: so gilt der Übergang von der Bronze- zur Eisenzeit, nicht nur in Italien, als archäologisch praktisch ,,inexistentes‘‘ Jahrhundert – man denke auch an das sogenannte griechische und das spätere europäische Mittelalter. Analog dazu könnten wir auch von einem kleinen ,,italischen Mittelalter‘‘ sprechen, wie schon vorgeschlagen wurde. Im Zusammenhang mit einer generellen wirtschaftlichen Rezession können sich die Gründe für eine erkennbare Armut oder das Fehlen von Zeugnissen häufen: Verlegung oder Abbruch von Handelsbeziehungen, Absinken des Lebensstandards, Rückgang der Bautätigkeit, Stillstand der künstlerischen Innovationen und vielleicht auch eine gewisse demografische Schrumpfung, verbunden mit der Verarmung einzelner Ansiedlungen. Es fehlt auch nicht an Hinweisen in den antiken literarischen Quellen, wenn man etwa an das Beispiel Roms denkt, wo nach einer intensiven Abfolge von Tempelweihungen zwischen dem 6. und beginnenden 5. Jh. die Errichtung neuer Sakralgebäude fast aufzuhören scheint (erwähnt werden nur die Tempel des Semo Sancus für 466 und des Apollo für 433). Bezeichnenderweise nimmt auch die Zahl der Architekturterrakotten nach dem ersten Viertel des 5. Jhs. im gesamten etruskisch-latinisch-campanischen Gebiet stark ab. Das berühmte Heiligtum von Pyrgi präsentierte sich zur Zeit der Plünderung durch Dionys von Syrakus (384 v. Chr.) in einem monumentalen Zustand, den

es bereits fast ein Jahrhundert früher gegen 470/60 definitiv erhalten hatte und der nicht mehr modifiziert worden war.

Wir stellen also fest, daß die einstige Prosperität der unteritalischen und tyrrhenischen Küstengebiete einer Phase des Niedergangs wich, die genau mit dem Aufstieg und der Hauptblüte des
klassischen Griechenlands im 5. Jh. zusammenfiel. Die einst dominierende und progressive Funktion dieser Zentren machte anderen Kräften Platz, die aus dem Innern der italischen Halbinsel
nachdrängten oder aus dem Mittelmeerraum herkamen. So begann die zweite Phase der Geschichte des vorrömischen Italien.

Die politisch-wirtschaftlichen Gründe für den Beginn der Krise sind bereits im vorangehenden Kapitel angedeutet worden. Die
expansive Vitalität der griechischen Seefahrer und Kolonisten im
zentralen und westlichen Mittelmeerraum, das antagonistische
und massive Übergreifen der Karthager auf Sardinien und Sizilien, die progressive Einengung der etruskischen Handelsschifffahrtsrouten im tyrrhenischen Meer, der Konflikt zwischen diesen Mächten, das Streben nach territorialem Besitz, die Unsicherheit der Meere und schließlich einzelne Ereignisse von großer
Tragweite wie der Zusammenbruch des ,,Systems'' von Sybaris
hatten am Ende der archaischen Zeit die Voraussetzungen für
einen unvermeidlichen Niedergang der griechisch-tyrrhenischen
Gemeinden in Italien geschaffen.

Betrachten wir jetzt einige Aspekte noch etwas näher. Es ist
durchaus möglich, daß eine konsumorientierte und äußerst raffinierte Kultur – wie sie besonders aus den Gegenständen und
figürlichen Monumenten der etruskischen Städte sichtbar wird,
aber durch die Beschreibungen in den literarischen Quellen auch
für einige griechische Städte gut vorstellbar ist – ab einem bestimmten Moment ihre Kapazität an Einkünften und angehäuften
Reichtümern überschritten hat. Möglicherweise hatte die Hauptursache für den Handel zwischen Etruskern und Griechen und
der übrigen Mittelmeerwelt, nämlich die Gewinnung von Metallen in den Minen von Vetulonia und Elba, an Intensität verloren
oder ihre einstige Monopolstellung eingebüßt. Der Grund dafür
könnte die Ausbeutung anderer metallhaltiger Zonen im Mittelmeerraum und Europa gewesen sein, besonders jener in Spanien,
die von den Phokäern erschlossen worden waren. Man denke
auch an die Eröffnung der Silber- und Zinkbergwerke in Laurion

(483 v. Chr.) – nur wenige Kilometer von Athen entfernt. Wahrscheinlich trug die Verarmung der Kaufmärkte in Etrurien zur Paralysierung der Handelsrouten im tyrrhenischen Meer und durch die Meerenge von Messina bei, wobei der typische Austausch zwischen etruskischer Bronze (und Bronzegeräten) und attischer Keramik (für die man jetzt nach anderen Absatzmärkten zu suchen begann, u. a. im padanisch-adriatischen Etrurien) unterbrochen und die Aktivität sämtlicher Zwischenstationen und -häfen negativ beeinflußt wurde. Schließlich haben möglicherweise die innenpolitische Instabilität oder eventuell auch die sozialen und institutionellen Konflikte, welche die Entwicklung der griechischen und nichtgriechischen Städte im tyrrhenischen Raum charakterisierten, die Krise weiter verschärft und eine Interessenverlagerung auf unmittelbar lokale Probleme bedingt.

Die ostitalische Diaspora

Gerade die einst privilegierten Positionen der Küstenzentren und ihre vielgepriesene Macht, ihr Reichtum, ihre Kultur und ihr hoher Lebensstandard müssen eine außerordentliche Anziehungskraft auf die kulturell unterentwickelten Völker im appenninischen Hinterland ausgeübt haben. Deren Streben nach günstigen Märkten und landwirtschaftlich fruchtbaren Zonen geht wahrscheinlich bis auf die Gründungszeit städtischer Siedlungen zurück und bildete dabei vielleicht sogar eine Komponente und Ursache für deren Entwicklung mittels konstanter demografischer Verstärkungen. Das belegen z. B. jene Nachrichten über die schon erwähnte Beteiligung der Sabiner bei der Entstehung des frühen Rom sowie auch das Auftreten von Personennamen ostitalischen Ursprungs in den archaischen Inschriften Etruriens und Campaniens. Aber allmählich wurde dieser Einfluß immer akzentuierter und muß den Charakter einer organisierten Durchdringung mit Volksstämmen angenommen haben, deren Sprache und Kultur fremd war und die in Konflikt mit den entwickelteren urbanen Gemeinden der Küstenzone standen. Schließlich verwandelte sich dieser Zustrom im Laufes des 5. und 4. Jhs. in eine regelrechte Überschwemmung, die große Teile Mittel- und Süditaliens erfassen sollte.

Bei der Überprüfung der Ursachen und Ausdrucksformen dieses Phänomens ist vor allem daran zu erinnern, daß ein Teil der Italiker der oskisch-umbrischen Sprachgruppe schon seit Beginn der archaischen Zeit einen gewissen Grad von Stabilität und ein relativ beachtliches kulturelles Niveau erlangt hatte und zwar längs der adriatischen Küste in der sogenannten picenischen Kultur, die man heute auf Grund der epigrafischen Zeugnisse mit gutem Recht den Sabinern zuschreiben kann. Dieses Gebiet sollte von den großen ethnischen Bewegungen so gut wie nicht erfaßt werden. Jedoch mußten die Sabiner und deren Abkömmlinge in den Gebirgszonen des Appennin unter völlig anderen Bedingungen leben. Und gerade in diesem Ambiente ist der Urspung der ostitalischen Diaspora zu suchen. Man kann sich gut vorstellen, daß als Folge einer immer größeren Überbevölkerung mehr oder weniger plötzlich Gelüste nach neuem freien Lebensraum und nach fruchtbareren Zonen als den Hochappennintälern auftraten: Daher die Völkerbewegungen. Hinzukamen auch religiöse und kriegerische Motive, so die altehrwürdige, rituelle Vorschrift des „heiligen Frühlings" (ver sacrum), d. h. der bewaffneten Emmigration junger Männer einzelner Generationen als von den Göttern befohlener Sühneakt, wie er in der antiken Literatur beschrieben wird. Man kann sogar von einer fast explosionsartigen Bewegung sprechen, die sich in einer unvermittelt starken Vitalität äußerte. Wir dürfen aber auch nicht die Hypothese von einer Fortsetzung jener großen prähistorischen Wanderungen von Ost nach West über die Adria und durch die italische Halbinsel außer acht lassen.

In historischer Hinsicht müssen wir freilich auch nach den unmittelbaren und konkreten Ursachen für jene Situation suchen, in die das so deutliche Erwachen der appenninischen Bergvölker fällt, die von einer Jahrhunderte alten Pastoralwirtschaft, bescheidenen demografischen Verhältnissen, einem stammesbedingten Konservativismus und einer kulturellen Inaktivität geprägt waren. Nur schwerlich wird man dieses Phänomen getrennt von der kulturellen Entwicklung an den Westküsten Italiens sehen können, die gleichsam als Katalysator für die potenziellen Kräfte Inneritaliens wirkte. Es würde sich also um eine Art Gegenreaktion handeln, die einen Ausgleich der Mentalitäts-, Struktur- und Lebensformunterschiede in relativ nahegelegenen

Zonen anstrebte (man denke etwa an Aquae Cutiliae in der Ebene
von Rieti, die legendäre Wiege der Sabiner, die weniger als 100
km von Rom entfernt war, und an das samnitische Heiligtum der
Göttin Mefitis nahe des griechischen Heraheiligtums an der Sele-
mündung). Man könnte also sogar von einer Art Kettenreaktion
sprechen.

Der Bedarf an Arbeitskräften für die Landwirtschaft in den
Küstenebenen, an Handwerkern und an Söldnern für die Kriegs-
führung hat vermutlich zur Annäherung dieser beiden Welten
und zur Definition ihrer gegenseitigen Positionen beigetragen,
und zwar im Sinne einer auch sonst in der Kulturgeschichte wohl
bekannten Dialektik: Auf der einen Seite haben wir jene reif
gewordenen und meist zum Niedergang bestimmten Gesellschaften, auf der anderen Seite junge unverbrauchte nachdrängende
Kräfte, die bereit sind, die alten zu ersetzen. Das Söldnerwesen
im Zeichen des Kriegsgottes Mamars oder Mars sollte eines der
charakteristischsten Merkmale der Aktivität ostitalischer Volksstämme im Zeitalter der großen mediterranen Konflikte des 4.
und 3. Jhs. sein und muß schon in den älteren Phasen zur Expansion dieser Völker maßgeblich beigetragen haben, auch wenn es
anfangs vielleicht nur schwer von den Allianzen oder Symma-
chien zwischen den griechisch-tyrrhenischen Städten und den
Einheimischen des Hinterlandes zu unterscheiden war. In diesem
Sinne müssen die Beziehungen der großgriechischen Kolonien,
voran Sybaris, mit den Einwohnern des Binnenlandes und auch
die Nachricht von der Teilnahme von Umbrern und Dauniern an
der etruskischen Offensive gegen Cumae 524 v. Chr. verstanden
werden. Möglicherweise gab es bereits Italiker unter den Söldnern der Deinomeniden von Syrakus. Mit Sicherheit sandte Neapel campanische Söldner, d. h. in Campanien ansässige Samniten,
den Athenern gegen Syrakus zu Hilfe. Die einzelnen Immigra-
tionsschübe in Gruppen oder in Massen tendierten immer mehr
dazu, die neuen Territorien fest zu besetzen, ihre Positionen zu
konsolidieren und daran weitere Eroberungen und Besetzungen
anzuschließen. Den privaten oder halbprivaten Initiativen, die
noch die Souveränität der alten Staaten berücksichtigten, folgten
allmählich immer mehr „Machtergreifungen" von Immigranten,
Schöpfungen von neuen staatlichen Organismen und aggressive
Expansionen nach außen.

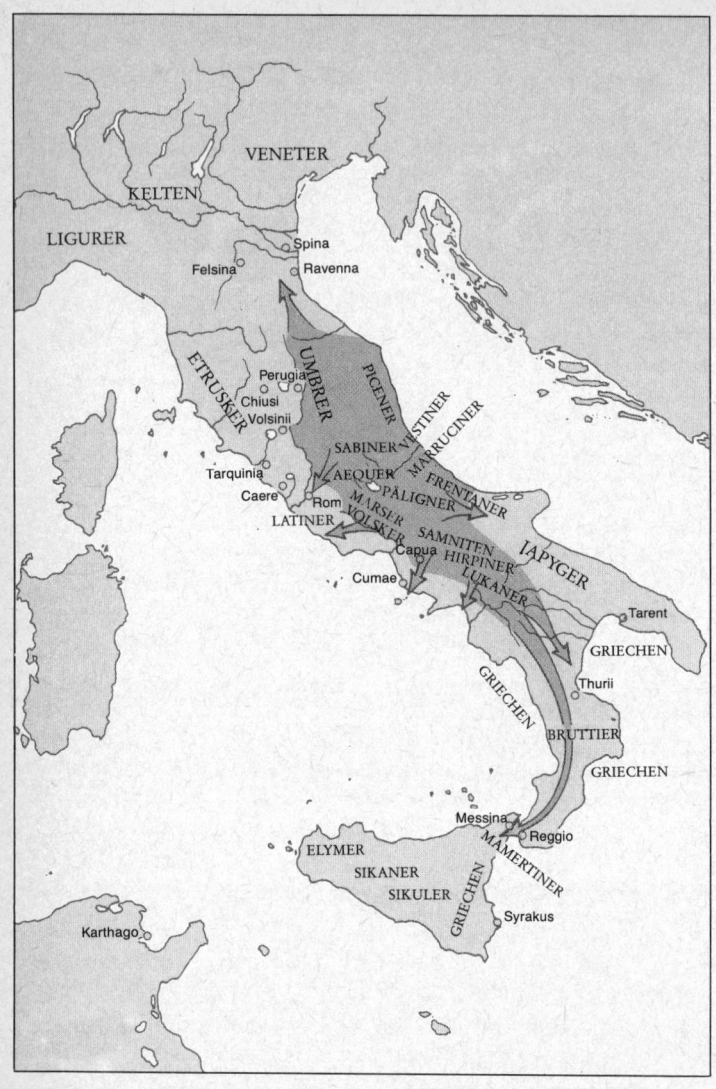

Karte 8: *Expansion und Verbreitung der Ostitaliker mit oskisch-um-brischer Sprache*

Der erste Durchbruch der Völker des Binnenlandes zur tyrrhenischen Küste hin erfolgte in Latium zwischen den Albaner Bergen und dem Tal des Liri. Diese ethnische und politische Nahtstelle, die fast keine Küstenhäfen und wichtige städtische Zentren besaß und besonders im Bereich der Auruncer und Ausoner Berge sehr rückständig war, erwies sich bereits gegen Ende der archaischen Zeit als sehr geschwächt; die Gründe dafür waren unter anderem der Niedergang der etruskischen See- und Landkontrolle, die Ansprüche der Latiner auf eine echte Autonomie, der Konflikt zwischen Etruskern und Cumaeern und die Ereignisse im Zusammenhang mit dem Kampf um die Vorherrschaft in Rom. In das daraus resultierende Machtvakuum stießen zwichen dem Ende des 6. und der ersten Hälfte des 5. Jhs. jene Volksstämme der oskisch-umbrischen Sprachgruppe, die seit altersher die Höhenzüge der Monti Sabini, Simbruini, Ernici und die dahinter liegenden Hochebenen bewohnten. Das waren die Sabiner, Herniker, Aequer und Volsker, deren Ursprung und dialektale Zugehörigkeit Anlaß für Diskussionen und Meinungsverschiedenheiten bot, d. h. man war sich nicht einig, ob sie nun eher zur alten sabellischen Gruppe oder zum nördlichen umbrischen Ableger (wie wohl die Volsker) gehörten. In jedem Fall aber repräsentieren sie den ältesten westlichen und am weitesten vorgedrungenen Teil der Ostitaliker. Die Sabiner der jüngeren historischen Zeit fügten sich – vielleicht dem Vorbild ihrer Vorfahren oder Namensvettern der frühen Eisenzeit folgend – am Ende des 6. Jhs. mit der kompakten Gruppe um Attus Clausus in die römische Gemeinde ein – ein typisches Beispiel für eine halbprivate Immigration. Im Jahre 468 hätten sie unter Appius Herdonius beinahe die Macht in Rom übernommen, ein Vorhaben, das schon an eine militärische Intervention von außen grenzte. Sie ließen sich auf dem rechten Tiberufer am Heiligtum von Lucus Feroniae nieder und besetzten beziehungsweise kontrollierten einen Teil des Faliskergebietes, was zu einer starken Veränderung der dortigen Sprache führte. Die Volsker breiteten sich in Latium bis zum Meer aus und besetzten dabei Velletri, Satricum, Anzio, Terracina, Fondi und Formia. Sie schufen ein mächtiges und kompaktes politisches System, das viele organisatorische und kulturelle Errungenschaften der alten Küstenkulturen übernehmen konnte (auch wenn es archäologisch bis jetzt nur ungenügend dokumentiert ist). Zusammen mit den Aequern bedrohten die Volsker viele Jahrzehnte lang, vom Beginn des 5. Jhs. bis 430, die Existenz der übrigen latinischen Gemeinden und selbst Rom.

Nachdem die expansionslüsternen Ostitaliker der umbrischen Gruppe das Tibertal aufwärts gezogen waren und nur gegen Westen von der unüberwindlichen Barriere der etruskischen Territorien von Volsinii-Orvieto, Chiusi, Perugia, Cortona und Arezzo blockiert wurden, konsolidierten und dehnten sie wahrscheinlich schon in dieser Phase die Besetzung jenes Gebiets aus, das mit dem historischen Umbrien identisch ist. Insbesondere betroffen davon waren die Täler des Topino und Chiascio und ihre Zuflüsse. Sie übernahmen Elemente der urbanen Kulturen und etruskisierende Moden, wie vor allem die Schrift. Davon zeugen unter anderem die Blütezeit von Tuder-Todi, einer echten ,,Grenzstadt``, dann die Entstehung von Plestia a Colfiorito, das in der ältesten bisher bekannten und kürzlich ans Licht gekommenen umbrischen Inschrift genannt wird, sowie wahrscheinlich auch die Gründung von Iguvium-Gubbio durch Bevölkerungselemente aus Attidium (wenn wir der Überlieferung auf den wesentlich jüngeren iguvinischen Tafeln folgen) in einem fremden Gebiet, das von der bedrohlichen Präsenz anderer Völker wie der Etrusker (Turskus), der Bewohner der adriatischen Zone (Iapuzkus) und der schlecht zu identifizierenden ,,Neriner`` (Naharkus: vielleicht andere Ostitaliker nichtumbrischer Sprache, die von Süden her nachdrängten?) umgeben war. Bei aufmerksamer Überprüfung einiger relevanter Stellen bei Strabon (V 1,7 u. 10; 2,1 u. 9–10) muß man zu dem Schluß kommen, daß sich diese expansive Woge noch vor der gallischen Invasion und zum Nachteil der etruskischen Vormachtstellung auch in Richtung Romagna und adriatische Küste ergoß und sich in der umbrischen Besetzung von Sarsina, Rimini und Ravenna manifestierte. Vor allem in den Nekropolen der Zone von Imola und des Lamone- und Saviotals besitzen wir inzwischen sichere archäologische Belege dafür.

Auch die andere, nach Süden geöffnete und von Volksstämmen der oskischen Sprachgruppe bewohnte Zone des ostitalischen Territoriums dürfte bereits seit dem beginnenden 5. Jh., wenn nicht sogar früher, in Bewegung geraten sein. Jedoch erfolgte eine rein auf Eroberungen ausgerichtete Expansion erst in der zweiten Hälfte des 5. Jhs., die dann freilich von überwältigender und unwiderstehlicher Durchschlagskraft war. Zweifelsohne wurde dieser Expansionsdrang anfangs noch von der Stabilität der griechischen Kolonien und von der Organisation des einheimischen Hinterlandes in Schranken gehalten, das wirtschaftlich und kulturell von den Kolonien abhängig war und von dem wir heute archäologisch einige Hauptstützpunkte zu kennen beginnen, vor allem in Lukanien. Aber vielleicht trug auch die mitwirkende Kraft der apulischen Volksstämme, über die gleich noch zu sprechen sein wird, dazu bei. Eine spürbare, zwar keine massive aber seit jeher stattfindende Infiltration von Ostitalikern in Süditalien muß dennoch schon für die archaische Zeit in Betracht gezogen werden, und zwar im Lichte onomastischer und sogar archäologischer Indizien (man denke etwa an bestimmte Ähnlichkeiten zwischen den Kulturen im oberen Seletal und jenen im mittleren Adriaraum).

An der Spitze der nach Süditalien drängenden italischen Volksstämme standen die Samniten aus den Molise und Irpinia, die der antiken Überlieferung zufolge wiederum mit den Sabinern verbunden sind und den gleichen Namen tragen (Safinim auf oskisch = Samnium; die Form Samnites leitet sich von Samnium ab). Eine allmähliche Durchdringung der campanischen Ebene mit Samniten und wahrscheinlich das daraus resultierende Erwachen der einheimischen Volksstämme führte 430 v. Chr. zur Konstituierung des Volkes der Campaner mit dem Zentrum in Capua und ersetzte damit die ehemalige etruskische Vorherrschaft. Kurz darauf fiel auch Cumae und damit das ganze System der griechischen Kolonien (in Neapel formierte sich eine Art griechischsamnitische Doppelherrschaft mit Magistratsbeamten beider ethnischer Gruppen). Die Campaner wurden auch Osker genannt, worauf die einheitliche Bezeichnung „oskische Sprache" für alle ostitalischen Dialekte in Unteritalien zurückgeht. Von den Samniten stammten auch die Lukaner ab, die den tyrrhenischen Küstenstreifen südlich der sorrentinischen Halbinsel zwischen dem Ende des 5. und dem Beginn des 4. Jhs. besetzten und im Inneren schließlich bis zur Jonischen Küste vordrangen. Von den Lukanern leiten sich wiederum die Bruttier (Bruttii, griechisch Brettioi) ab, die sich im heutigen Kalabrien niederließen. Schließlich setzte sich eine besondere Gruppe von ostitalischen Söldnern in Messina auf Sizilien fest.

Andere Völkerbewegungen aus Inneritalien: Japyger, Sikuler, Gallier

Die historischen Gründe und die allgemeine Tragweite des Phänomens der Unruhe und Agressivität der inneritalischen Volksstämme werden auch dadurch bestätigt, daß sich dieses Phänomen nicht allein auf die appenninischen Stämme der oskisch-umbrischen Sprachgruppe beschränkte, sondern mehr oder weniger zur gleichen Zeit auch andere einheimische Völker erfaßte, wenn auch mit geringerer Vehemenz.

Die wichtigste, am besten charakterisierte und kulturell eigenständigste ethnische Gruppe unter diesen Völkern sind die Japyger (Iapyges) oder Apuler im Südosten der italischen Halbinsel. Traditionell werden sie in Daunier (im Gebiet von Foggia), Peuketier (in der Zone von Bari) und Messapier (im Salento) unterteilt. Auch wenn man von den legendären Erzählungen über ihre Urspünge einmal absieht, so wird ihre Tendenz zum Vordringen nach Westen in Richtung tyrrhenisches Meer auch archäologisch von der großen Verbreitung und dem Einfluß der apulisch-geometrischen Keramik in Lukanien und sogar in Campanien und Etrurien schon während der archaischen Zeit bezeugt. Wir können in diesem Zusammenhang auch nochmal an die literarisch belegte Unterstützung der Daunier im großen etruskischen Feldzug gegen Cumae in der zweiten Hälfte des 6. Jhs. erinnern und ebenso den Passus bei Kallimachos zitieren (in den Aitia), in dem von einem Angriff der Peuketier auf Rom berichtet wird, der zwar chronologisch nicht genauer zu präzisieren ist, aber vielleicht weiter zurücklag als vermutet wurde. Dabei spielt es keine große Rolle, ob sich nun die eine oder andere Überlieferung eher auf Unternehmungen von Söldnern oder auf wirklich autonome Militäraktionen bezieht. Der hartnäckige Widerstand der Japyger gegen die politische und kulturelle griechische Durchdringung wurde am Beginn des 5. Jhs. besonders stark und bedrohlich. Eine Reihe von Grenzkriegen, an welche die Weihgeschenke der Tarentiner in Delphi erinnern, gipfelte in der blutigen Niederlage des mit Rhegion verbündeten Tarent im Jahre 473 v. Chr. und vielleicht – trotz der von den modernen Historikern angezweifelten Glaubwürdigkeit der Überlieferung von Diodorus Siculus (XI 32) – sogar in einer Strafexpedition siegreicher japygischer Banden durch ganz Großgriechenland bis nach Rhegion, dessen Herrscher Mikythos, der Nachfolger des Anaxilas, daraufhin aus verteidigungspolitischen oder Prestigegründen versuchte, eine kurzzeitige Militärkolonie in Pyxus am Rande Lukaniens zu installieren. Die kompakte territoriale Organisation der griechischen Kolonien und der beginnende Offensivdruck der Ostitaliker von Norden nach Süden mußten die apulische Expansion neutralisieren, die als nicht realisierte Möglichkeit in die Geschichte einging. Dennoch zeigte sich die kraftvolle Initiative der Südostitaliker hinsichtlich einer ganz Unteritalien umfassenden Politik auch noch in den folgenden Jahrzehnten in der Allianz von Brindisi mit der panhellenischen Kolonie Thurii gegen Tarent (um 440) und in den Hilfeleistungen des messapischen Königs Artas für Athen im Kampf gegen Syrakus. Es handelte sich also hier um ein Vorspiel jenes militärischen und politischen Höhepunkts der Messapier, der ein Jahrhundert später – wenn auch unter ganz anderen Bedingungen – die Geschichte Großgriechenlands charakterisieren sollte.

Man sollte auch nicht die Analogie der hier behandelten Ereignisse mit den Unternehmungen des sikulischen ,,Condottiere" Duketios außer acht lassen, der – wenn auch außerhalb der italischen Halbinsel – die internen Zwistigkeiten und gegenseitigen Rivalitäten der griechischen Städte Siziliens ausnützte und zunächst auch einen großräumigen indigenen Staat im Herzen der Insel schuf (460–451 v. Chr.). Nachdem er dann von den Syrakusanern besiegt und ins Exil nach Korinth geschickt worden war, kehrte er erneut nach Sizilien zurück und gründete mit Hilfe von Griechen und Einheimischen und sogar mit Unterstützung von Syrakus die Kolonie Calacte (446 v. Chr.). Sein Handeln war einerseits darauf ausgerichtet, die Nachfahren der sizilischen Ureinwohner zur Erhebung gegen die griechische Kolonialwelt aufzuwiegeln, andererseits war es von lokalen Traditionen geprägt, wie das Beispiel der Gründung der Hauptstadt Palice an der Stelle eines der am meisten verehrten heiligen Zentren der Sikuler nahe des heutigen Palagonia beweist. Aber wahrscheinlich war die Politik des Duketios vor allem eine Reaktion der hellenisierten oder halbhellenisierten Gemeinden im Innern Siziliens gegen die Hegemonie der großen Küstenstädte. Sie wurde freilich bald zu einer rein persönlichen Angelegenheit und konnte auf die weitere Geschichte Siziliens keinen Einfluß mehr nehmen, ja bewirkte sogar die Konsolidierung der Vormachtstellung von Syrakus.

Es bleibt nun noch ein Phänomen von größerer Tragweite und Resonanz zu betrachten, durch das auch Norditalien in den Sog der „kontinentalen Reaktionen" geriet, nämlich die Invasion der Kelten. Sie zeigte die typischen Merkmale einer Bewegung von halbbarbarischen Volksstämmen aus dem Binnenland in zivilisiertere Regionen, in diesem Fall zunächst in die blühenden Zentren der Poebene und der adriatischen Küste und dann längerfristig in den griechisch-tyrrhenischen Bereich der Halbinsel, vor dem Hintergrund einer damals allgemeinen Unruhe im gesamten italischen Binnenland. Die Gallier (dieser Name wurde von den Römern benutzt, während die Griechen die Bezeichnung „Kelten" vorzogen) unterschieden sich in erster Linie durch ihren außeritalischen Urspung von den zuvor erwähnten Völkern. Sie gehörten einer großen, urspünglich in Zentral- und Westeuropa angesiedelten ethnischen Gruppe an. Man nahm im allgemeinen an, daß die Kelten erst im 5. Jh. einen nahezu explosiven Expansionsdrang nach Süden, d. h. nach Italien und dem Balkan verspürt hätten. Laut Livius V 34–35 jedoch, dürften die Kelten schon um die Wende vom 7. zum 6. Jh., also zeitgleich mit der Herrschaft des Tarquinius Priscus in Rom und mit der Gründung von Massalia-Marseille, in Italien eingedrungen sein. Die von Livius übermittelte Nachricht wurde früher als anachronistisch zurückgewiesen, heute sprechen jedoch gewichtige Gründe für ihre Gültigkeit. Man erwägt sogar, ob nicht das ursprüngliche Gebiet der ethnischen Formation der Kelten auch einen Teil der alpinen und subalpinen Zonen auf italienischer Seite umfaßte, wie der vermutlich protokeltische Charakter der lepontischen Inschriften beweisen könnte, Der Volksstamm der Lepontier war rings um die lombardischen Seen angesiedelt. In jedem Fall darf man die keltischen Invasionen nach Italien nicht als ein einzelnes und katastrophales Ereignis ansehen, sondern vielmehr als eine Reihe von expansiven Vorstößen nach Süden, bei denen verschiedene Stämme aufeinanderfolgten und Niederlassungen gründeten, wobei die zeitlich jüngsten am weitesten entfernt lagen. Der Erzählung des Livius und der Beschreibung des Polybios (II

17 ff.) zufolge saßen die Insubrer im Herzen der heutigen Lombardei mit dem Zentrum in Mediolanum/Milano, die Cenomanen im Gebiet von Brescia und Verona, die Salluvier um den Ticino herum südwestlich der Insubrer, die Boier und Lingonen in der Emilia und Romagna, die Senonen längs der adriatischen Küste bis in die heutigen Marchen. Ein besonders einschneidendes Ereignis muß die Überschreitung des Po gewesen sein, wodurch das padanische Etrurien unmittelbar in Mitleidenschaft gezogen wurde. Ebenfalls entscheidende Konsequenzen hatte an der Wende vom 5. zum 4. Jh. das Vordringen der Gallier, vor allem der Senonen, in die eigentliche italische Halbinsel, verbunden mit den Offensiven gegen das tyrrhenische Etrurien, gegen Rom (gallischer Brand kurz nach 390) und gegen Apulien.

Die primitiven und rohen Sitten der Gallier, die von Diodorus Siculus (V 26 ff.) sehr anschaulich beschrieben werden, mußten auf die klassische antike Welt einen nachhaltigen Eindruck machen. Die ausgeprägte kulturelle Unterlegenheit der Gallier im Vergleich zu den Zonen der hochentwickelten etruskischen und griechischen Kultur war evident. Die Beziehung zwischen diesen beiden Welten wurde von krasser Gegensätzlichkeit bestimmt. Die Gallier zeichneten sich vor allem durch rasche und kühne, razziaartige Vorstöße aus, verbunden mit Infiltrationen, welche die Städte mieden. Dauerhafte territoriale Eroberungen mit landwirtschaftlicher Nutzung der Felder gab es nur in Norditalien und in den Marchen. Diese Art von gelegentlichen Vorstößen erklärt auch, warum wir die Gallier schon zu Beginn des 4. Jhs. in Etrurien, Rom und sogar in Apulien finden, während sich eine definitive Keltisierung der Emilia (in Bologna, das den Namen Bononia wahrscheinlich von den Boiern erhielt, und in Marzabotto) nicht vor der Mitte des 4. Jhs. feststellen läßt. Über die weitere Entwicklung der keltischen Aktivität und ihre Bedeutung für das historische Gesamtbild werden wir später noch sprechen.

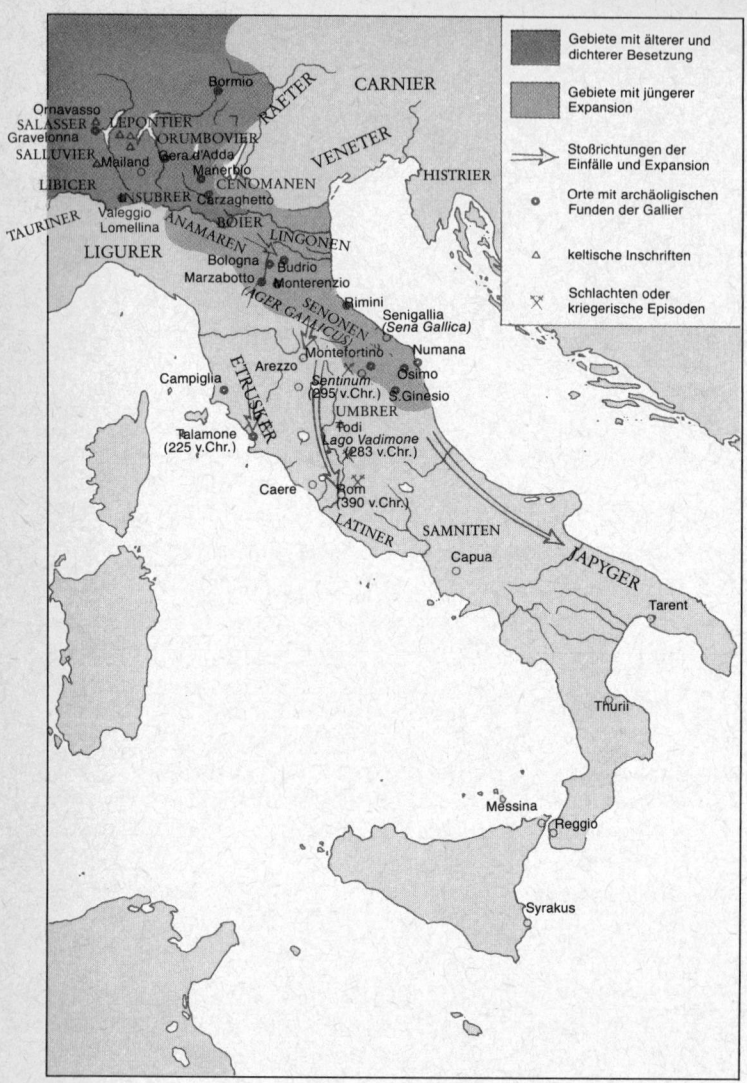

Karte 9:   Expansion und Verbreitung der Gallier

„Periphere" Entwicklungen und „äußere" Einflüsse:
das griechisch-tyrrhenische Italien
und die Politik von Syrakus und Athen im 5. Jh.

Das Konzept vom „italischen Mittelalter" bleibt zwar allgemein gültig, doch läßt es sich nicht auf alle Schauplätze der Geschichte Italiens anwenden. Bereits am Ende des letzten Kapitels haben wir eine kräftemäßige Verlagerung der griechischen Kolonialwelt in die Randzonen Großgriechenlands angedeutet. Diese Konstatierung kann im weiteren Sinne für den gesamten Bereich der politisch-kulturellen Erfahrungen des griechisch-tyrrhenischen Küstengebiets gelten. Der Krise in den alten berühmten Städten am jonischen und tyrrhenischen Meer im 5. Jh. stand eine Blüte der peripheren Territorien gegenüber, auf die sich anscheinend die Traditionen des Griechentums in Italien und Etruriens übertrugen und sie zu kultureller Aktivität verpflichteten. An die Stelle des tyrrhenischen Etrurien traten Inner-Etrurien und die etruskische Poebene, an die Stelle der Magna Graecia trat Sizilien. Als Beweis dafür kann das reiche Vorkommen von attisch-rotfiguriger Keramik der klassischen Zeit in Spina und in den sikeliotischen Städten gewertet werden, während sie gleichzeitig in den tyrrhenischen Zentren und in Unteritalien stark abnahm oder verschwand.

Vor allem die archäologische Dokumentation läßt auf ein rasches und entscheidendes Wachstum der inner-etruskischen Städte schließen. Das soll freilich nicht heißen, daß nicht einige dieser Städte schon in archaischer Zeit Bedeutung erlangt hätten wie etwa Chiusi und Fiesole. Ebensowenig haben sämtliche Küstenstädte auf einen Schlag ihre traditionelle Größe verloren. So hörten wir bereits von dem beachtlichen Wiederaufschwung Tarquinias mit hegemonialem Charakter in Südetrurien in der spätarchaischen Phase. Das Andauern der tarquinischen Grabmalerei mit zahlreichen Denkmälern von hoher Qualität durch viele Jahrzehnte des 5. Jhs. hindurch könnte darauf hinweisen, daß diese Stadt besser als andere der Rezessionskrise zu widerstehen vermochte. Gleichzeitig gelang es ihr, ihre territoriale Vormachtstellung und ihr politisch-militärisches, kulturelles und religiöses Ansehen zu bewahren, das bis in die Zeit der Kriege gegen Rom andauerte. Aber die charakteristischsten Zeugnisse für eine lebhafte künstlerische Produktion, die vom klassischen Griechenland beeinflußt war und infolgedessen eine besondere Blüte im 5. Jh. und an der Wende vom 5. zum 4. Jh. erlebte, kennen wir aus Veji, Falerii, Orvieto, d. h. Volsinii (figürliche Architektur- und Votivterrakotten), aus Chiusi (Grabmalerei und -skulptur) sowie aus Cortona und Arezzo (Bronzestatuen und -geräte). Diese Daten müssen im Zusammenhang mit einer vermutlichen generellen Verlagerung der wirtschaftlichen und politischen Interessenschwerpunkte von den Küsten ins Landesinnere zu den Binnenstraßen, Flüssen und Seen gesehen werden, von denen es in Etrurien viele gibt. Besonders das Tibertal sollte sich dabei zu einer wichtigen Verkehrsachse entwickeln, an der vielleicht auch latinische, sabinische und umbrische Gemeinden teilhatten. Ähnlich wie die hypothetische Hegemonie Tarquinias über Südetrurien läßt sich eine Vormachtstellung Chiusi's über Zentraletrurien auch unabhängig von den zeitlich weiter zurückliegenden Unternehmungen des Porsenna vorstellen. Höchstwahrscheinlich aber konstituierte sich in dieser Periode endgültig die Vereinigung oder Konföderation der 12 (später 15) etruskischen Hauptstadtstaaten an der Küste und im Landesinneren, die mehr oder weniger sicher mit Caere, Tarquinia, Vulci, Roselle, Vetulonia, Populonia, Veji, Volsinii, Chiusi, Perugia, Cortona, Arezzo, Fiesole und Volterra zu identifizieren sind. Diese Konföderation hielt einen jährlichen „Kongreß" (conventus) im Heiligtum des Gottes Voltumna (Fanum Voltumnae) bei Volsinii ab, der wohl vorwiegend religiösen und wirtschaftlichen Charakter hatte, aber auch politische und militärische Themen berücksichtigte. Dadurch errang auch Volsinii eine Stellung ersten Ranges und wurde schließlich als „Hauptstadt Etruriens" bezeichnet (Valerius Maximus IX 1). Diese neue Bedeutung der Stadt wird archäologisch von den reichen orvietaner Nekropolen bestätigt.

Ein anderes und zwar fruchtbareres und weiträumigeres Territorium, das von den Etruskern beherrscht wurde, liegt weiter im Norden jenseits des toskanisch-emilianischen Appennins. Es wurde bereits darauf hingewiesen, daß man zur Garantierung des internationalen Handels einen Ersatz für die immer stärker eingeschränkten Aktivitäten im tyrrhenischen Meer in den Häfen der

oberen Adria fand, die eine gewisse Zeit lang für eine neue Bele-
bung Etruriens sorgten. Wann auch immer die älteste etruskische
Präsenz in der Poebene gewesen sein mag, so entstanden mit
Sicherheit erst an der Wende vom 6. zum 5. Jh. große und aufblü-
hende Zentren in der Emilia und Romagna wie Felsina-Bologna
und Marzabotto im Binnenland sowie Adria (an der Grenze zum
Gebiet der Veneter), Spina und wahrscheinlich Ravenna und Rimini an der Küste. Von besonderer Bedeutung war der Hafen
von Spina an der Mündung des antiken südlichen Zweiges des
Po. Spina wurde von den Alten gerühmt und empfing so viele
griechische Einflüsse, daß man es für eine pelasgische Gründung
hielt und als „polis hellenís" bezeichnete. Die Nekropolen der
Stadt erwiesen sich als äußerst reich und enthielten zahlreiche
attische Vasen. Soviel wir aus den historischen Quellen und –
zwar nur begrenzt und unsicher – aus den archäologischen Daten
entnehmen können, haben sich Besetzung, Kontrollfunktion
oder Einfluß der Etrusker in Norditalien wenigstens zeitweilig
auch auf die westliche Emilia zwischen Modena und Piacenza
und nördlich des Po bis nach Mantua, das einen etruskischen
Namen hat, und vielleicht noch weiter erstreckt. Zweifelhafter ist
der etruskische Einfluß in Ligurien, wo man allenfalls an Kontakte vom tyrrhenischen Meer aus denken könnte (auf Grund von
strategischen Vorposten nördlich der Arnomündung, wo der von
verschiedenen ethnischen Gruppen frequentierte Hafen von Pisa
und vielleicht einige weitere Küstenemporia entstanden). Auf der
anderen Seite, d. h. im adriatischen Raum, darf man die Möglichkeit etruskischer Vorstöße und Einflußnahmen auch südlich der
Romagna nicht ausschließen, wenn man etwa einer Nachricht des
Strabon (V 4,2) über die tyrrhenische Gründung des Heiligtums
von Cupra im Picenum Glauben schenkt.

Insgesamt stellte das padanische Etrurien an der Wende vom 5.
zum 4. Jh. eine Region mit intensiven und dynamischen zivilisatorischen Erfahrungen dar, wie sie auf diesem Niveau für Norditalien neu waren. Dadurch wurde der Entwicklungsprozeß der
einheimischen Volksstämme entscheidend gefördert, d. h. der Veneter, dann der Bewohner der mittleren und westlichen Poebene,
die der sogenannten Golaseccakultur angehörten, und der alpinen Bevölkerung. Von den Etruskern übernahmen diese indigenen Volksstämme die Schrift oder zumindest Elemente davon.

Italische Handelswaren und kulturelle Anregungen wurden nun
von Norditalien aus auch über die Alpen hinweg bis nach Zen-
tral- und Nordeuropa weitervermittelt. Die Prosperität Oberita-
liens sollte zwar nicht sehr lange andauern, denn schon bald wurde sie von der umbrischen Invasion von Süden und von der gallischen Invasion von Norden und Westen und darüber hinaus von
naturbedingten Ursachen bedroht. So war der Hafen von Spina
schon im 4. Jh. verlandet und hatte seine einst herausragende
Bedeutung an Adria verloren. Dennoch ist es ein bleibender Ver-
dienst der Etrusker, daß sich die obere Adria endgültig den großen Kulturströmungen und dem Wechselspiel der kommerziellen
und politischen Interessen im mediterranen Raum geöffnet hatte.

Die historischen Quellen und archäologischen Daten bestätigen ihrerseits den statischen Zustand oder den Niedergang der
alten Kolonien der Magna Graecia, besonders jener ,,zentralen"
am Golf von Tarent. Nicht davon berührt waren am nördlichen
Ende Tarent selbst und im Süden, d. h. im heutigen Kalabrien,
Kroton, Locri und Rhegion. Locri erlebte eine einzigartige kulturelle und künstlerische Blüte in der ersten Hälfte des 5. Jhs. Rhegion besaß mit seinem von Anaxilas begründeten ,,Reich an der
Meerenge" eine beneidenswerte geografische Position ersten
Ranges. Aber die politische Initiative und das Erbe der traditio-
nellen Macht der Griechen in Italien gingen bald völlig auf das
sizilische Syrakus über. Nachdem die karthagische Bedrohung in
Himera abgewendet und die restliche etruskische Seemacht vor
Cumae vernichtet worden war, vermochte Syrakus nunmehr al-
leine und ohne ernsthafte Gegner, die Kontrolle über die Meere
Italiens auszuüben. Die beiden anderen großen griechischen Territorialstaaten und mehr oder weniger potentiellen Rivalen von
Syrakus, nämlich Agrigent-Himera auf Sizilien und Rhegion-
Messina am Rande Italiens, wurden allmählich in das ,,Reich" der
Deinomeniden integriert. Auch wenn diese für Syrakus so günstige Situation damals in der ersten Hälfte des 5. Jhs. noch nicht
voll ausgenutzt werden konnte – wie es einige Jahrzehnte später
unter dem stürmischen politischen Genie des Dionysios I. geschah –, so erlegte Syrakus sicherlich schon eine seinen Interessen
und Aktionen genügende Politik der italischen Halbinsel ,,von
außen" auf und trat so gewissermaßen an die Stelle Karthagos.
Vor allem übte Syrakus eine klare Vorherrschaft über die Küsten

Campaniens aus, das immer noch eine Art Schlüsselfunktion zum tyrrhenischen Italien besaß, und schuf sich deshalb auch eine Militärbasis auf der Insel Ischia. Danach eröffnete es eine Offensive gegen Etrurien selbst, vor allem in Richtung der alten Mineral- und Bergbauzentren im Norden, und sandte zwei Schiffsexpeditionen der Admiräle Phaillos und Apelles aus, die kurzzeitig einige Abschnitte der etruskischen Küste sowie Küstenabschnitte von Elba und Korsika verwüsteten und besetzten (454–453 v. Chr.). Diese Aktionen sollten freilich keine entscheidenden Auswirkungen haben, nicht zuletzt wegen der Befehlsstreitigkeiten, die zu einem Prozeß gegen Phaillos führten.

Zu dieser Zeit gewann ein völlig anderer und neuer politischer Faktor von außen Relevanz auf der Bühne Italiens, nämlich das weitabgelegene Athen. Abgesehen von anderen Indizien spricht die enorme Anzahl von importierten attischen Vasen für eine zumindest indirekte Präsenz Athens und ein entsprechendes kulturelles Prestige in Italien schon seit langer Zeit. Und für das wirtschaftliche Ansehen Athens spricht die ständig wachsende Bedeutung attischen Geldes im Handelsverkehr, wie wir aus den Münzschatzfunden wissen. Nachdem Athen nach den Perserkriegen den Höhepunkt seiner Macht erreicht hatte, blickte es – zunächst unter Themistokles und dann entschiedener unter Perikles – auch 'gen Westen nach Italien. Alle diesbezüglichen, uns zur Verfügung stehenden Notizen scheinen darauf hinzudeuten, daß der Athener Imperialismus anfangs mit vorsichtiger Kontaktaufnahme operierte, um sich zunächst eine genauere Kenntnis der Lage zu verschaffen. Das geschah mit Hilfe eines Geflechtes von freundschaftlichen – teils dokumentierten, teils vermuteten – Kontakten mit verschiedenen Städten und Volksstämmen, die mit der syrakusanischen Hegemonie unzufrieden oder ihr sogar feindlich gesinnt waren, darunter Rhegion und Locri, die Etrusker, Latiner, Apuler und vielleicht sogar Karthago. Durch das Protektorat über Neapel in Form einer teilweisen Kolonisation (453 v. Chr.) übernahm Athen an Stelle von Syrakus die Militärbasis auf Ischia und die potentielle Kontrolle über Campanien. Fast gleichzeitig wurde auch auf geschickte Weise der Traum von der Wiederauferstehung des legendären Sybaris aus seinem nunmehr 60 Jahre andauernden Dornröschenschlaf genährt. Nach einigen wechselhaften Versuchen wurde in der Tat

eine athener Expedition unter Führung des in italischer Politik
sehr beschlagenen Lampon zum Wiederaufbau dieser alten Stadt
ausgesandt, freilich jetzt in einer völlig neuen Form: als panhelle-
nische Kolonie mit dem Namen Thurii, mit einer ordentlichen
demokratischen Gesetzgebung und einem rigorosen urbanisti-
schen Plan „hippodamischer" Art (446–444 v. Chr.). Diese beinahe utopische Schöpfung, in der sich wie in der gleichzeitigen
Parthenonkunst Rationalität und Ethos des klassischen Geistes
auf beispielhafte Weise widerzuspiegeln scheinen, konnte gedei-
hen und überleben trotz ihrer innenpolitischen Besonderheiten
und Widersprüche (die dorischen Bevölkerungselemente gewannen rasch über die jonischen die Oberhand, und die Bewohner
spalteten sich in eine proathenische und eine prospartanische Partei), trotz der Feindseligkeiten der alten Kolonien, speziell von
Tarent, das mit der eigenen neugegründeten Kolonie von Herakleia an der Stelle des einst berühmten und dann zerstörten Siris
ein Gegengewicht zu Thurii schaffen wollte, und schließlich auch
trotz der ständig wachsenden Bedrohung durch ostitalische Invasoren aus den inneren Gebirgszonen wie die Lukaner und Bruttier.

Die lange Vorbereitungsaktion Athens in Italien zielte in Wirklichkeit vor allem auf die Gewinnung der Vorherrschaft über
Sizilien ab, wofür die Bindungen und gegenseitigen Unterstüt-
zungen mit den alten Kolonien euböischen Ursprungs besonders
geeignet erschienen, zumal diese dem jonischen Ethnos wie die
Athener selbst angehörten und dem dorischen Syrakus feindlich
gesinnt waren. Das galt für Rhegion wie auch für das sizilische
Leontinoi nahe bei Syrakus. Der Ausbruch des peloponnesischen
Kriegs und der Tod des Perikles änderten nichts an dieser Politik,
sondern bezogen sie in die Konfliktsituationen mit ein. Drei
athener Schiffsexpeditionen gegen Syrakus zwischen 427 und 425
scheiterten aus verschiedenen Gründen, nicht zuletzt auch wegen
eines starken sikeliotischen „Nationalismus", der in den Verträ-
gen von Gela (424 v. Chr.) seinen Ausdruck fand. Die imperiali-
stische Politik Athens in Richtung Westen gipfelte schließlich in
der berühmten sizilischen Expedition des Alkibiades unter Auf-
bietung aller Kräfte und Reserven der athener Demokratie (415–
413 v. Chr.). An ihr beteiligten sich – wenn auch nicht in entscheidendem Maße – einige alliierte Städte aus Italien, campani-

sche Truppen, und sogar etruskische Schiffe, darüber hinaus die
euböischen Kolonien auf Sizilien, ein Teil der Sikuler und die
erstarkenden Elymer aus Westsizilien, die infolge der Agression
Selinunts auf ihre Hauptstadt Segesta die unmittelbare Ursache
für den athenisch-syrakusanischen Krieg bildeten. Insgesamt gesehen aber stand dieses Ereignis nicht im Mittelpunkt der italischen Interessen und blieb eher eine Episode – wenn auch zweifelsohne eine der stürmischsten und folgenreichsten Episoden –
der griechischen Geschichte im entscheidenden Moment der
Auseinandersetzung zwischen Athen und Sparta. Denn der Un-
tergang der „großen Armada" der Angreifer auf Syrakus, das
auch mit direkter spartanischer Unterstützung hartnäckig vertei-
digt wurde, besiegelte in moralischer und materieller Hinsicht
das Schicksal der einstigen athener Vorherrschaft. Syrakus ging
dagegen aus diesem Krieg gestärkt hervor und war nach Ausschaltung anderer Bedrohungen und Hindernisse in der Lage,
eine neue und kraftvolle Rolle in der Herrschaft oder Kontrolle
auch über Italien zu spielen.

Im Hinblick auf die Gesamtsituation der griechisch-tyrrhenischen Welt können wir feststellen, daß die Geschichte ihres Niedergangs und der Machtkonflikte um Italien im 5. Jh. in enger
Verbindung mit der gesellschaftlichen Evolution und ihren politischen Ausdrucksformen stand. Das weit verbreitete Phänomen
der spätarchaischen Tyrannisherrschaften war nichts anderes als
ein – wenn auch besonders charakteristischer – Moment im Wer-
degang der westlichen Poleis und sollte mit dem Anbruch eines
neuen Zeitalters bald wieder verschwinden. Trotzdem konnten
sich in einigen Fällen diese Tyrannisregime halten, indem sie sich
dynastisch konsolidierten und mit dem Schicksal des Staates
selbst identifizierten. Bezeichnenderweise geschah dies in den historisch damals relevantesten Zonen, also am Südende der Halbinsel in Rhegion und in Syrakus auf Sizilien. Auf die Tyranneien
folgten Wiedereinsetzungen oder echte Restaurationen von Oligarchien in vielen Zentren der Magna Graecia wie in Kroton,
Locri, Rhegion, Cumae und wahrscheinlich auch in nichtgriechischen Städten. In Rom etablierte sich nach dem Sturz des Spurius
Cassius, der offensichtlich nach der Alleinherrschaft strebte, das
Regime der Fabier. Und es ist gut denkbar, daß sich auch in
Etrurien, wo im allgemeinen die aristokratischen Regime bis in

jüngere Zeit andauerten, ähnliche Entwicklungen vollzogen haben. Vielleicht kamen genau in dieser Periode jene für Rom und Etrurien so charakteristischen Furcht- und Haßgefühle hinsichtlich von Königen oder Tyrannen auf, die dann zum Fundament der republikanischen Ideologie wurden. Aber in einigen Fällen folgte auf das Ende der Tyrannis unmittelbar ein demokratisches Regime wie in Tarent und in Syrakus. Ohne Zweifel mußte die Präsenz Athens in Italien einen entscheidenden Einfluß auf den Demokratisierungsprozeß der Poleis in Italien nehmen. Im mittleren 5. Jh. machte fast die gesamte griechisch-tyrrhenische Welt eine gewisse Erfahrung mit der Demokratie und der Erneuerung von Verfassung und Gesetzen. Obwohl man bei diesen Neuerungen sicherlich Konzeptionen von einem Idealstaat vor Augen hatte, so konnten sie, auch infolge ihrer Instabilität, diesen Städten doch nicht ihre alte Prosperität zurückgeben. Wir können dabei unter anderem auf die Errungenschaften der Plebs und die Durchsetzung der 12-Tafelgesetze in Rom verweisen, die wohl von Athen inspiriert waren.

Ein anderer wichtiger Wesenszug dieser Periode, der auch in großem Maße den Kontakten Athens mit Italien zu verdanken ist, war die Verbreitung klassischen Geistesgutes, das sich vor allem in den künstlerischen Phänomenen Großgriechenlands und Siziliens, aber bis zu einem gewissen Grade auch im nichtgriechischen tyrrhenischen Bereich niederschlug. Zur gleichen Zeit, nach den Perserkriegen, wurde die Tendenz immer stärker, Griechen und Barbaren als etwas völlig Gegensätzliches einander gegenüberzustellen, wodurch in Italien das einst ausgeprägte Gefühl für die Einheit der alten griechisch-tyrrhenischen Koiné stark abgeschwächt wurde. Andererseits war die italische Welt einschließlich Etruriens ganz offensichtlich nicht in der Lage, mit den großen geistigen und zivilisatorischen Fortschritten des klassischen Griechenlands und seiner Kolonien Schritt zu halten. Die Kultur der etruskisch-italischen Welt blieb im Vergleich zu jener der griechischen Welt insgesamt rückständig und nahm dabei einen provinziellen Charakter an. Sie war also nicht mehr Teilhaberin einer gemeinsamen Erfahrung, sondern bestenfalls noch eine mehr oder weniger passive Nachahmerin. Dieser Zustand sollte bis zum Ende der Geschichte des vorrömischen Italien andauern.

Italien ohne Frieden im 4. Jh.

Nunmehr kennen wir sämtliche alten und neuen Elemente, die sich zu Beginn des 4. Jhs. im Schmelztiegel Italien fanden und für Umwälzungen sorgten. Das jetzt beginnende Zeitalter sollte von einschneidender Bedeutung für das Schicksal Italiens sein. Infolge des progressiven Niedergangs der alten Gemeinwesen und Kulturen, des noch ziellosen Entwicklungsprozesses der jungen Kräfte, der unaufhörlichen Zusammenstöße zwischen den verschiedenen Volksstämmen und der anhaltenden blutigen Auseinandersetzungen schien die italische Welt am Gipfel ihrer Krise angelangt zu sein. Doch gab es auch Fermente und Impulse, die zu neuen und stabileren Systemen tendierten. Außerdem lassen sich Symptome für eine Erneuerung von Kunst und Kultur unter dem Einfluß der griechischen Spätklassik erkennen.

Versuchen wir zunächst die wichtigsten Aspekte und Tendenzen dieser Jahrzehnte zusammenzufassen, um die damaligen wirren Ereignisse besser verstehen zu können. Unsere Aufmerksamkeit gilt dabei vor allem folgenden Punkten:

1. Die Aufteilung in Stadtstaaten und das relative politische Gleichgewicht – typisch für die archaische Zeit – waren verloren gegangen und überholt. An ihre Stelle trat einerseits die immer stärker werdenden Tendenz zu hegemonialen oder imperialistischen Machtansprüchen einzelner Städte oder ,,condottieri", andererseits die Vereinigung von Städten zu politischen Ligen mit dem Ziel, die Schwäche und Isolierung des Einzelnen durch gemeinsame Aktionen zu überwinden. In der Tat war das 4. Jh. in Italien, z. T. in Anlehnung an Griechenland, ein Jahrhundert der Ligen, und dieses System verbreitete sich nicht nur in Großgriechenland und Etrurien, sondern auch bei den italischen Volksstämmen der oskischen Sprachgruppe (Samniten, Lukaner).

2. Nachdem sich das Empfinden für eine gemeinsame griechisch-tyrrhenische Kultur weiter abgeschwächt hatte, schien in den Griechen der großgriechischen und sizilischen Kolonien, den sogenannten Italioten und Sikelioten, das Bewußtsein für ihre eigene und fundamentale Gräzität wiederzuerwachen, was wie-

Karte 10: Genereller Überblick der Volksstämme und Hauptzentren des antiken Italiens vom V. bis zum III. Jh. v. Chr.

derum zu engeren Kontakten zwischen den Kolonien und den griechischen Mutterstädten führte, so beispielsweise zwischen Syrakus und Korinth oder zwischen Tarent und Sparta. Hilfegesuche an das griechische Mutterland brachten einen neuen, äußeren Faktor in das Konfliktgeschehen der italischen Welt.

3. Auch wenn die ,,Neuankömmlinge", d.h. die Ostitaliker und Gallier tief in das ,,Gewebe" des alten Italien eindrangen, so blieb ihr Verhalten gegenüber den schon vorher existierenden urbanen Kulturen doch von Unruhe, Unsicherheit und Konfliktbereitschaft geprägt, sieht man vielleicht einmal von Campanien ab, jenem geradezu idealen Terrain für fruchtbare Kontakte. Dies schloß freilich nicht das Entstehen von wenigstens zwei festen politisch-territorialen Einheiten aus, nämlich jenem der Samniten in Unteritalien und dem der Gallier in Oberitalien (das von ihnen den Namen Gallia erhielt und bis in römische Zeit bewahrte).

4. Mitten in diesem Geflecht von so unterschiedlichen Elementen tauchte vor allem in der zweiten Hälfte des 4. Jhs. ein neuer unvorhergesehener Faktor beinahe unbemerkt auf, nämlich die wachsende politisch-militärische Macht von Rom, deren Bestimmung es sein sollte, dieses Zeitalter und den gesamten Zyklus der italischen Geschichte abzuschließen (wie wir im nächsten Kapitel sehen werden), die aber im Moment nur eine Komponente unter vielen auf der Bühne Italiens bildete.

5. Schließlich bleibt daran zu erinnern, daß es am Rande immer noch die mehr oder weniger latente Gefahr des karthagischen Imperialismus gab, dessen Einfluß aber für die Geschehnisse in Italien in der hier zur Diskussion stehenden Periode nur von indirekter Bedeutung war.

Die ersten Jahrzehnte des 4. Jhs. waren auf der einen Seite von besonders agressiven Vorstößen der Gallier nach Mittelitalien und der Lukaner nach Süden gekennzeichnet, auf der anderen Seite von der Expansionspolitik des Dionys von Syrakus in und außerhalb Italiens. Die Karriere dieses großen Feldherrn und Staatsmannes begann mit der Bekämpfung und Eindämmung der wiedererwachten und furchterregenden karthagischen Gefahr, welche die gesamte sizilische Insel definitiv zu unterwerfen drohte. Fast das gesamte Griechentum der geretteten Insel erkannte ihn als Führer an und verlieh ihm den Titel eines Archon

(392 v. Chr.). Mit Dionysios wurden jene Machtideale wiederaufgenommen und zu einem Höhepunkt geführt, die die Geschichte von Syrakus im 5. Jh. gekennzeichnet hatten. Nachdem er sich die Vorherrschaft über Sizilien im wesentlichen gesichert hatte, wandte sich der Tyrann Italien zu, indem er die italiotische Liga unter Führung von Rhegion angriff und sie mit Hilfe der Lukaner besiegte (386 v. Chr.), die schon vorher die griechischen Kolonien bedrängt hatten. Nach der Einnahme und Verwüstung von Rhegion geriet der ganze südwestliche Teil der italischen Halbinsel unter syrakusanische Hegemonie. In den unmittelbar darauffolgenden Jahren entwickelte sich eine Politik von noch größerer Tragweite: durch Schiffsaktionen längs der adriatischen und tyrrhenischen Küste sollte die italische Halbinsel gleichsam in die Zange genommen werden, um die Kontrolle von Syrakus soweit wie möglich nach Norden auszudehnen. Im adriatischen Raum gründete Syrakus außer einigen Niederlassungen an der Ostküste (die auf das Interesse von Dionys an Epirus zurückgingen) die Kolonien von Ancona und Adria (einer alten etruskisch-venetischen Hafenstadt). Resultat einer syrakusanischen Expedition von 60 Dreiruderern im tyrrhenischen Meer war die Plünderung des Heiligtums von Pyrgi und des Hafens von Caere (384 v. Chr.). Möglicherweise zielte dieses Unternehmen vor allem auf die Mineral- und Bergbauzonen weiter im Norden ab, und bei dieser Gelegenheit wurde vielleicht ein „syrakusanischer Hafen" auf Korsika gegründet.

Diese Unternehmungen wurden von den internen Ereignissen auf der Halbinsel, mit denen sie verknüpft waren, teils begünstigt, teils mitbedingt. Gleichzeitig mit dem Aufstieg des Dionys vollzogen sich die Eroberung von Veji durch die Römer (396 v. Chr.), die Einfälle der Gallier nach Etrurien, Rom (gallischer Brand gegen 386 v. Chr.) und sogar Apulien sowie eine Niederlage der Gallier gegen die Caeretaner an einem nicht mehr bestimmbaren Ort in Mittelitalien.

Um Syrakus entstand ein Spiel von Wechselbeziehungen, wobei die traditionelle Feindschaft zwischen Syrakusanern und Etruskern und die Konflikte zwischen Etruskern und Galliern eine Annäherung zwischen Dionys und den Galliern begünstigte. Dieses Faktum mag zunächst angesichts der großen Distanz und Verschiedenheit der beiden befremdend erscheinen, wird jedoch im Lichte der möglichen gegenseitigen Kontakte in Apulien, in den Marchen und vor allem an der oberadriatischen Küste durchaus verständlich, wo eine Interessengemeinschaft auch im antietruskischen Sinn bestand. Im Hinblick auf die tyrrhenische Küste hat man vermutet, daß Dionys bei seiner Offensive gegen Etrurien unter anderem auch auf die flankierende Hilfe gallischer Banden zählte, die nach Etrurien eingedrungen waren und kurzzeitig auch Rom erobert hatten. Möglicherweise traten schon zu dieser Zeit erstmals gallische Söldner in den Dienst des syrakusanischen Heeres.

Ein neuer, 383 v. Chr. gegen Karthago ausgebrochener Krieg hatte bemerkenswerte Auswirkungen auf Italien. Die griechischen Städte im heutigen Kalabrien begannen wieder gegen Syrakus zu opponieren und wurden diesmal tatkräftig von den Karthagern und sogar den Lukanern unterstützt. Dionys besetzte zwar Kroton, doch schleppten sich die militärischen Operationen sowohl in Italien als auch auf Sizilien recht müde bis zum Frieden von 374 dahin. Zu diesem Zeitpunkt wurde Unteritalien in zwei Interessensphären aufgeteilt: Die eine blieb unter syrakusanischem Einfluß, die andere – flächenmäßig größere – wurde von einer neuen italiotischen Liga mit den Städten Tarent, Metapont, Herakleia und Thurii unter Führung von Tarent, das von dem weisen Pythagoräer Archytas regiert wurde, beherrscht.

Vor allem in seinen letzten Jahren verlagerte Dionys seine politischen und militärischen Interessen von Italien nach Griechenland, wo er Sparta, den alten Bündnispartner von Syrakus, und sogar Athen unterstützte und sich dabei ein beachtliches Prestige in der griechischen Welt erwarb. Nach seinem Tod (367 v. Chr.) übernahm sein Sohn Dionysios II. die Macht und damit auch die Zielvorstellungen und Verpflichtungen hinsichtlich der Italienpolitik und der Unternehmungen im Adriaraum, zu denen er von dem Admiral und Historiker Philistos angeregt worden war, dem einstigen Ratgeber seines Vaters, der dann ins Exil geschickt und schließlich wieder nach Syrakus zurückgerufen wurde. Aber die Standfestigkeit der Tyrannis wurde von gegnerischen politischen Strömungen erschüttert, in denen auch der berühmte Philosoph Platon eine Rolle spielte und die zu einem echten Bürgerkrieg auf Betreiben des Dion führten, des Onkels von Dionys, der anfangs ein Verfechter liberaler, antityrannischer Ideen war, sich dann aber selbst für kurze Zeit zum Tyrannen aufschwang. Es ist interessant, daran zu erinnern, daß bei all diesen Geschehnissen die Söldner von außerordentlicher Bedeutung waren, zumal sie schon unter Dionys dem I. den Kern des Heeres stellten und zur Hauptstütze und zum Symbol der Tyrannis wurden. Wir erwähnten auch den Einsatz von Galliern, doch wurde vermutlich der größte Teil der Söldnertruppen aus den Italikern der oskischen Sprachgruppe, nämlich aus Samniten, Campanern und Lukanern rekrutiert. Unter ihnen war auch jener Mamercus, der an der Spitze seiner Landsleute in einem Moment der Anarchie ein kleines Reich bei Catania gründete.

Auf den Zusammenbruch der Machtzentrale in Syrakus folgte auch das Ende seiner Hegemonie. Daraus entwickelte sich eine immer prekärere, konfusere Situation in Unteritalien. Der Druck der Lukaner erreichte seinen Höhepunkt mit der Konstituierung der Liga der Bruttier im Herzen des heutigen Kalabrien (356 v. Chr.). Nach Verlust ihrer Territorien konnten die alten griechischen Kolonien nur mit Mühe ihre Unabhängigkeit retten. Einige aber, wie Terina und Hipponion, wurden völlig überrannt. In den folgenden Jahren erwuchs noch eine neue Bedrohung und zwar von Seiten der Messapier aus Apulien, denen es mit einem überraschenden expansiven Vorstoß und der Unterstützung der Lukaner sogar gelang, Metapont und Herakleia einzunehmen. Daraus geht hervor, wie ohnmächtig inzwischen auch die Liga des Archytas geworden war. Andererseits ist daran zu erinnern, daß die Bewohner Apuliens in dieser Phase ihrerseits wiederum stark von den Lukanern bedrängt und teilweise sogar unterworfen wurden.

Diese zentralen Jahrzehnte des 4. Jhs. stellten auch weiter im Norden eine besonders turbulente Phase dar. Einige Hinweise in den historischen Quellen deuten darauf hin, daß wiederholt gallische Einfälle – freilich ohne dauerhaften Erfolg – in Latium und bis nach Campanien vorkamen. Versprengte Söldner plünderten die Küsten Latiums. Volsker, Aequer und Latiner stießen verschiedentlich mit Rom zusammen, dessen Expansionspolitik nach dem Fall von Veji für die Städte Südetruriens alarmierend wurde. Unter diesen hatte Tarquinia nun eine klare hegemoniale Rolle übernommen und präsentierte sich unter anderem als Prototyp und Garant einer republikanischen Ordnung oligarchi-

schen Zuschnitts. Zwischen 358 und 351 führte es einen Krieg
gegen Rom. Sein ranghöchster Magistratsbeamter und General
Aulus Spurinna (dessen biografische Elogie wir in einer lateinischen Inschrift aus der römischen Kaiserzeit besitzen) stürzte das
monarchische Regime von Caere, das seit den Zeiten des Gallier-
brandes ausgesprochen pro-römisch eingestellt war, und durch-
querte dessen Territorium, um Rom von hinten, d. h. von der
Tibermündung her anzugreifen. Aber dieses Manöver mißlang
und der Krieg endete ohne praktische Konsequenzen, sieht man
von der Bekräftigung der nun noch engeren Bindung Caere's an
Rom ab. Während also insgesamt gesehen das tyrrhenische Etrurien und vor allem die nordetruskischen Städte sich offenbar relative Ruhe und Prosperität bewahren konnten (wir kennen nur
einige soziale Umwälzungen, einen ,,Sklavenkrieg" und Fak-
tionskämpfe in Arezzo), hörte der etruskische Zyklus jenseits des
Appennins nun endgültig auf. Die Gallier schienen sich jetzt auch
in Bologna und Marzabotto dauerhaft festgesetzt zu haben. Der
Hafen von Spina war inzwischen versandet und verlassen. Trotzdem bleibt für uns noch das Problem jener ,,tyrrhenischen Piraten" bestehen, deren Aktionen zwischen dem 4. und 3. Jh. in der
Adria und sogar in der Ägäis von verschiedenen Quellen hervorgehoben werden. Vermutlich handelt es sich dabei um ein Wie-
dererwachen von Aktivitäten zur See durch restliche etruskische
Gruppen, die sich, begünstigt durch das Ende der syrakusanischen Kontrolle über die Pomündung und vielleicht durch ein
neues Verhalten der Gallier gegenüber den unterworfenen Etruskern, zu solchen Aktionen ermuntert fühlten.

Hätte der Tod seinen Operationen nicht ein plötzliches Ende
gesetzt, dann hätte Alexander der Molosser wohl das alte Ansehen der Magna Graecia wiederhergestellt und zwar durch Annul-
lierung oder zumindest Reduzierung der italischen Eroberungen
der letzten Jahrzehnte. Offenbar hatte er die Absicht, eine neue
italiotische Liga mit dem Zentrum in Thurii zu gründen, das
günstiger als Tarent lag, auch wenn dieses zu jener Zeit im 4. Jh.
eine unbestreitbare Vorrangstellung in politischem, intellektuel-
lem und künstlerischem Sinne innerhalb des italischen Griechentums besaß. Die wirklichen Absichten des Molossers aber zielten
auf die Schaffung einer persönlichen Vorherrschaft in Italien, sowie sie sich Alexander der Große damals – wenn auch in ganz

anderem Ausmaß – allmählich im Orient schuf. Es handelte sich
hier also um den erneuten Versuch einer von außen auferlegten
Hegemonie wie schon unter Dionys von Syrakus, jedoch mit
Charakteristiken, die bereits die Modelle hellenistischer Königreiche ankündigten. Auf der anderen Seite ist es nicht auszuschließen, daß die Aktionen des Molossers im Sinne Alexanders
des Großen waren und von ihm sogar begünstigt wurden, zumal
mehrere Stellen in den antiken Quellen ihm expansionistische
Anwandlungen auch nach Westen zuschreiben. Zum Beispiel
wird von einer römischen Gesandtschaft an den Makedonen berichtet, die mehr oder weniger gleichzeitig mit dem Beginn der
Expedition Alexanders des Molossers zusammenfiel, und von
vermutlichen Ehrdarbietungen von seiten der Etrusker, Lukaner
und Bruttier, die mit den Vertretern anderer westlicher Völker in
Babylon zusammengekommen waren. Auf die insgesamt gesehen
doch erfolglose Expedition des Molossers sollten andere Interventionen aus der griechischen Welt folgen: Der Versuch des
Spartanerfürsten Akrotatos, das Regime des Agathokles auf Sizilien mit Hilfe der tarentinischen Flotte zu stürzen (315–
314 v. Chr.); die sich anschließenden Operationen von Kleonymos, des Bruders von Akrotatos, der Tarent gegen die Lukaner
und Römer zu Hilfe kam und sich dabei ebenfalls ein eigenes
Herrschaftsgebiet aufbauen wollte, weshalb er Metapont einnahm und dann einen Vorstoß per Schiff durch das adriatische
Meer bis ins Venetergebiet durchführte, wobei er sich auf Korkyra (Korfu) stützte, dessen Verlust denn auch das Ende seines
Abenteuers im Westen bedeutete (303–302 v. Chr.); schließlich
die große italische Expedition des Pyrrhos, König von Epirus,
der auf Rom traf, als die Stadt bereits die potentielle Vormacht in
Italien innehatte und damit auf eine völlig veränderte politische
Situation stieß (280–275 v. Chr.), über die im nächsten Kapitel
noch zu sprechen sein wird.

Unterdessen hatten die Ereignisse in Unteritalien während der
letzten Jahrzehnte des 4. Jhs. einen neuen Verlauf genommen,
der nicht mehr dem gängigen Schema des Konflikts zwischen
Lukanern, Bruttiern, Messapiern und italiotischen Städten ge-
horchte, und zwar infolge einer sich weiter im Norden vollzie-
henden neuen Entwicklung. Im Rücken der Lukaner, der bisherigen Hauptfront der italischen Expansion, hatte sich im Herzen

Italiens zwischen der Adria nördlich von Daunien und Campanien eine mächtige und große samnitische Liga konstituiert und angesiedelt. Im tyrrhenischen Bereich hatte die wachsende politisch-militärische Macht Roms nach Ausschaltung der etruskischen Bedrohung die Reaktion der Latiner provoziert, welche die Hegemonie Roms über ihre alte Liga mit dem Zentrum in Aricia nur äußerst ungern ertrugen. Verbündet mit den Volskern und Campanern begannen sie deshalb einen Krieg gegen Rom, wurden aber besiegt (340–338 v. Chr.). Unter römischer Ägide entstand so nun ein weites territoriales Gebilde von Südetrurien bis nach Campanien. Nach wechselhaften freundschaftlichen und feindlichen Beziehungen stießen Samniten und Römer schließlich sehr hart in einem länger als 20 Jahre dauernden Krieg aufeinander (326–304 v. Chr.), der immer mehr die Züge eines Kampfes um die Vorherrschaft in Mittel- und Süditalien annahm. Von besonderer Bedeutung für die Geschichte der italischen Welt war die Tatsache, daß Rom zum ersten Mal aus seiner engeren geografischen Sphäre ausbrach, indem es schon frühzeitig Verbindungen mit Nordapulien, also mit der Zone der Daunier knüpfte, die von den Lukanern und wahrscheinlich auch von den Samniten bedrängt wurden. Dieses plötzliche und unvorhergesehene Auftauchen des römischen Machtfaktors im südadriatischen Raum stellte ein zusätzliches, neues Element in der schon komplexen Situation dieser Zone dar und mußte natürlich vor allem Tarent beunruhigen. Tarent versperrte denn auch den römischen Schiffen die Einfahrt in ihren Golf und bekräftigte damit wenigstens theoretisch seine Vormachtstellung unter den Städten der alten italiotischen Liga des Archytas.

Der andere neue und folgenreiche Faktor am Ende des 4. Jhs. war die Wiedergeburt des sizilischen Expansionismus unter Agathokles, einem waghalsigen Abenteurer und skrupellosen Despoten, dessen Politik in gewisser Hinsicht wieder an die politischen Träume von Dionys I. zu Beginn des Jahrhunderts anknüpfte. Er hatte zunächst in Italien gekämpft und dabei Kroton aus der Hand der Bruttier befreit (330 v. Chr.). Als entschiedener Anhänger der demokratischen Partei mußte er den oligarchischen Regimen der italiotischen Städte suspekt sein. 318 übernahm er die Macht in Syrakus und begann 311 einen langen und blutigen Krieg gegen die Karthager, wobei er sogar mit seinem Heer nach

Afrika übersetzte, ohne freilich die karthagische Macht aus Sizilien verdrängen zu können. Interessanterweise nahmen an diesem Krieg auch 18 etruskische Schiffe auf der Seite des Agathokles teil und brachen damit mit der alten Tradition einer generell karthagerfreundlichen und syrakusanerfeindlichen Politik Etruriens. Falls es sich dabei nicht um die zufällige Initiative irgendeiner einzelnen etruskischen Stadt handelte (was gut möglich wäre), dann könnte man auch hier einen Reflex jener neuen, wachsenden Macht Roms erkennen, zumal Rom in genau diesen Jahren die etruskische Liga bekämpfte und besiegte (311–308 v. Chr.) und einen Nichtangriffspakt mit Karthago schloß (306 v. Chr.). Damit werden wir uns später noch beschäftigen müssen. Nachdem Agathokles das griechische Sizilien wieder geeint und befriedet und den Titel ,,König der Sikelioten" angenommen hatte (womit er die hellenistischen Könige imitieren wollte), machte er sich an die Eroberung Süditaliens, wobei er mehrfach mit den Bruttiern zusammenstieß und sich mit den Japygern aus Apulien verbündete. Seine Oberherrschaft dürfte sich aber nicht über das heutige Kalabrien hinaus ausgedehnt und wohl auch nicht die Einflußsphäre Tarents berührt haben. Andererseits beweist die kurzzeitige Eroberung von Korkyra (Korfu) sein Interesse für den adriatischen Raum und den griechischen Osten überhaupt. Es sei daran erinnert, daß fast ganz Italien durch campanische, samnitische, etruskische, ligurische und keltische Söldner in die Unternehmungen des Agathokles miteinbezogen wurde.

V. Italische Kontinuitäten in der römischen Einigung

Zwei parallele „Geschichten"

In der Zeit von 338, als Rom die latinisch-volskisch-campanische Koalition besiegte und eine der größten politischen Regionalstrukturen auf der Halbinsel schuf, bis 295, als die große Allianz von Samniten, Galliern, Umbrern und Teilen der Etrusker bei Sentinum gegen die Römer eine vernichtende Niederlage erlitt und damit der Weg für die römische Vorherrschaft auf der gesamten italischen Halbinsel frei wurde, in dieser kurzen, nur eine gute Generation langen Zeit also reiften Ereignisse von entscheidender Auswirkung auf die Geschichte der antiken Welt heran. Aus einem Stadtstaat (Rom) und einer Liga (der latinischen Liga), die sich formal nicht von den anderen etruskischen und griechischen Stadtstaaten und Ligen in Italien unterschieden, wurde auf fast unglaubliche und nicht mehr abänderbare Weise eine Macht, die über das Geschick der italischen Welt entschied und jederzeit fähig zu weiteren Expansionen war. Wie wir im vorangehenden Kapitel sahen, hatte es vorher noch kein besonders herausstechendes Römertum oder Latinertum im Gesamtpanorama der Völker Italiens gegeben. Im Gegenteil: ihre effektive Bedeutung war politisch und kulturell geringer als jene der Etrusker und Griechen. Wenn unsere Aufmerksamkeit trotzdem manchmal besonders Rom und Latium galt, dann hatte das einen ganz subjektiven Grund, nämlich daß uns für Rom und indirekt auch für Latium eine wesentlich reichere Historiographie als für andere Zonen zur Verfügung steht, die uns auch Kenntnisse über die ältesten Phasen vermittelt. Bis zum ausgehenden 4. Jh. bilden Rom und Latium jedenfalls lediglich einen Bestandteil der Gesamtgeschichte der italischen Welt.

Aber mit den vorhin genannten Ereignissen vollzog sich eine epochale Wende, die Rom zum Protagonisten der gesamten italischen Szenerie machte. Deshalb darf man wohl behaupten, daß nur seit diesem Zeitpunkt und nicht schon vorher von einer wirklich „römischen Geschichte" mit universalen Werten gesprochen werden kann. Das bedeutet freilich keinen totalen Bruch zwischen diesen beiden historischen Zyklen, d. h. die „römische Geschichte" hat keinesfalls die „italische Geschichte" annulliert oder ersetzt. Dieses Kapitel wird zeigen, daß es auch in der neuen Situation eine relevante Kontinuität von ethnisch-linguistischen, kulturellen und administrativen Strukturen in großen Teilen der italischen Territorien und Volksstämme für wenigstens noch zwei Jahrhunderte gab, d. h. für die Zeit vom ausgehenden 4. bis zum beginnenden 1. Jh. v. Chr. Wir bezeichnen diese Periode in Anlehnung an die griechische Welt als hellenistisches Zeitalter. Die Kontinuität von italischer Erfahrung und Bewußtsein lebte mit der fundamentalen Neuerung der Hegemonie Roms zusammen, d. h. die „italische Geschichte" vollzog sich noch parallel zur „römischen Geschichte."

Der Beginn des römischen Zeitalters wurde in Wirklichkeit von der Tendenz geprägt, ein einheitliches System mit Waffengewalt und mit geschicktem politischen Pragmatismus durchzusetzen. Dieses römische Aktionsmodell überlagerte die Pluralität und Statik der italischen Traditionen, ohne deren formales Aussehen zu verändern. Zwei Realitäten standen sich gleichsam auf verschiedenen Ebenen gegenüber. Man kann freilich nicht leugnen, daß die sich damals in Italien vollziehende Wandlung von grundsätzlicher und radikaler Natur war. An die Stelle der Vielfalt der Kräfte mit ihren gegenseitigen Gleichgewichten und Kontrasten trat eine einzige unangefochtene Macht. Auf eine Phase unaufhörlicher Konflikte folgte ein friedlicher Zustand, der vom System der Bündnisse mit Rom garantiert wurde. Ein dichtes Netz von römischen und lateinischen Kolonien breitete sich über das gesamte italische Territorium aus. Anstelle der in den früheren Perioden von außen her nach Italien kommenden Einflüsse und Interventionen sollten nun dagegen die Aktionen von Italien ausgehen und zwar in Form von gegen die Außenwelt gerichteten römischen Kriegen und Eroberungen. Dabei mußten sich auch die wirtschaftlichen und sozialen Verhältnisse verändern, was sich im progressiven Niedergang der kleinen und mittleren Landbesitzerschicht, der Ausbreitung des Latifundienwesens und der Sklavenarbeit und dem Aufstieg neuer kapitalistischer Gesellschaftsschichten neben die alten Oligarchien äußerte.

Auch wenn man all diese genannten Aspekte in Rechnung stellt, so sind dennoch die in ihrer jeweiligen Sphäre ganz augenscheinlichen Anzeichen für eine Kontinuität nicht zu leugnen. Man kann sie in zwei verschiedenen Bereichen erkennen. Einerseits übernahm und verarbeitete Roms Politik selbst einige fundamentale Grundzüge, die für die verschieden oder gemeinsam erlebten, historischen Erfahrungen in Italien charakteristisch waren. Mit dieser sozusagen inneren Kontinuität wollen wir uns vor allem beschäftigen. Andererseits gingen die ausgedehntesten Territorien und repräsentativsten Sektoren der italischen Welt (Etrusker, Umbrer, Samniten, Japyger, Griechen) oft ohne große Erschütterungen und fast unbemerkt aus einer Phase absoluter Unabhängigkeit in einen Zustand der Unterwerfung durch Rom im Rahmen der großen römisch-italischen Föderation über. Nur in einigen Fällen und am Anfang erwies sich dieser Übergang als traumatisch, d. h. er vollzog sich in kriegerischen Auseinandersetzungen mit Rom (wie den Samnitenkriegen, den Kämpfen gegen die südetruskischen Städte und dem Krieg mit Tarent). Von einer wirklichen „Eroberung" kann man aber nur im Falle der annektierten oder sehr intensiv kolonisierten Gebiete sprechen, die in der Regel näher zur Hauptstadt lagen und Latium, Campanien, einen kleinen Teil Etruriens, die Sabina und generell das sabellische Zentralitalien bis zum Picenum umfaßten. Im übrigen unterdrückte die – wenn auch aufgezwungene und lästige – Allianz nicht die lokalen Autonomien und veränderte weder das Äußere der Gemeinden noch ihre ethnische Individualität. Wir können also konstatieren, daß der größte Teil der italischen Völker die Durchsetzung des römischen Primats als eine Episode und nicht als „Ende" der eigenen Geschichte ansah.

Das Ende kam – wie wir noch sehen werden – erst dann, als bestimmte Gegebenheiten innerhalb der italischen Welt und das Gewicht der römischen Expansion im Mittelmeerraum die Struktur eines Föderalstaates und adäquate Lebensbedingungen seiner Bewohner nicht mehr gestatteten, und Rom deshalb die Annexion der gesamten italischen Halbinsel in Form einer juristischen Vereinfachung durchsetzte, nämlich durch die Verleihung des römischen Bürgerrechts an alle Bewohner. Dies geschah zu Be-

ginn des 1. Jhs. v. Chr. In Norditalien fand der Romanisierungsprozeß in dieser Form erst einige Jahrzehnte später sein Ende.
Nach diesen Ereignissen pflegte man nicht mehr von italischer
Geschichte, sondern lediglich von italischen Traditionen zu sprechen, die entweder weiterlebten oder wiederaufblühten. Mit ihnen wird sich unser abschließender Epilog beschäftigen.

Die Befriedung Italiens

Die von Rom in den letzten Jahrzehnten des 4. und den ersten
Jahrzehnten des 3. Jhs. geführten Kriege stellten den Höhepunkt
der Kämpfe des kriegerischen 4. Jhs. und zugleich die Voraussetzung für den inneren Frieden in Italien dar. Fassen wir kurz den
Ablauf dieser Geschehnisse zusammen und versuchen wir dabei
soweit wie möglich die verschiedenen Standpunkte der Sieger
und Besiegten im Sinne einer hier ja angestrebten gemeinsamen
Geschichte Italiens zu berücksichtigen, auch wenn diese Materie
von Natur aus vor allem für die römische Geschichte von Interesse war.

Wir hatten schon auf die entscheidende Unterwerfung der Latiner im Krieg von 340 bis 338 v. Chr. hingewiesen. Das Verhältnis der Latiner zu Rom wurde schon seit archaischer Zeit von
einem zweideutigen Schwanken zwischen der Parität Roms und
der anderen Städte der latinischen Liga einerseits und der effektiven Vorherrschaft Roms andererseits geprägt, die im Laufe des
4. Jhs. immer deutlicher wurde und schließlich die bewaffnete
Reaktion der Latiner im Jahre 340 provozieren mußte. Daß Rom
eine autonome Machtpolitik im Verhältnis zu einer Reihe von
Gemeinden betrieb, mit denen es auf Grund ethnischer, sprachlicher und historischer Gemeinsamkeiten eng verbunden war, zeigen u. a. die Kriege und Eroberungen in Etrurien. Die Latiner
hatten schon in archaischer Zeit eine Rom gegenüber distingu-
ierte und antagonistische Haltung eingenommen, indem sie sich
mit den Griechen aus Cumae verbündeten und nun bei den Volskern (ihren alten Feinden, die einen großen Teil Latiums eingenommen hatten), den Auruncern und den Campanern Unterstützung fanden. Interessant ist in diesem Zusammenhang die wie-

derholte Hinwendung nach Campanien auch im Hinblick auf die künftigen Interessen des römischen Expansionismus und die Ursachen des römisch-samnitischen Konflikts, was angesichts der geografischen Bedeutung dieser Region als ein Land der Begegnungen und Zusammenstöße zwischen den wichtigsten Volksstämmen der italischen Geschichte nicht zu verwundern braucht. Für die Latiner bedeutete die Niederlage von 338 tatsächlich das Ende ihrer nationalen Identität. Die Römer zerstückelten ihr Territorium in viele kleine Bestandteile mittels verschiedenster Vorgehensweisen: Annexionen, Allianzen, Kolonien. Die einzige Erinnerung an eine „latinitas" und an den ursprünglichen Dualismus Rom-Latium sollte im Unterschied zwischen Kolonien römischen Rechts und solchen latinischen Rechts bewahrt bleiben, also den direkten Gründungen Roms und denen der latinischen Liga, die sich in der Praxis freilich nur bezüglich der Bürgerrechte voneinander unterschieden.

Nachdem ein Teil des tyrrhenischen Italien mit den Territorien der Latiner, Volsker, Auruncer und z. T. der Campaner unterworfen und momentan auch befriedet worden war, grenzte diese neue politische Einheit nun an folgende Gebiete: An das freie Etrurien im Nordwesten, die italischen Volksstämme Zentralitaliens (Sabiner, Aequer, Marser, Päligner etc.) im Nordosten sowie die samnitische Liga im Südosten. Beim Versuch, sich in diese Völker und Formationen hineinzuversetzen, wird uns deutlich, daß für sie der römische Aktivismus ein ungeahntes und ihrem traditionellen politischen Horizont fremdes Element dargestellt haben muß. Das erklärt auch das anfangs weit verbreitete Unterschätzen seiner Gefährlichkeit. Um so leichter gelang es Rom, den italischen Völkern in Kürze (d. h. noch vor dem Ende des 4. Jhs.) mit Waffengewalt und diplomatischem Geschick Abkommen und sogar bilaterale Allianzen aufzuzwingen, die eine etwas zweideutige Mischung aus effektiver römischer Oberhoheit und autonomer Entscheidungsbefugnis der verbündeten Gemeinden waren. Es zeichnete sich also schon damals ein Hegemonialsystem in einem Großteil der italischen Halbinsel ab, das auch bald Nordapulien einbeziehen sollte, wie wir gleich noch sehen werden.

Aber die Art und Weise dieses Prozesses war unterschiedlich. Mit der kompaktesten Gruppe, d. h. mit den Samniten, gab es einen offenen und langen, immer wieder unterbrochenen Schlagabtausch von wechselndem Verlauf, wobei sich jedoch mit der Zeit eine immer größer werdene Überlegenheit der Römer abzeichnete. Sieht man von den vorangehenden, von Feindseligkeit oder Freundschaft geprägten Phasen – von denen die historischen Quellen zeugen – einmal ab, dann brach der Konflikt 326 v. Chr. erstmals in Campanien aus, wo sich die Interessensphären der beiden Mächte überschnitten und wo Rom nach dem Latinerkrieg allmählich seine Hegemonie auszudehnen suchte. Die Römer aber faßten sofort einen kühnen Plan und rückten auf die andere Seite des samnitischen Territoriums bis nach Apulien vor, wo sie von den lokalen Volksstämmen, also den Dauniern und wohl auch Peuketiern freudig empfangen wurden. Diese waren seit langer Zeit von den Lukanern und Samniten bedroht worden und warteten deshalb nur darauf, von diesem Druck durch eine Intervention von außen befreit zu werden. So begann der Versuch einer Einkreisung des samnitischen Machtblockes, dessen defensive und statische Beharrlichkeit mit der agressiven Dynamik der Römer stark kontrastierte. Nach der römischen Niederlage am caudinischen Joch (321 v. Chr.) erfolgte jedoch eine samnitische Reaktion. Damals fielen das apulische Lucera und die Kolonie Fregellae im Territorium der Volsker in die Hände der Samniten, während in Campanien Nocera und Capua von Rom abfielen. Nichtsdestotrotz wandelte sich die Situation bald wieder zugunsten der Römer. In Apulien wurde 315 die latinische Kolonie von Lucera gegründet (oder wiedergegründet?), im Volskergebiet die Straße durch Latium gesperrt, und in Campanien stabilisierte und erweiterte sich die Vorherrschaft der Römer. Der Krieg schleppte sich in den folgenden Jahren nun mehr oder weniger müde an zwei Fronten, nämlich der adriatischen und der thyrrhenischen dahin, bis die Samniten schließlich friedenswillig waren und einen Allianzvertrag abschlossen (304 v. Chr.). Das neue Föderalgebiet schloß nun außer Samnium natürlich auch das Rom treue Daunien mit seinen Hauptstädten Arpi und Canosa ein.

Die Geschehnisse bei der Unterwerfung der ostitalischen Volksstämme nördlich von Samnium, die vorhin schon einmal erwähnt wurden, waren in vieler Hinsicht mit jenen des Samnitenkrieges verknüpft. Das römische Vorgehen in Apulien impli-

zierte notwendigerweise Vereinbarungen mit den Marsern, Pälignern, Marrucinern und Frentanern (auch wenn letztere der samnitischen Volksgruppe, allerdings nicht der samnitischen Liga angehörten), denn sonst wäre ein römischer Truppendurchmarsch
durch ihre Territorien wohl kaum möglich gewesen. Man muß
den Eindruck gewinnen, daß Rom zumindest am Anfang hier
nicht auf Feindseligkeit oder Mißtrauen stieß. Das gleiche gilt
auch für die Aequer und jene Sabiner, die noch nicht unter der
direkten Herrschaft Roms standen. Dagegen gab es mit den Vestinern kriegerische Auseinandersetzungen. Freilich wurden im
Verlauf des großen römisch-samnitischen Konflikts diese verschiedenen Völker gelegentlich abtrünnig, wahrscheinlich auch
wegen ihrer ethnischen Verwandtschaft mit den Samniten. Bemerkenswerterweise planten diese, 310 v. Chr. Hilfstruppen nach
Etrurien durch das Gebiet der Marser und Sabiner zu schicken.
Die Straße nach Apulien blieb aber durchgehend frei. Am Ende
ersuchten alle gleichzeitig mit den Samniten 304 v. Chr. um Frieden und traten in das römische Bündnissystem ein, dessen Einflußgebiet sich nun bis zur mittleren Adria erstreckte.

Der dritte angrenzende Sektor, nämlich Etrurien, geriet erst
312 v. Chr. in Bewegung. Etrurien war bis dahin mit seinem weiten Territorium völlig unabhängig geblieben, sieht man von der
Annexion Veji's ab, von dem durch einen langen Waffenstillstand
und die Verleihung des Bürgerrechts „sine suffragio" (ursprünglich eine reine Ehrenverleihung ohne Wahlrecht) an Rom gebundenen Caere und schließlich von dem zu einem 40jährigen Frieden verpflichteten Tarquinia. In einem bestimmten, sicher mit
dem Verlauf des samnitischen Krieges in Verbindung stehenden
Moment mußten die Etrusker die Gefährlichkeit der römischen
Macht klar erkennen, und sie entschieden und beeilten sich deshalb, dieser Macht Einhalt zu gebieten. Die historischen Quellen
berichten von einer gemeinsamen Aktion der etruskischen Liga
mit Ausnahme von Arezzo. Vermutlich gingen aber alle wichtigen Städte Nordetruriens diesen Krieg weniger entschieden an als
die südetruskischen Städte. Unter letzteren sind vor allem Tarquinia und Volsinii hervorzuheben. Die Verbündeten versuchten
vergeblich, sich der Festung von Sutri zu bemächtigen, die den
Weg ins römische Territorium versperrte. Ein Ausfallmanöver
der Römer ins Herz Etruriens aber führte bald zu einem Waffen-

stillstand mit den Hauptzentren des Nordens, nämlich mit Perugia, Cortona und Arezzo. Der Krieg endete 308 nach Mißerfolgen der Volsinieser und vielleicht auch der Tarquinier, die ihr altes, 40jähriges Waffenstillstandsabkommen wiedererneuerten. Es fällt auf, daß mit den Städten Etruriens nicht sofort Allianzverträge – sosehr diese auch erwünscht sein mochten – abgeschlossen wurden, sondern daß man sich der Formel der ,,indutiae" oder des Waffenstillstands bediente. Diese nahm wahrscheinlich zwar größere Rücksicht auf die völlige Unabhängigkeit der Außenpolitik jenes Staates, mit dem sie geschlossen wurde, hatte aber provisorischeren Charakter und war in gewissem Sinne bedrohlicher. Vermutlich gab es nach und nach Allianzen, die aber zeitlich nicht immer genau zu präzisieren sind.

An dieser Stelle sollte man darauf hinweisen, daß Hand in Hand mit der Ausdehnung der römischen Macht zu Lande auch eine wachsende Aktivität zur See einherging, die an die Stelle jener vorher – auch im Interesse Roms – im Norden von Caere und im Süden von Anzium ausgeübten Seeherrschaft trat (wobei jetzt aber auch die ,,Seealliierten" der campanischen Häfen miteinbezogen wurden). Zwei Ereignisse sind für die italische Geschichte wichtig: Zunächst der Vertrag von 306 zwischen Rom und Karthago, der aufgrund einer neuen Aufteilung der Interessensphären tatsächlich die Oberhoheit Roms über die italische Halbinsel sanktionierte; sodann die Vereinbarung zwischen Rom und Tarent, die wahrscheinlich schon am Ende des 4. Jhs. getroffen wurde, und die den Römern die Schiffahrt nördlich des Capo Lacinio, d. h. des Vorgebirges von Kroton, verbot. Damit war die Einfahrt in den Golf von Tarent den Römern versperrt, gleichzeitig aber wurde offensichtlich stillschweigend deren völlige Aktionsfreiheit im tyrrhenischen und im südjonischen Meer anerkannt.

Aber noch war Italien weder vollständig unterworfen, geschweige denn befriedet. Der unglaublich rasche politisch-militärische Aufstieg Roms in den letzten Jahrzehnten des 4. Jhs. provozierte eine unvermeidliche Reaktion in der gesamten italischen Welt. Außer den auf Revanche bedachten Samniten und Etruskern erschienen nun auch die Gallier wieder auf der Bühne des Geschehens, stets bereit zu neuen Vorstößen auf die Halbinsel von ihren nördlichen und adriatischen Territorien aus. Außerdem trat die historische Präsenz der Umbrer immer stärker hervor. In den Jahren des Übergangs vom 4. zum 3. Jh. grassierte der Krieg an verschiedenen Fronten. So gab es in Etrurien eine ganze Reihe von Waffenstillstandsverletzungen und Militäraktionen. Die Römer kamen den Lukanern gegen die Samniten zu Hilfe und weiteten so ihre schon erprobte Einkreisungstaktik von Samnium aus (die Elogie auf dem Sarkophag des Lucius Cornelius Scipio Barbatus rühmt die Unterwerfung von ganz Lukanien). Auf diese Weise eröffnete sich den Römern unter anderem die Möglichkeit zu einem direkten territorialen Kontakt mit den Griechen Unteritaliens, wodurch allerdings das feindliche Mißtrauen Tarents geweckt wurde. Schließlich aber schloß sich 296 eine Koalition von vier Völkern (quattuor gentes) gegen Rom zusammen: Samniten, Etrusker, Gallier und Umbrer. Dieser Zusammenschluß war die nur kurz währende Ausdrucksform eines unabhängig von Rom geeinten Italien, etwas, das es vorher nie gegeben hatte und später auch nie mehr geben sollte. Die Initiative dazu kam von den Samniten und ihrem Anführer Gellius Egnatius, doch sammelten sich die alliierten Truppen in Nordumbrien nicht weit vom Territorium der gallischen Senonen, die das größte und kampfstärkste Kontingent stellten. Die große Schlacht von Sentinum (= Sassoferrato in den heutigen Marchen) bezeichnete – auch wenn sie vorwiegend von den Samniten und Galliern geschlagen wurde – die Niederlage und die Auflösung der gesamten Koalition (295 v. Chr.). Mehr oder weniger gleichzeitig wurden in Etrurien die Chiusiner und Perusiner, im darauffolgenden Jahr die Volsinieser geschlagen. Bald darauf fiel Roselle in die Hand der Römer. Erneuert wurden die Waffenstillstandsabkommen mit Volsinii, Perugia und Arezzo. Die Gallier konnten zunächt ausgeschaltet werden. Militärische Aktionen setzten sich in den folgenden Jahren im Zentralappennin (wo die Sabiner und Prätuzier unterworfen wurden) und rings um das Gebiet der Samniten fort, die am Ende nach der schweren Niederlage ihres Führers Gavius Pontius und nach der Gründung der latinischen Kolonie Venosa an der Grenze zwischen Apulien und Lukanien gezwungen waren, um Frieden zu bitten (291 v. Chr.). Die Allianzverträge wurden zwar erneuert, doch wurde das Land zerstückelt und in manchen Teilen auch durch die Verleihung des Bürgerrechts „sine suffragio" annektiert.

Einige Jahre später, nämlich 285 begannen erneut feindliche Auseinandersetzungen in verschiedenen Teilen Italiens. Die gallischen Senonen stießen nach Etrurien vor, belagerten Arezzo und brachten gemeinsam mit anderen Etruskern dem römischen Heer eine blutige Niederlage bei, nachdem dieses den Arretinern zu Hilfe gekommen war. Die Römer reagierten darauf aber mit einer Invasion in gallisches Territorium längs der adriatischen Küste (des sogenannten ager Gallicus), wo sie die Kolonie Sena Gallica (Senigallia) gründeten. In den Umkreis dieser Ereignisse gehört auch der kühne Streifzug der gallischen Boier gegen Rom, dem sich vermutlich auch Senonen, mit Sicherheit aber einige Etrusker angeschlossen hatten. Dieses Unternehmen endete mit einer schweren Niederlage der Angreifer am Vadimonischen See nicht weit von Bomarzo im mittleren Tibertal (283 v. Chr.). In der Zwischenzeit entzündeten sich wieder neue Konflikte im Süden mit den Samniten, Lukanern und Bruttiern. Rom stellte sich auf die Seite der erneut von den Italikern bedrängten griechischen Städte. Es erlöste die Stadt Thurii von der Belagerung der Lukaner und richtete dort eine Besatzung ein (282 v. Chr.). Es folgte die Unterwerfung von Locri und schließlich von Rhegion. So wurde die neue Vorherrschaft der Römer in den griechischen Kolonien Italiens recht friedlich und freudig akzeptiert. Eine Ausnahme bildete Tarent, das traditionell Großmachtambitionen verfolgte und seit einigen Jahrzehnten dem Vorrücken der Römer in Apulien energisch entgegengetreten war und deren Expansion zur See in Schranken zu halten suchte.

Eben in Tarent nahm das letzte große Ereignis der Befriedung der italischen Halbinsel seinen Anfang. Die vielleicht nicht als feindlicher Akt beabsichtigte Durchbrechung der Seeblockade durch einige römische Schiffe, die bis vor den Hafen von Tarent fuhren und von den Tarentinern prompt angegriffen wurden, löste den Krieg aus. Pyrrhus, König von Epirus und damals eine der schillerndsten Persönlichkeiten der hellenistischen Welt, eilte Tarent zur Hilfe und wurde zum Protagonisten dieser Auseinandersetzung. Wie schon seine bereits genannten Vorgänger Alexander der Molosser und Kleonymos brachte er nach Italien ein gewaltiges Heer mit, um sich ein großes persönliches Herrschaftsgebiet zu schaffen (280 v. Chr.). Während die Römer in Etrurien gegen Volsinii und Vulci kämpften, mußten sie nun

auch dieser neuen Gefahr begegnen. Zunächst wurden sie zwei-
mal geschlagen, nämlich bei Herakleia und bei Ausculum in Apulien (bekannt geworden ist vor allem ihre Angst vor den Elefan-
ten des Pyrrhus). Nun erhoben sich auch erneut die Lukaner und
Samniten. Doch Pyrrhus gelang es nicht, sich den Weg nach
Zentralitalien freizumachen. Er zog es vor, sich nach Sizilien zu
wenden, dieses zu erobern und von den Karthagern, die sich mit
Rom verbündeten, zu befreien (278 v. Chr.). Dieses Unternehmen mißlang aber, und Pyrrhus wandte sich nun nochmals gegen
Rom, das in der Zwischenzeit wieder für geordnete Verhältnisse
auf der Halbinsel gesorgt hatte. Schließlich wurde Pyrrhus bei
Benevent geschlagen (275 v. Chr.) und zur Rückkehr nach Epirus
gezwungen. Die Folge war, daß auch Tarent nun kapitulierte und
sich einer Allianz mit Rom fügen mußte (272 v. Chr.).

Damit war die Unterwerfung Italiens abgeschlossen und nicht
mehr rückgängig zu machen. Unter den drei wichtigsten ethnischen Gebieten stellte Etrurien nach einigen anachronistischen
antirömischen Bewegungen in Caere (274 oder 273) und nach der
römischen Strafexpedition gegen Volsinii kein Problem mehr für
Rom dar. Die von einem Volksaufstand in Volsinii entmachtete
Aristokratie wurde von den Römern wiedereingesetzt, wobei
man die Stadt von Orvieto nach Bolsena verpflanzte
(265 v. Chr.). Die Samniten und Lukaner, deren Territorien
nochmals beschnitten worden waren, wurden endgültig zur Ein-
haltung der Allianz gezwungen und zwar gruppenweise, da es
keine samnitische Liga mehr gab (vereinzelte Versuche, von Rom
abzufallen, gab es im zweiten Punischen Krieg noch einmal nach
der Schlacht von Cannae zwischen 215 und 210 auf Druck von
Hannibal). Sämtliche Griechen Italiens traten nun in den Föde-
ralstaat ein, angefangen von Tarent bis Rhegion, das 269 von
einer Besetzung durch campanische Söldner befreit worden war.
Außerhalb der römischen Interessensphäre war dagegen bis dahin Sizilien geblieben, das stets zwischen Karthagern im Westen
und Griechen im Osten aufgeteilt war, wobei es zwischen diesen
beiden Volksgruppen nach dem Tode des Agathokles wieder
ständig gärte. Inzwischen hatten sich die campanischen Söldner
des Agathokles Messina bemächtigt und dort den Staat der Mamertiner gegründet, der den Namen ihres Kriegsgottes Mamers
oder Mamars (= Mars) trug. Und diese Mamertiner, die Rom um

Hilfe gegen Karthago ersuchten, lieferten Rom damit einen Vorwand auf der Insel zu intervenieren; das war schließlich der Anlaß für den Ausbruch des ersten Punischen Krieges (264 v. Chr.).

Norditalien hatte zwar ältere politisch-kulturelle Bindungen an die Halbinsel (wir denken hier vor allem an die Phase der Etruskisierung), war in Wirklichkeit jedoch stark von der übrigen italischen Welt abgeschnitten geblieben und zwar insbesondere wegen der massiven keltischen Besetzung. Erst nach der römischen Eroberung, welche in einem ganz anderen historischen Kontext als die Unterwerfung der Territorien auf der eigentlichen Halbinsel erfolgte, nämlich zu einem Zeitpunkt, als Rom bereits eine politische Macht von mediterraner Größe darstellte, erhielt auch der Norden den Namen Italien. Nachdem die Römer zwischen dem ersten und zweiten Punischen Krieg einen letzten Vorstoß einer gegen Rom gerichteten Koalition verschiedener gallischer Volksstämme in der Schlacht von Telamon an der etruskischen Küste gestoppt hatten (225 v. Chr.), fielen sie in die Poebene ein und besetzten die Gebiete der Boier, Lingonen und Insubrer und gründeten die Kolonien von Cremona, Piacenza und Modena. Aber der Einfall Hannibals in Italien machte diese Eroberungen völlig zunichte. Erst zu Beginn des 2. Jhs. konnte dieser Schaden unter großen Mühen wieder repariert werden. Bemerkenswerterweise betrieben die Veneter von Anfang an eine relativ römerfreundliche Politik, die in krassem Gegensatz zur traditionellen und hartnäckigen Feindseligkeit der meisten gallischen Volksstämme in ihrem Verhältnis zu Rom stand. So wurden die Veneter auf völlig friedliche Weise dem römischen Hegemonialbereich einverleibt.

Tyrrhenisches, ostitalisches und griechisches Erbe in der Politik Roms

Das Hauptmotiv für die Kontinuität italischer Erfahrungswerte in der Phase der Durchsetzung und Festigung der römischen Hegemonie ist – wie wir schon am Beginn des Kapitels feststellten – in der Vererbung einiger fundamentaler Charakteristiken und Tendenzen der vorangehenden italischen Geschichte an die römische Politik zu suchen. Dieses Erbgut war kein von außen kommender, sondern ein innerer Bestandteil des Entwicklungsprozesses der römischen Geschichte selbst und ließ diesen gewissermaßen als fortgeschrittenen Moment der Geschichte der italischen Welt erscheinen.

Beginnen wir mit dem „tyrrhenischen" Erbgut im allgemeinen, vorher schon angesprochenen Sinne, das auf die blühenden Kulturen an der tyrrhenischen Küste zurückgeht. Wir wissen, daß Kulturen wie die etruskische – und davon abhängig auch die latinische und campanische – ihre Hauptblütezeit in der Archaik erlebten, bevor sie sich mit den griechisch kolonisierten Zonen vereinigten, und daß sie später z. T. durch die wirtschaftliche Krise und die ostitalischen und keltischen Invasionen einen Niedergang erlebten, wobei sich der politisch-wirtschaftliche Schwerpunkt nun zusehends ins Binnenland, den Norden und an die Adriaküste Italiens verlagerte. Der Erfolg Roms und seines römisch-latinisch-campanischen Systems im expansiven Streben nach der Vorherrschaft über die italische Halbinsel kann als ein echtes Wiederaufleben der Politik des tyrrhenischen Italien und fast als eine Revanche an den Volksstämmen der oskisch-umbrischen Sprachgruppe betrachtet werden. Dieses Phänomen ist nicht im Sinne einer zufälligen „Wiederkehr" zu verstehen, da ja eine ununterbrochene und bewußte historische Verbindung zwischen dem Rom des 6. Jhs., einer der herausragendsten Städte der tyrrhenisch-archaischen Blütezeit, und dem Rom des 4. Jhs., dem Urheber einer neuen politischen Realität, bestand. Der Triumph der Latinität in der Geschichte Italiens (und der gesamten westlichen Welt überhaupt) stellte eine, wenn auch in ihrem Ausmaß nicht vorhersehbare Entwicklung von Traditionen dar, die ihre Wurzeln im Leben der ältesten historischen Gemeinwesen im westlichen Mittelitalien hatten.

Betrachten wir nun das zweite Motiv für die Kontinuität. Die ostitalischen Volksstämme hatten zum ersten Mal eine Art von territorialer Eroberungspolitik ins Spiel gebracht und auch ihre Umsetzung in die Tat versucht, die wegen ihres grenzenlosen Expansionsdrangs mehr oder weniger bewußt auf eine Einigung der italischen Halbinsel abzielte (also auf ein gänzlich verschiedenes Modell als der alte Expansionismus etruskischer Prägung, der nur bestimmte Zonen zu kolonisieren suchte). In diesem Sinne erklären sich – mit einer in alle Richtungen ausstrahlenden Aktivität – nicht nur die effektiven Vorstöße der oskisch-umbrischen Italiker nach Latium, Campanien, an die tyrrhenische Küste südlich von Campanien, in einen Teil Apuliens und die Emilia, sondern auch ihr unaufhörlicher und hartnäckiger Druck auf die griechischen Städte im äußersten Süden Italiens mit dem Ziel, bis zu allen Küsten vorzustoßen. Dieses Vorhaben wäre vielleicht auch realisiert worden, wenn nicht Rom entgegen der historischen Wahrscheinlichkeit plötzlich dazwischengekommen wäre. Unter allen Völkern des vorrömischen Italien sind es in der Tat die Ostitaliker mit ihren untereinander verbundenen und meist solidarischen Ligen aus Samniten, Lukanern und Bruttiern, die uns (im 4. Jh.) das treffendste Beispiel eines „nationalen" Komplexes vermitteln, dessen Epizentrum im Herzen der italischen Halbinsel lag. Die kompakteste und wichtigste Gruppe unter ihnen war die samnitische Liga. Diese ethnischen Formationen identifizierten sich schon seit alters her mit Italien, und nicht zuletzt deshalb sprechen wir von ihnen oft als den „Italikern" schlechthin.

Aufgrund dieser Voraussetzungen kann man nicht bestreiten, daß Rom trotz seines Kampfes und Sieges gegen die Samniten die historische Funktion dieser ostitalischen Gruppen übernahm und sie gewissermaßen auch abrundete, indem es eine unbegrenzte territoriale Expansion bis in die äußersten Randgebiete der Halbinsel betrieb. Es nahm die Stelle der Lukaner im Widerstand gegen Invasoren von außen (Pyrrhus) ein, schuf einen einheitlichen politischen Block auf der Halbinsel, der dem damaligen Italien entsprach, und dehnte später schließlich die Grenzen und den Namen Italiens nach Norden bis zu den Alpen hin aus. Wir wollen aber auch nicht die Tatsache außer acht lassen, daß zwischen dem 3. und 2. Jh. das oskisch-umbrische Sprachelement einen sehr beachtlichen Teil der Bevölkerung der römisch-italischen Föderation und der Hilfskontingente für die Römer darstellte (und dadurch in großem, wenn nicht sogar in entscheidendem Maße zu den Eroberungen im Mittelmeerraum beitrug).

Nachdem sich die verschiedenen Teile zu einem Gesamtkomplex zusammengefügt hatten, wurde das Problem der Beziehungen zu Karthago erneut akut. Karthago war schon seit archaischer Zeit – wie wir wissen – immer ein besonders wichtiger

Faktor für die Geschichte der italischen Welt gewesen. Die karthagische Herrschaft über einen Teil Siziliens (und noch unbestrittener über Sardinien), die Bündnisse mit Etrurien (die in einigen Fällen und zu gewissen Zeitpunkten an eine unmittelbare Einflußnahme bzw. ein Protektorat gegrenzt haben mögen) sowie einige militärische Einmischungen in die Kämpfe in Unteritalien machen relativ deutlich, daß es sich hier um kein völlig „externes" Element gehandelt haben kann. Es ist zwar richtig daß der Vertrag von 306 zwischen Rom und Karthago, der in der Vereinbarung von 279 bestätigt wurde, den Karthagern den Zugang zur italischen Halbinsel versperrte. Es steht aber ebenso fest, daß die Präsenz der äußerst starken punischen Flotte im tyrrhenischen und sogar im jonischen Meer (sie kreuzte z. B. vor Tarent im Moment der Kapitulation dieser Stadt vor den Römern) nicht ohne Wirkung auf das Geschehen in Italien bleiben konnte, vor allem nachdem das Ende der Königsherrschaft des Agathokles und das Scheitern des Pyrrhusfeldzuges die sizilischen Griechen in eine schwere Krise gestürzt hatten, die ohne ein römisches Eingreifen vielleicht irreparabel gewesen wäre.

Und genau diese Intervention und damit auch der Ausbruch des ersten Punischen Krieges von 264 werden erst richtig verständlich, wenn man sie im Zusammenhang mit den vorangehenden Ereignissen auf Sizilien sieht. Dabei ist freilich zu unterstreichen, daß die unmittelbare Ursache für die römische Landung auf der Insel das Hilfegesuch der Mamertiner war, ihnen gegen die Karthager beizustehen, die eine Militärbesatzung in Messina stationiert hatten. Auch wenn diese Entscheidung aus einer strategischen und politischen Notwendigkeit größerer Dimension heraus geboren wurde, nämlich die Freiheit des Schiffsverkehrs durch die Meerenge von Messina und damit auch die Kontrolle und dauerhafte Vorherrschaft über die Küsten der italischen Halbinsel zu sichern, so kommt man doch nicht umhin, einen Hauch von „kontinentaler" Solidarität mit diesem jenseits des Meeres verpflanzten Zipfel Italiens und diesen Italikern zu verspüren, den Nachkommen der Feinde von gestern und Schützlingen der Römer von heute. Aber auch die sizilischen Griechen hatten nach ihren italiotischen Landsleuten aus der Magna Graecia begonnen, die Aufmerksamkeit Roms auf sich zu lenken, das schon 270 freundschaftliche Beziehungen zu Hieron von Syrakus geknüpft hatte. Das konnte und mußte in der Tat von den Karthagern als Verletzung der grundsätzlichen Vereinbarung über die Aufteilung der Einflußsphären verstanden werden. So waren an der Entstehung des Konflikts sowohl Italiker als auch Griechen beteiligt.

Gehen wir nun aber das Problem von einem allgemeineren Standpunkt aus an. Den modernen Historikern ist natürlich nicht entgangen, daß die Punischen Kriege in mancher Hinsicht als eine Fortsetzung und ein Epilog des jahrhundertealten Kampfes zwischen Westgriechen und Karthagern betrachtet werden können. In diesem Sinne dürfen wir hier ein weiteres Beispiel für eine Kontinuität zwischen vorrömischer und römischer Politik sehen. In der Tat bildeten Sizilien und die sizilischen Meere den selben Kriegsschauplatz für die Deinomeniden, für Dionys, Timoleon, Agathokles und Pyrrhus wie für Duilius, Caecilius Metellus und Lutatius Catulus. Während die Afrikaunternehmungen für die Streitkräfte des Agathokles und des Attilius Regulus gleichermaßen unglücklich endeten, brachten sie dagegen für die Scipionen am Ende des 2. und im 3. Punischen Krieg einen für Rom positiven Ausgang und die entgültige Lösung des Problems. Die römische Eroberung Siziliens beendete definitiv den alten Streitkampf zwischen griechischer und punischer Welt, der auf Grund des relativen Gleichgewichts der beiden gegnerischen Kräfte nie entschieden worden war und ohne die römische Intervention wohl auch nie entschieden worden wäre. Aber die Niederlage und Zerstörung Karthagos gehören bereits einem anderen historischen Horizont an, der über das Erfahrungsmaß der italischen Welt hinausging und für Rom das Zeitalter einer mediterranen und universalen politischen Großmacht eröffnete, das nicht Gegenstand dieser Abhandlung sein soll.

Das föderale Italien: Die italische Welt vom 3. bis zum 1. Jh. v. Chr.

Die Kontinuität der Geschichte der Völker des vorrömischen Italien im Zeitalter der Durchsetzung der römischen Hegemonie zeigte sich vor allem im Fortdauern von ethnisch-linguistischen, sozio-politischen und kulturellen Charakteristiken und zwar nicht nur in Form von allmählich absterbenden Traditionen, sondern bisweilen sogar mit einem gewissen Potential an Entwicklungsmöglichkeiten. Diese Art der Perspektive entgeht normalerweise der modernen Geschichtsforschung oder wird von ihr angesichts der großen Suggestion, die die militärische und politische Vormachtstellung Roms ausüben, als nicht genügend interessant empfunden. Um diese Feststellung richtig zu ermessen, sei daran erinnert, daß sämtliche wichtigen, uns überkommenen schriftlichen Zeugnisse der Religion und des Rechtswesens aus der italischen Welt erst in die Zeit nach dem 4. Jh. v. Chr. datieren. Man denke dabei in Etrurien an die rituelle Inschrift auf der Mumienbinde von Zagreb und an den Cippus von Perugia, in Umbrien an die Bronzetafeln von Gubbio, in den oskisch-sprachigen Zonen an die Tafel von Agnone, den Cippus von Abella und die Tafel von Bantia.

Die damalige politische Situation auf der italischen Halbinsel wurde von der sogenannten römisch-italischen Föderation geprägt, die man etwa wie folgt definieren könnte: Mehr eine Aneinanderfügung als ein wirkliches System; ein Mosaik von Situationen und Beziehungen, aber zugleich Instrument einer einheitlichen Macht; ein dehnbarer, dynamischer, provisorischer und vervollkommnungsfähiger Komplex mit Schwachstellen, aber auch mit der Kraft zur Anpassung an die Realität. Wir erinnern uns, daß das Territorium der italischen Halbinsel von Rom nach drei verschiedenen Methoden aufgeteilt wurde und zwar durch Annexionen, Kolonisierungen und Allianzen in allen möglichen Varianten und mit Veränderungen des Status im Laufe der Zeit. Die Annexionen waren ganz einfach Hinzufügungen an das römische Territorium (ager Romanus), verbunden mit der Verleihung des römischen Bürgerrechts; und sie wurden logischerweise in geografischer Reihenfolge vorgenommen: zunächst wurden die Rom am nächsten gelegenen Gebiete von Latium, Etrurien und der Sabina erfaßt, dann wurde Campanien annektiert und schließlich die längs der tyrrhenischen Küste Etruriens liegenden Gebiete sowie diejenigen, die an der mitteladriatischen Küste lagen. Unter diesen Einverleibungen gab es graduelle oder spezielle Formen wie die der „civitas sine suffragio", die der Bevölkerung das Wahlrecht vorenthielt, dann die Institution der „Präfekturen" und die Verleihung des latinischen Bürgerrechts. Die Anne-

Territorien des Foederalsystems (socii)

römisches Territorium sowie römische und lateinische Kolonien am Ende des 3.Jhs.v.Chr.

Herrschaftsgebiet von Syrakus bis 212 v.Chr.

römische Expansion in Norditalien

samnitische Konföderation am Beginn des 3.Jhs.v.Chr.

Grenze der römisch-campanischen Konföderation am Beginn des 3.Jhs.v.Chr.

Grenze der römisch-italischen Konföderation am Ende des 3.Jhs.v.Chr.

Karte 11:   Italien im III. und II. Jh. v. Chr.

xion durch Eroberung konnte die Gründung von Kolonien ein-
leiten. Letztere wurden durch die Verlegung von vorwiegend
militärischen Kontingenten römischer Bürger (= römische Kolonien) oder latinischer Bürger (= latinische Kolonien) in nichtrömische Gebiete, die auch isoliert und weit entfernt von Rom
liegen konnten, konstituiert. So schuf man sich Bollwerke für die
Durchsetzung der Vorherrschaft und Romanisierung.

Die Allianzen (foedus), die den größten Teil des Territoriums
und der Bevölkerung Italiens betrafen, unterlagen hingegen kei-
ner direkten institutionellen Abhängigkeit von Rom. Auch sie
zeichneten sich wiederum durch eine große Vielfalt von Aspekten und Klauseln aus, die sich aus der Verschiedenheit der Zeitstellung, der Orte und der Umstände bei Vertragsabschluß ergaben. In einigen Fällen nahmen sie eine gewisse formale Rücksicht
auf die Gleichberechtigung der Partner (foedus aequum oder
aequissimum wie mit Camerino in Umbrien oder mit einigen
griechischen Städten in Süditalien), in der Mehrzahl der Fälle
aber waren sie mit mehr oder weniger harten Auflagen vor allem
hinsichtlich der Militärhilfe (foedus iniquum) verbunden. In der
Theorie blieben jedenfalls die politische Unabhängigkeit und in
der Praxis die administrative, gerichtliche und kulturelle Autonomie der Alliierten (socii) gesichert, was man auch als ,,libertas"
oder ,,foederis libertas" zu definieren pflegte.

Logischerweise konnte sich eine Kontinuität des Lebens der
alten italischen Völker vor allem im Bereich der alliierten Gemeinden und in den weniger von Annexionen und Kolonisierungen veränderten Territorien erhalten. Das traf für einen großen
Teil Etruriens und Umbriens zu, für einige kleine historische
,,Inseln" in Latium wie Tivoli, Praeneste und Ardea, für die sabellischen Volksstämme im Zentralappennin wie die Marser, Päligner und Marruciner, für Teile von Campanien, Samnium, Lukanien, Bruttium, Apulien und für die Sphäre der alten griechischen Kolonien. (Außerhalb der italischen Halbinsel kamen noch
einige Zonen Siziliens vor der Einrichtung der Provinz und im
Norden die venetischen Gemeinden im 2. Jh. hinzu, doch wird
über das damals offiziell noch nicht ,,Italien" heißende Norditalien noch an anderer Stelle zu sprechen sein.) Es handelte sich
also ganz offensichtlich um die größten Volksstämme und Kul-
turbereiche der italischen Geschichte. Das bedeutet, daß sich das

alte Italien mit seinen Protagonisten weitgehend intakt der neuen und letzten Aufgabe stellte.

Zum besseren Verständnis dieser Feststellung bedarf es freilich noch einiger Spezifisierungen. Es sei vor allem hervorgehoben, daß das Ausmaß des italischen Erbes an geografische und chronologische Konditionen gebunden sein konnte. Die Alliierten, welche älteren, fortschrittlicheren und charakteristischeren Kulturen entstammten oder auf friedliche Weise in die römische Einflußsphäre einbezogen wurden oder jedenfalls weniger mit den Schauplätzen der Unterwerfungskriege zu tun hatten und nicht so sehr der verändernden Wirkung der Kolonisierungen ausgesetzt waren, erhielten sich ihre ethnische und historisch-kulturelle Identität mit größerer Evidenz. Das gilt für die Etrusker, Umbrer und teilweise für die Ostitaliker und Bewohner Apuliens (ebenso wie für die Veneter). In Campanien blieben die lokalen Traditionen sehr stark ausgeprägt, auch als die Allianz durch eine Annexion mit Sonderstatut wie in Capua ersetzt wurde. Dagegen fielen die griechischen Städte im äußersten Süden besonders nach dem zweiten Punischen Krieg einem progressiven und unaufhaltsamen Niedergang anheim, der sie von der historischen Bühne verschwinden ließ. Die alten nationalen Besonderheiten sollten sich freilich mit der Zeit überall abschwächen. Das zweite Jahrhundert stellte, wenn auch bei formal weitgehend unveränderten institutionellen Beziehungen mit den Alliierten, eine Periode der immer stärker auswuchernden Romanisierung dar, besonders im Hinblick auf die Intensivierung und Verdichtung des Straßennetzes, die Gleichschaltung von Römern und Alliierten in den Heeren und die allgemeine sozioökonomische Krise, über die noch zu sprechen sein wird.

Was die gegenseitigen Beziehungen unter den italischen Völkern anbelangt, so fällt auf, daß sie nach der Unterwerfung unter die römische Oberhoheit nicht mehr intensiver wurden. Diese Unterwerfung brachte – wie wir bereits sahen – eine allgemeine Befriedung im Sinne einer Überwindung der alten Land- und Machtstreitigkeiten mit sich, die das 4. Jh. so blutig gemacht hatten. Die römisch-italische Föderation bedeutete jedoch nicht Verbindung der Italiker untereinander, sondern beinhaltete nur bilaterale Bindungen zu Rom. Es scheint dennoch Hinweise für Kontakte und Austauschmöglichkeiten zu geben, vor allem auf dem Sektor der religiösen Ideen und Kulte sowie der künstlerischen Strömungen. Nicht immer wird jedoch deutlich, welche dieser Manifestationen auf einen Annäherungsprozeß der verschiedenen Kulturkreise zurückgehen und welche der Vermittlung oder dem Impuls von Rom zuzuschreiben sind. Vielleicht spielten beide mögliche Ursachen eine Rolle, gerade wenn man bedenkt, daß Rom und Latium im Zentrum einer geografischen Zone mit einer alten Kultur und gemeinsamen Entwicklungen lagen, die von Etrurien bis zum italischen und griechischen Süden reichte. Es bleibt hinzuzufügen, daß es trotz der scheinbaren (vom römischen Ordnungssystem selbst aufgezwungenen) Isolierung und Unbeweglichkeit der diversen Volksstämme, die mit unterschiedlichem Titel an der römisch-italischen Föderation teilnahmen, nicht an Indizien für mehr oder weniger große Bevölkerungsverschiebungen mangelt wie jene der Samniten nach Latium (in Fregellae) und nach Apulien (in Lucera und Venosa). In diesen könnte man auch eine Fortsetzung oder Wiederaufnahme jener großen ethnischen Bewegungen der Ostitaliker in den vorangehenden Jahrhunderten sehen, jetzt aber in einem begrenzteren territorialen Bereich und mit einem stärker „privaten" Charakter.

Die Samnitisierung von Fregellae war wahrscheinlich eine der Ursachen für die Revolte und die Zerstörung dieser latinischen Kolonie 125 v. Chr., wo überhaupt der letzte antirömische Aufstand vor dem Bundesgenossenkrieg stattfand. Wir besitzen Nachrichten über von den Römern veranlaßte Umsiedlungen für den Zeitraum bald nach den Unterwerfungskriegen. So wurden die besiegten Picener 268 von der adriatischen Küste in eine tyrrhenische Zone an der Grenze zwischen Campanien und Lukanien (ager Picentinus) deportiert. Von nur lokaler Bedeutung waren dagegen die Zwangsverpflanzungen der alliierten Städte Volsinii und Falerii von Orvieto nach Bolsena (264 v. Chr.) bzw. von Civita Castellana nach S. Maria di Fàlleri (241 v. Chr.).

Aktivitäten von Italikern außerhalb Italiens, die auf autonome unternehmerische, wenn auch von Rom begünstigte und geschützte Initiativen zurückgingen, werden für den Seehandel im östlichen Mittelmeerraum bezeugt, der eines seiner Hauptzentren im Freihandelshafen der ägäischen Insel Delos besaß. Wir kennen sogar den Namen eines dieser bedeutendsten „negotiatores" aus dem zweiten Viertel des 2. Jhs., nämlich Trebius Loesius. Diese italischen Handelskaufleute kamen wohl vor allem aus Campanien. Emmigrationen von Italikern besonders der oskischen Sprachgruppe hat man an Hand von onomastischen Indizien nicht nur nach Norditalien, sondern auch nach Südfrankreich und Spanien festgestellt beziehungsweise vermutet.

Betrachten wir jetzt im einzelnen die wichtigsten Aspekte der Kultur und Gesellschaft der italischen Welt in dieser Phase ihrer fortdauernden Vitalität. Die Präsenz und das Bewußtsein einer nationalen Tradition werden für jedes Volk von seiner eigenen Sprache in den schriftlichen, fast ausschließlich epigrafischen Dokumenten (sieht man von dem etruskischen liber linteus der Mumie von Zagreb ab) bezeugt, die jetzt in viel größerer Zahl erscheinen und von viel größerer Bedeutung als die uns überkommenen Texte der älteren Perioden sind. Im Falle der oskischen und umbrischen Sprache kann man sogar von einer fast ausschließlich auf die Jahrhunderte der römischen Hegemonie konzentrierten schriftlichen Dokumentation sprechen. Das Lateinische verbreitete sich zwar immer stärker (so baten die Cumaeer 180 v. Chr. Rom um die Erlaubnis, Latein als öffentliche Sprache einzuführen: Livius XL 42), verdrängte aber noch nicht die traditionellen Idiome. Erst nach der allgemeinen Verleihung des römischen Bürgerrechts zu Anfang des 1. Jhs. v. Chr. wurde Latein als öffentliche Sprache proklamiert, ein Ereignis, das eine fundamentale Zäsur darstellte.

Die schriftlichen Zeugnisse sind trotz ihres fragmentarischen Überlieferungszustandes auch ein Spiegel der sozialen Strukturen, der Institutionen und Kulte, zu deren Kenntnis auch die aus den archäologischen Resten gewonnenen Daten und die Nachrichten der historiografischen Quellen beitragen. Letztere sind zweifelsohne reicher als für die vorangehenden Phasen, da sie den Ereignissen zeitlich ja nun wesentlich näher stehen. Die urbane Organisation blieb zwar zunächst vor allem noch für den tyrrhenischen und griechischen Teil Italiens typisch, doch „reproduzierten" nun auch die sich immer mehr verbreitenden Kolonien das Modell Roms oder der latinischen Städte, während die Zentren und Ansiedlungen der autonomen zentralappenninischen, adriatischen und nördlichen Territorien in einem Imitationsprozeß immer mehr den Stempel oder das Erscheinungsbild – auch

auf institutionellem Sektor – eines städtischen Organismus annahmen. Das gilt besonders für Apulien und Umbrien (wo Gubbio, das antike Iguvium, ein charakteristisches, gut von den berühmten Ritualtexten der Bronzetafeln beleuchtetes Beispiel ab-
gibt). Andere Urbanisationsversuche blieben in embryonalem
Zustand stecken, und in gebirgigen Zonen wie in Samnium und
in Nordostitalien lebte sogar die prähistorische Form der Festungen auf den Anhöhen, der sogenannten castellieri (oppida) weiter. Den etruskischen und campanischen Stadtstaaten entsprachen im ostitalischen Raum staatlich-territoriale Einheiten, die
sich durch die Verwandtschaft von Volksgruppen (wie den Cara-
cenern, Pentrern, Caudinern und Hirpinern in Samnium) konstituiert hatten, aber vielleicht in unpassender Weise als Stämme
bezeichnet wurden. Auf oskisch hieß die Bezeichnung ,,touto'',
was mehr oder weniger dem lateinischen ,,populus'' entsprach.

Die staatlichen Ligen, die so charakteristisch für die vorangehende Periode vom 5. bis zum frühen 3. Jh. waren und zwar
angefangen von Etrurien und Latium bis nach Campanien, Samnium, Lukanien, Bruttium und zu den griechischen Städten, sind
durch das ,,divide et impera'' (= teile und herrsche) der Römer
aufgelöst worden. Eine große Allianz föderalen Typs sollte lediglich noch einmal für kurze Zeit die aufständischen Ostitaliker
während des Bundesgenossenkrieges vereinen.

In den Regierungen der einzelnen Stadt- und Territorialstaaten
hatten sich überall ausnahmslos republikanische Formen mit gewählten Magistratsbeamten, Räten und Versammlungen unterschiedlichen Typs durchgesetzt, die dem Senat und den Comitia
in Rom ähnlich waren. Die überwiegende Mehrzahl der epigrafischen und literarischen Zeugnisse über Titel und Funktionen der
Magistratsbeamten gehört dem hier zur Diskussion stehenden
Zeitraum an, doch handelt es sich dabei sicher um bereits vor der
Unterwerfung durch Rom geborene Institutionen (was in Etrurien durch Inschriften aus dem 4. und sogar 5. Jh. v. Chr. bewiesen wird). Offensichtlich gab es aber in den verschiedenen Gebieten, wenn auch in unterschiedlicher sprachlicher Form, einen
Titel mit einer gewissen typologischen Einheitlichkeit, der im
allgemeinen die Art der Machtausübung bezeichnete und infolgedessen durch besondere Attribute hinsichtlich der Funktionen
spezifiziert wurde, zugleich aber auch – vielleicht antonomastisch

– zur Bezeichnung der obersten Machtposition verwendet wurde. In Etrurien lautete dieser Terminus zilc(h) oder zilath, in
Campanien und Samnium meddix (in der originalen oskischen
Form meddíss), in Rom praetor (so wurden anfangs die Konsuln
bezeichnet) und in Umbrien wahrscheinlich maro(n) (das selbe
Wort auf etruskisch, nämlich maru, marunu- bezeichnete dagegen ein anderes der zahlreichen politisch-administrativen und religiösen Ämter, die in den Inschriften erwähnt werden). Die
höchste Würde war im allgemeinen auf eine Person beschränkt
im Sinne einer Staatspräsidentschaft (die im oskischen Raum
meddix tuticus oder meddíss tovtíks hieß). Im Falle von Zweier-
gespannen mit gleichen Machtbefugnissen handelte es sich wahrscheinlich, aber nicht notwendigerweise, um einen Einfluß des
römischen Konsulats.

Das Bild der damaligen Gesellschaft spiegelt sich in den Grab-
und Weihinschriften wider, wobei erstere in Etrurien sehr häufig,
sonst aber selten sind. Die Benutzung des Doppelnamens, also
des individuellen Vornamens und des Familiennamens, ist ein für
die italische Welt ganz typisches Phänomen, wenn man von den
Venetern und Messapiern einmal absieht, und scheint die freien
Leute mit Bürgerrechten oder gleichwertigen Eigenschaften bezeichnet zu haben. Die Dienerklasse, deren Qualifikation und
Status schwer definierbar ist, stand außerhalb des Gentilizsystems. In Etrurien scheint sie mehrere Male versucht zu haben,
die Freiheit zu gewinnen und die Macht an sich zu reißen. Be-
rühmtheit erlangte vor allem die Revolution in Volsinii von 265
v. Chr. Dagegen soll in den nordetruskischen Städten, vor allem
in Chiusi und Perugia, eine relativ friedliche Eingliederung von
Elementen der Dienerklasse in die Bürgerschaft während des
2. Jhs. stattgefunden haben, wenn man nach den zahlreichen, als
Gentiliz verwendeten Individualnamen urteilt. Innerhalb des
Gentilizsystems gaben einige wenige reiche und mächtige Familien den Ton an und zwar nicht nur in den etruskischen Städten,
wo die alten Oligarchien sich wieder akzentuierten und hervor-
traten (so z. B. in Arezzo die Cilnii, in Volterra die Caecina, in
Tarquinia die in den Inschriften als Inhaber öffentlicher Ämter
genannten Velcha, Hulchnie – die anderswo als Fulginii bekannt
sind, Ceisinie oder Caesennii, Plecu, Partunu, Pinie etc.), sondern auch in den campanischen und samnitischen Gemeinden

(Egnatii, Gellii, Pontii, Papii, Magii). Die dominierende Senatorenklasse von Rom unterstützte die lokalen Aristokratien als stabilisierenden Faktor. Man könnte sogar behaupten, daß im System dieser Lokalaristokratien in gewisser Hinsicht die Hauptursache für das Fortdauern der Traditionen und des Lebens selbst der alten italischen Nationen liegt.

Was die offenkundig charakteristischsten Aspekte der Kultur wie die Religion, die bildenden Künste, die Architektur und Urbanistik und die Technik anbelangt, so drängen sich zwei fundamentale Feststellungen auf: 1. Der Einfluß des Hellenismus erwies sich als beherrschender Erneuerungsimpuls, ohne freilich die italischen Besonderheiten auszulöschen, die sich ganz im Gegenteil in mancher Hinsicht in bisher nicht dagewesenen Akzentuierungen zu manifestieren suchten. 2. Es gab eine große Zone, in der diese kulturellen Phänomene kompakter, typischer und auf gemeinsamer Entwicklung basierend erschienen, und die sich ungefähr mit der Ausdehnung der Urbanisierung von der tyrrhenischen Küste ins Binnenland und zur Adria hin deckte. Exotische Glaubensvorstellungen und Kulte faßten an manchen Orten Fuß und blühten auf wie im Falle der berühmten Bacchanalien, d. h. der Mysterien des Gottes Dionysos oder Bacchus mit den dazugehörigen Gemeinschaften und orgiastischen Festen, die sich von Unteritalien aus nach Etrurien verbreiteten und dabei z. T. Unordnung und Gewalttätigkeit auslösten, bis schließlich 186 v. Chr. die äußerst harten und repressiven, auch den alliierten Gemeinden auferlegten Maßnahmen des römischen Senats diesem Treiben ein Ende bereiteten. Ein typisches Phänomen war auch die Intensivierung und Verbreitung von Weissagungspraktiken. Neben der Haruspicina, also der Eingeweideschau bei Tieren und der Deutung der Blitze und anderer, für Etrurien charakteristischer Zeichen betraf dies vor allem das Auspicium, d. h. die Interpretation des Vogelfluges, das außer in Rom auch bei den Italikern oskisch-umbrischer Sprache üblich war. Spezielle, von den hellenistischen Modellen abweichende und z. T. an lokale Traditionen gebundene Züge lassen sich in der Tempel- und Hausarchitektur feststellen (so bei dem vor allem aus Pompei in der samnitischen Phase bekannten Atriumshaus) sowie auch in der künstlerischen und handwerklichen Produktion (unnaturalistische, geometrisierende Formen; Tendenzen einer äußerst expressiven Akzentuierung), weshalb man nun von einer „italischen" (oder – wie andere vorziehen – von einer mittelitalischen) Kunstsprache sprechen kann.

Die größten destabilisierenden Neuerungen, die unvermeidbar mit den Fortschritten Roms verbunden waren, ergaben sich für das alte Italien vor allem im 2. Jh. auf dem wirtschaftlichen und sozialen Sektor. Schon vorher hatte die Ausdehnung der römischen Vorherrschaft die Aktivierung und Koordination der Produktion und des Handels beeinflußt (man denke etwa an die äußerst intensive und weit verbreitete Herstellung der sogenannten campanischen Schwarzfirniskeramik). Ein deutliches Zeichen dafür war auch die Einführung einer Reglementierung der in Italien schon existierenden Münzsysteme (die in den griechischen Städten Unteritaliens und Siziliens sehr alt, vielfältig und kunstreich, in Etrurien dagegen kümmerlicher waren und in den anderen Zonen fast völlig gefehlt hatten). Diese Reglementierung erfolgte durch Prägung des römischen Zeichens auf die Münzen der campanischen und tarentiner Münzprägestellen und zugleich durch den Beginn der Münzprägung in Rom in Form des as libralis (= Standardgewicht von 327 Gramm) und in der Folgezeit des as uncialis (= ein Zwölftel des as libralis). Neben den geprägten gab es im 2. Jh. auch recht häufig gegossene Münzen (aes grave), die in vielfältigen Nachbildungen in den alliierten Gemeinden von Etrurien und des zentral- bis süditalischen Raumes auftauchten. Charakterisiert wurde die sozioökonomische Krise Italiens infolge der großen Eroberungskriege Roms in Nordafrika und im Orient durch große Kapitalisierungen des Reichtums, den massiven Zustrom von Sklaven, die Entstehung von Latifundien, die Aufgabe der Felder von seiten der freien Bauern und die daraus resultierende Flucht in die Städte, vor allem nach Rom. Auch wenn dieser Zustand negative Folgen für die sozial schwächsten Klassen der alliierten Staaten haben mußte, so besteht doch kein Zweifel, daß er für die dominierenden Aristokratien wie in Rom keinen Schaden mit sich brachte und auch jene Unternehmerschichten begünstigte, die den römischen „equites" entsprachen (die aber sicher an den Profiten der außeritalischen Eroberungen viel weniger Anteil hatten). So kann man auch die geringe Begeisterung, wenn nicht sogar die Unzufriedenheit der Alliierten über die Versuche der Gracchen verstehen,

die Krise mit Agrargesetzen, d. h. mit Konfiszierung und Neuzu-
teilung des Grund und Bodens zu überwinden. Wir werden jedoch sehen, wie aus dieser Krise und den daraus resultierenden
politischen Verwicklungen jener Prozeß ins Rollen geriet, an dessen Ende die italische Autonomie stand.

Einen Teil der bisher gemachten und vor allem auf die Völker
der italischen Halbinsel bezogenen Betrachtungen könnte man
auch für die nördlichen Territorien bis zu den Alpen gelten lassen, die man damals ja als noch nicht zu Italien gehörig ansah.
Doch empfiehlt sich auch an dieser Stelle eine Spezifizierung.
Man kann damals zwischen drei großen ethnisch-territorialen
Einheiten unterscheiden: Im Westen saßen die Ligurer, z. T. ver-
mischt mit den Galliern und besonders urwüchsig und kriege-
risch in den gebirgigen Zonen des ligurischen und toskanisch-
emilianischen Appennins; in ihrer traditionellen „Ecke" im
Osten waren die Veneter angesiedelt; im Zentrum hatten sich die
verschiedenen gallischen Stämme sehr weit und mit fließenden
Grenzen ausgebreitet. Wir sprachen schon von den Kriegen
Roms und den wechselhaften Geschehnissen der römischen Eroberung der Gallia Cisalpina, die seit den ersten Jahrzehnten des
2. Jhs. Rom hörig blieb und zwar ebenfalls in den drei verschiedenen Formen von Beziehungen, nämlich Annexion, Kolonisierung und Allianz (letztere wurde den Cenomanen gewährt, die
den Römern fast immer treu geblieben waren). Von den Venetern
wissen wir, daß sie Freunde und Alliierte Roms waren. Die Veneter und Gallier behielten ihre ethnische Identität und z. T. auch
ihre Kultur, wenn auch vielleicht in nicht so ausgeprägter Form
wie einige der besonders stark urbanisierten Hauptvölker auf der
italischen Halbinsel. Der Romanisierungsprozeß wurde jedenfalls schon in den ersten Jahrzehnten des 2. Jhs. durch die zahlreichen neuen und wichtigen latinischen und römischen Kolonien
begünstigt (zu Cremona, Piacenza und Modena kamen nun Bologna und Parma sowie im Veneto Aquileia dazu). Anders war
das Schicksal der Ligurer, für deren Unterwerfung kriegerische
und zum Schluß fast schon polizeiartige Aktionen während des
gesamten 2. Jhs. notwendig waren, und denen eine spezifische
lokale Entwicklung vor der Romanisierung fehlte (die vom Süd-
rand her mit der Gründung der römischen Kolonie von Luni 177
v. Chr. begann).

Die letzte Behauptung eines italischen
Bewußtseins gegenüber Rom:
der Bundesgenossenkrieg

Zusammen mit den besonderen Charakterzügen der einzelnen
historischen Volksstämme des vorrömischen Italien bewahrten
sich unter der römischen Vorherrschaft auch die gegenseitigen
Differenzen, die auf Grund der Schauplätze und Ereignisse der
vorangehenden Jahrhunderte sehr tief reichten und Auswirkungen auf die Beziehungen mit Rom haben mußten. Konzentrieren
wir uns auf die beiden Hauptgruppen auf der italischen Halbinsel, nämlich auf die Etrusker einerseits und die Volksstämme der
oskischen Sprachgruppe andererseits. Letztere repräsentierten
ganz offensichtlich jüngere und traditionell kriegerischere Kräfte,
die weniger an die Beständigkeit der alten urbanen Kulturen gebunden waren, geografisch und kulturell jenem Latium, das Rom
hervorgebracht hatte, weniger nah standen und Rom gegenüber
vielleicht immer noch nicht völlig die harten Kriege am Ende des
4. und am Beginn des 3. Jhs. sowie die zeitweilige Rebellion im
hannibalischen Krieg vergessen hatten.

Wenden wir uns nun dem Hauptereignis – oder, wenn man
will, der Episode mit freilich nichtepisodischen Konsequenzen –
zu: dem Bundesgenossenkrieg oder „Italischen Krieg" (Cicero).
Welche Ursachen hatten ihn provoziert? Welchen Verlauf nahm
er? Welche Auswirkungen hatte er zu Beginn des 1. Jhs. v. Chr.
auf den scheinbaren Annäherungsprozeß zwischen Rom und den
italischen Gemeinden, der durch diesen Krieg jäh unterbrochen
wurde und ihm völlig widersprach?

Eine Annäherung freilich hatte nur teilweise stattgefunden und
zwar mehr auf kulturellem als auf politischem und wirtschaftli-
chem Sektor. Man könnte sogar sagen, daß die Ungleichheit zwischen Römern (d. h. römischen Bürgern) und Italikern (d. h. Be-
wohnern Italiens ohne das römische Bürgerrecht) im Laufe des
2. Jhs. und bis zu Beginn des 1. Jhs. noch angewachsen war (während die Latiner und die Bürger latinischen Rechts eine Art Mit-
telstellung einnahmen). Mit Sicherheit lagen damals sämtliche
wichtigen militärischen, diplomatischen und wirtschaftlich-fi-

nanziellen Entscheidungsbefugnisse in den Händen römischer Bürger, während die italischen Bundesgenossen davon ausgeschlossen blieben. Obwohl die Italiker im Handel und in anderen Unternehmen in den nach und nach infolge der römischen Eroberungen eingerichteten Provinzen außerhalb Italiens tätig waren, so hatten sie doch einen deutlich niedrigeren Status als die römischen Angehörigen jener Aufsteigerschicht der Ritterklasse. Die Agrarreformgesetze der Gracchen, die gegen die Aneignungen von öffentlichem Grund und Boden gerichtet waren, sparten dabei auch nicht die Besitztümer der Italiker aus, welche im übrigen nicht zur Neuverteilung des konfiszierten Landes zugelassen wurden. In den Heeren, in denen Einsatzbereitschaft und Blutzoll der italischen socii genauso hoch wie bei den römischen Legionären war, kommandierten ausschließlich römische Generäle, und auch der Unterschied in der finanziellen und disziplinären Behandlung war äußerst spürbar. Es kam sogar zu echten Apartheiderscheinungen (Aufenthaltsbeschränkungen für Latiner und Italiker in Rom, Entziehung des römischen Bürgerrechts für Kinder aus gemischten Ehen).

Je mehr Rom seine Herrschaft durch Eroberungen über immer weitere Territorien ausdehnte, um so paradoxer und anachronistischer stellte sich die Situation von Italien dar, das zwar einerseits Teilhaber und notwendiger Faktor der römischen Macht war, andererseits aber zugleich von dieser Macht ausgeschlossen und dominiert wurde. Je privilegierter die Stellung der römischen Bürger im Vergleich zu den Massen der Untertanen in den besiegten, in Provinzen umgewandelten Ländern wurde, um so mehr wuchs der Wunsch der italischen Alliierten nach Erlangung dieses Status, auch auf die Gefahr hin, die Garantien für ihre politisch-administrative Autonomie zu verlieren, die ohnehin zu einem wertlosen Unabhängigkeitssymbol geworden waren. Während in bestimmten sozialen Schichten, d. h. den höheren Klassen, die Angst vor Neuerungen und möglicherweise daraus resultierenden Einschränkungen ihrer wirtschaftlichen Vorteile (vor allem im Bereich des Landbesitzes) wie auch vor einem Aufstand der Untergebenen hatten, und in gewissen konservativeren Gegenden wie in Etrurien das Problem der Erwerbung – vor allem einer generalisierten Verleihung – des römischen Bürgerrechts weniger spürbar war, wuchs bei den italischen Völkern

Zentralitaliens, Campaniens und Samniums das Verlangen nach
Gleichheit mit den ,,Römern" immer stärker und zwar auch in
Kreisen der politischen Führungsschicht. Genau zu diesem Zeitpunkt widersetzte sich die herrschende römische Aristokratie
entschieden den solchermaßen formulierten Vorschlägen der politischen Reformer (Gaius Gracchus und M. Livius Drusus).

Die Unzufriedenheit der Italiker oskischer Sprache mit ihrer
Lage am Ende des 2. und zu Beginn des 1. Jhs. v. Chr., provoziert
von der immer größeren Last des Militärdienstes und der gracchi-
schen Reformen, verschärfte sich immer mehr, da es offensichtlich unmöglich war, einen politischen Ausgleich zu finden, der
die Bevölkerung großer Teile Italiens aus ihrer Sekundärrolle befreit hätte. Eine kriegerische Auseinandersetzung schien unvermeidbar, wenn auch irrational, wurden die Ereignisse doch weit
mehr von Grollgefühlen als von einer klaren Vision der erreich-
baren Ziele diktiert. Äußeren Anlaß bot die Teildemobilisierung
und die daraus resultierende Disponibilität von italischen Truppen, die infolge der momentanen Pause in den auswärtigen Kriegen ohne Aufgabe waren. Ausschlaggebend für die rasche Entscheidung und Verwirklichung des Aufstandes aber waren der
Enthusiasmus und die Ambitionen einiger militärischer und politischer Führer wie Quintus Poppaedius Silo und Publius Vettius
Scato bei den Marsern, Gaius Vidacilius bei den Picenern, Gaius
Pontidus und Titus Lafrenius bei den Vestinern, Herius Asinius
bei den Marrucinern, Marius Egnatius bei den Frentanern, Gaius
Papius Mutilus, Numerius Lucilius, Numerius Statius und Mi-
nius oder Minatus Iegius bei den Samniten sowie Marcus Lampo-
nius (meddix) bei den Lukanern. Der den Brand auslösende Fun-
ke war die Ermordung des Volkstribunen Drusus in Rom durch
einen von der oligarchischen Partei gedungenen Mörder im
Herbst 91 v. Chr. Ihm sollen die Italiker durch einen feierlichen
Treueschwur verbunden gewesen sein. Ihre umgehende Antwort
darauf war die Ermordung des Kommissars Q. Servilius und
zahlreicher anderer römischer Bürger in Ascoli (Ausculum) im
Piceno. Mehr oder weniger gleichzeitig erhoben sich nun außer
den Picenern, Marsern, Pälignern, Vestinern, Marrucinern und
Frentanern alle Samniten einschließlich der Hirpiner, die Lukaner, Nordapuler und ein Teil der Campaner (die komplette Liste
der Aufständischen ist bei Appian I 39ff. überliefert).

Offensichtlich nicht am Bundesgenossenkrieg beteiligt waren die Etrusker (auf deren Unterschied im Vergleich zur ostitalischen Welt schon hingewiesen wurde), die Umbrer (die inzwischen kulturell und politisch zur etruskischen Sphäre gehörten), die Gallier und die anderen Völker des Nordens. Ebenfalls unbeteiligt waren vermutlich auch die apulischen Volksstämme, die nicht vom direkten samnitischen oder lukanischen Einfluß erfaßt worden waren sowie die überlebenden Griechen. Es handelte sich also um ein Phänomen, das trotz seiner beachtlichen territorialen Ausdehnung anscheinend auf die Italiker der oskischen Sprachgruppe beschränkt blieb und diese aber alle gleichzeitig von Mittel- bis nach Unteritalien miteinbezog. Deshalb könnte man von einer gewissen ,,nationalen" Einheit sprechen, die freilich keine große Tragweite haben sollte. Andererseits läßt sich beobachten, daß die Unterschiede in den Traditionen, Dialekten und historischen Ereignissen zwischen Zentralitalien (Marser, Picener, Vestiner, Päligner, Marruciner) und Unteritalien (Samniten, Campaner, Lukaner) auch in diesem vorübergehend sehr einheitlichen Bild weiterhin bestanden, wie wir gleich sehen werden. Gerade dieser Gesamteindruck von den Feinden Roms im Bundesgenossenkrieg ließ bei den römischen Autoren, angefangen von Varro, den Begriff ,,Sabeller" entstehen, den man deshalb richtigerweise auf alle oskisch sprechenden Volksstämme beziehen muß und nicht nur auf jene des Zentralgebiets, wie es oft unter den modernen Historikern üblich ist. Der Name ,,Sabiner" (von dem ,,Sabeller" ein Diminutiv ist) bleibt dagegen ausschließlich auf die Bewohner der Sabina beschränkt, auch in diesem Fall gemäß der antiken Tradition und in voller Übereinstimmung mit der Tatsache, daß die Sabiner, die schon das römische Bürgerrecht besaßen, sich nicht der Revolte ihrer mittelitalischen Nachbarn (und alten Verwandten) anschlossen.

Die klare ethnisch-linguistische Identifizierung und Abgrenzung schließt freilich eine generellere Interpretation der italischen Widerstandsbewegung gegen Rom nicht aus. Die Aufständischen eigneten sich den Namen ,,Italien" an, der in Wirklichkeit eine andere Bedeutung gehabt hatte (= Magna Graecia) und nun zur Zeit der Revolte ein wesentlich größeres Gebiet (nämlich die gesamte italische Halbinsel) bezeichnete. Darunter schien man eine Art Geheimdraht zu verstehen, der die Aktion der Sabeller mit dem Schicksal sämtlicher Erben einer italischen historischen Tradition aus der Zeit vor der römischen Hegemonie verband und gleichsam deren Bedürfnisse und Wunschvorstellungen repräsentierte. Sicherlich erhielt so das Konzept eines Italien als Gegenpol zu Rom den Charakter eines ideologischen Banners, soweit sich das aus der lokalen Mentalität verstehen läßt. Entgegen den kantonalen Traditionen und der geringen bisherigen Urbanisierung entstand in Corfinium im Territorium der Päligner eine provisorische Hauptstadt für den gesamten Bereich der aufständischen Gemeinden, die ein Gegengewicht zu Rom bilden sollte und den Namen ,,Italia" erhielt. Man prägte einen Münztyp mit dem Zeichen des italischen Stiers, der die römische Wölfin überwältigt (und die Aufschrift ,,Viteliú" = Italien erinnerte an die alte Ethymologie ,,Itali" von ,,vituli" = Kälber). Andere Münzbilder zeigten eine thronende Göttin (Italia?), die von der Victoria bekränzt wurde und neben ihrer glückbringenden Intention wohl auf den anfänglich siegreichen Verlauf des Krieges anspielte. Verschiedene Münzen wurden von den Anführern und Gemeinden für die üblichen Bedürfnisse, aber auch als Zeichen der Unabhängigkeit geprägt.

Wir können also die Existenz einer sehr späten und fast nostalgischen Bewußtseinswerdung einer wiedergewonnenen und Rom gegenüber behaupteten Italianität konstatieren. Man kann sich fragen, wie sich dieser Gegensatz mit den Wunschvorstellungen vor dem Krieg, nämlich dem Begehren des römischen Bürgerrechts vereinen läßt. Wir haben es hier aber offensichtlich mit einem Zusammentreffen von politischen Motiven und leidenschaftlichen Impulsen zu tun, die das Paradoxe an diesem Krieg ausmachten, was angesichts der Tatsache, daß er aus einer ebenfalls als paradox zu definierenden Lage der italischen Alliierten heraus geboren wurde, nicht unerklärlich ist. Und der gesamte Verlauf des Krieges sollte dies auch bestätigen.

Die Hauptinitiative und der größte Kampfeseifer lagen bei den Zentralitalikern, vor allem bei den Marsern, weshalb auch die Anfangsphase dieses Krieges als ,,bellum Marsicum" bezeichnet wurde, während er später ,,italischer" oder ,,Bundesgenossenkrieg" hieß. Dem großen Südflügel der Aufständischen blieb schließlich die härteste Aufgabe vorbehalten. Das ganze Geschehen aber vollzog sich – zumindest aus unserer Sicht – in äußerst

kurzer Zeit. Die gesamte sabellische Front organisierte sich sofort (was auf einige vorangehende Vorbereitungen hindeuten
könnte) in einer engen Konföderation, die sich von der alten
samnitischen Liga und anderen ähnlichen Ligen unterschied und
bestimmten Föderationen der griechischen Welt näherstand; es
gab einen einzigen Senat, der sich aus 500 Mitgliedern, wahrscheinlich Repräsentanten der verschiedenen ethnischen Gruppen, zusammensetzte, und eine politisch-militärische Exekutive,
der zwei höchste Magistratsbeamte mit dem Titel „embratur"
(imperator) vorstanden. Diese – Poppaedius Silo und Papius Mutilus – waren jeweils für eine der beiden großen Zonen zuständig,
nämlich die zentralitalische und die samnitische, und wurden dabei von sechs Praetoren unterstützt. Rom mußte auf seine gesamten Legionstruppen zurückgreifen, die damals nicht anderswo im
Einsatz waren und die durch gewaltige Rekrutierungen sowie
Hilfstruppen aus Latium und anderen Provinzen und durch eine
gewisse Anzahl von Italikern verstärkt worden waren, die wie
etwa die hirpinischen Banden des Minatus Magius nicht auf der
Seite der Aufständischen standen oder sich von ihnen losgelöst
hatten. Aber zumindest am Anfang war die kriegerische Kapazität der Italiker, die von der Geschlossenheit und der Natur ihres
Territoriums profitierten, um einiges größer als die der über-
raschten römischen Streitmacht. Dies erklärt auch die italischen
Erfolge im Jahre 90 in einem konfusen und geografisch zersplit-
terten Konflikt von der adriatischen Küste bis zur Marsica auf
der Zentralfront und von Campanien bis Apulien auf der Süd-
front. Zu den wichtigen Ereignissen zählten die Niederlage und
der Tod des Konsuls P. Rutilius Lupus bei Carsoli sowie die
Eroberung von Isernia (Aesernia) und Nola, die zu befestigten
Stützpunkten der Aufständischen ausgebaut wurden. Das Ziel
der Italiker, vor allem der Verantwortlichen für den zentralitali-
schen Sektor, mußte darin bestehen, sich schnell einen Weg für
eine unmittelbar gegen Rom gerichtete Aktion zu öffnen. Dies
mißlang, nicht zuletzt auch wegen des Eingreifens eines erfahre-
nen „Condottiere" wie Gaius Marius.

Freilich aber war es kaum vorstellbar, daß sich das Pendel der
Waagschale schließlich nicht zugunsten Roms neigen würde, das
nun schon seit Jahrhunderten über eine gut ausgebaute Machtor-
ganisation verfügte und dabei mehr als die Hälfte Italiens unter

voller Kontrolle hatte sowie auch die Meere und einen großen Teil des Mittelmeerraums beherrschte. Im Jahre 88 fiel der Konsul L. Porcius Cato, aber es gelang dem anderen Konsul, Gn. Pompeius Strabo, in der Zone des Fucino die Marser und die anderen Völker Zentralitaliens zu besiegen, wobei er seine Aktionen mit der Eroberung von Ascoli, dem Zentrum der Revolte, krönte. Im Süden säuberte L. Cornelius Sulla – ausgestattet mit prokonsularischen Befugnissen – Campanien (mit Ausnahme von Nola) und fiel nach Samnium ein. Die Hauptstadt der Italiker war inzwischen von Corfinium nach Bovianum und von dort nach Isernia verlegt worden. Im Kampf fielen die beiden Heroen der Marser, Vettius Scato und dann Poppaedius Silo, der das Oberkommando über sämtliche italischen Streitmächte übernommen hatte. Besonders wichtig war die römische Rückeroberung von Venosa, jener alten latinischen Kolonie, die von Anfang an auf der Seite der Rebellen gestanden hatte. Völlig ohne praktische Konsequenzen blieben die in der Zwischenzeit unternommenen Annäherungsversuche zwischen den Italikern und Mithridates, dem König von Pontus, der in die Provinz Asien eingefallen war und dadurch einen Krieg mit Rom provoziert hatte. Ebenfalls episodisch und folgenlos blieb ein Verstoß der Lukaner aus Bruttium in Richtung Sizilien.

Der Bürgerkrieg in Rom ließ im Jahre 87 den römischen Druck auf die Italiker abnehmen, die inzwischen auf den Südsektor zusammengeschrumpft und infolge wiederholter Niederlagen stark geschwächt waren, aber immer noch die Bollwerke Nola und Isernia hielten. Schließlich gelangte man zu einer Vereinbarung, die sämtlichen noch gegen Rom revoltierenden Gemeinden das volle römische Bürgerrecht garantierte und tatsächlich auch zugestand; darüber hinaus wurde vereinbart, daß die Besiegten ihre Kriegsbeute behalten durften und daß ihre Gefangenen freigelassen werden sollten. So erlosch der vier Jahre zuvor mit großer Vehemenz begonnene Konflikt ziemlich plötzlich, ohne großes Trauma und sogar mit relativ günstigen Bedingungen für die Italiker.

In der Tat waren schon im ersten Jahr des Krieges aus Furcht, die anderen Alliierten – vor allem Etrusker und Umbrer – könnten sich den Rebellen anschließen, die alten Pläne einer automatischen und generellen Konzession des römischen Bürgerrechts an die Völker Italiens, die zunächst auf so hartnäckigen Widerstand gestoßen waren, nun, durch die Umstände bedingt, zur Reife gelangt. Die 90 v. Chr. vom Konsul L. Iulius Caesar vorgebrachte und im gleichen Jahr beschlossene ,,lex Iulia de civitate Latinis et sociis danda" gewährte das Bürgerrecht all jenen Latinern und Italikern, die es noch nicht besaßen, wenn sie mit Rom nicht im Krieg standen oder bereit waren, die Waffen sofort niederzulegen. Dieses Gesetz wurde 89 in die ,,lex Calpurnia de civitate sociorum" und in die ,,lex Plautia Papiria" integriert. Gleichzeitig dehnte die ,,lex Pompeia de Transpadanis" das latinische Bürgerrecht auf ganz Norditalien aus (was vermuten läßt, daß die Bewohner der Cispadana, d. h. der Emilia, schon vorher in diesen Genuß gekommen oder den Italikern auf der Halbinsel in anderer Weise gleichgestellt waren). Während diese mehr oder weniger schnell applizierte Gesetzgebung die Bedürfnisse der nicht kriegführenden Alliierten wie der Etrusker, Umbrer und Gallier zufriedenstellte, untergrub sie zweifellos die ursprünglich sehr kompakte Geschlossenheit der Rebellen und wurde zu einer der Hauptursachen für deren sich rasch verschlechternde Kriegslage. Diese neue Gesetzgebung ließ zwar jene leidenschaftlichen und tendenziell ,,nationalistischen" Motive, die die Gemüter zum Krieg getrieben hatten, weitgehend verschwinden, garantierte aber noch nicht einmal eine adäquate und volle Gleichstellung mit den Rechten der römischen Bürger. Für sämtliche neuen Bürger des zentral- und unteritalischen Raumes sah man de facto die Einschreibung in wenige tribus vor und reduzierte so Kapazität und Effizienz ihrer Stimmen in den Comitien (was als Zeichen für den anhaltenden Widerstand der römischen Senatoren gegen die Akzeptierung der italischen Forderungen zu werten ist). Den Versuch, diese Diskriminierung zu beseitigen, mußte der Volkstribun Q. Sulpicius Rufus infolge der gewalttätigen Reaktion von Sulla mit dem Leben büßen (es wiederholte sich so das Schicksal des Gaius Gracchus und des Livius Drusus). Diese Initiative wurde jedoch von der demokratischen Partei des Marius wiederaufgenommen und 87 v. Chr. schließlich erfolgreich durchgesetzt, als Sulla wegen seines Engagements im Pontischen Krieg abwesend war, und führte zur Versöhnung mit den Italikern.

An diesem Punkt beginnen sich die Probleme des Bundesgenossenkrieges mit jenen des Bürgerkrieges zu vermischen. Die

Rückkehr Sullas aus dem Orient im Jahre 83 hatte trotz einer allgemeinen Garantieerklärung bezüglich der den italischen Völkern neu gewährten Rechte in der Tat den Beginn einer äußerst scharfen Offensive gegen die Neubürger (oder gegen solche, die es gerade wurden) zur Folge, die sich in ihrer großen Mehrheit logischerweise jener politischen Partei der Marianer verbunden fühlten, von der sie begünstigt worden waren. Die nun wieder ins Rampenlicht tretenden Etrusker nahmen – bedingt durch ihre Freundschaft mit Marius und seinen Gefolgsleuten – am Kampf der Marianer gegen Sulla und dessen Generäle teil, erlitten aber in Chiusi eine schwere Niederlage. Volterra wurde nach einer langen Belagerung erstürmt und mußte sich ebenso wie Populonia äußerst harten Bedingungen beugen. Sulla ließ Militärkolonien in Volterra, Chiusi, Arezzo und Fiesole einrichten. Auf der anderen Seite vereinigten sich die samnitischen Kontingente unter dem Kommando des Pontius Telesinus und seines Bruders mit den Streitkräften der antisullanischen Resistenz, die erlitten sie in Sacriporto (Colleferro), vor den Toren Roms (in der Schlacht bei der Porta Collina) und schließlich in ihrer letzten Hochburg Palestrina (82 v. Chr.) vernichtende und entscheidende Niederlagen. Sullas Haß auf die Samniten drückte sich auch danach noch in harten Strafexpeditionen in den Bergen Samniums aus.

So erlosch in den ersten Jahrzehnten des 1. Jhs. v. Chr. die Geschichte der Völker des vorrömischen Italien allmählich in einem düsteren Geflacker von traurigen Ereignissen; einerseits bedeuteten sie das endgültige Todesurteil für die noch verbliebenen nationalen Besonderheiten, andererseits aber eröffneten sie die Aussicht auf eine Konvergenz und einen fruchtbaren Beitrag der verschiedenen Volksstämme und Traditionen in der Einheit des römischen Italien und vereinigten somit die Antithesen in der Synthese. Das Datum 90 v. Chr. hat in gewissem Sinn nur symbolische Bedeutung. In der Tat kamen – sieht man einmal von dem langsamen Romanisierungsprozeß im juristischen Sinne ab (der auch einige kurzzeitige Rückschritte wie im Falle der durch Sulla wieder des römischen Bürgerrechts beraubten Volterraner und Aretiner einschließen konnte) – zu den sullanischen Repressionen noch weitere Ereignisse von destabilisierender und zerstörender Wirkung hinzu wie der vandalische Plünderungszug des Spartacus mit seiner Horde rebellischer Sklaven durch Süditalien

(72–71 v. Chr.), die Niederlage der etruskischen Gefolgsleute des
Catilina in Pistoia (62 v. Chr.) und besonders die Eroberung,
Plünderung und der Brand von Perugia durch Octavian mit einem Massaker an den lokalen Honoratioren („perusinischer
Krieg" von 41–40 v. Chr., der als Vernichtung der etruskischen
Nation gesehen wurde: Properz, Elegia II 1, 29). Diese Ereignisse
trugen zusammen mit den Beschlagnahmungen und Kolonisierungen von Caesar und Augustus dazu bei, den Nerv der noch
vorhandenen sozialen, kulturellen und linguistischen Traditionen
der Gemeinden der italischen Welt auf der Halbinsel zu treffen
und ihn auszulöschen. Dagegen mußte Norditalien, das schon
sehr bald und umfassend von den römischen Modellen beeinflußt
war – vielleicht infolge des Mangels an eigenständigen gehobenen
Zivilisationsmodellen –, auf den Erhalt eines ausgedehnten und
generalisierten römischen Bürgerrechts bis in caesarische Zeit
warten („lex Roscia de civitate Transpadanorum" von 49 und
wahrscheinlich auch andere Verfügungen bis zur Auflösung der
Provinz Gallia Cisalpina unter den Triumviren von 42). Unter
Augustus präsentiert sich uns endlich ein von der Meerenge von
Messina bis zu den Alpen geeintes und völlig befriedetes Italien.

Epilog: Überbleibsel und Wiederaufleben

Am Ende dieses historischen Zyklus und unseres zeitlichen
Überblicks stand also der Übergang von der Pluralität zur Einheit des antiken Italien im juristisch-institutionellen, linguistischen und kulturellen Sinn. Diese Konzeption vermag übrigens
nur annähernd oder vereinfachend eine wesentlich komplexere
Realität auszudrücken, so wie auch die chronologische Fixierung
dieser Veränderung in den Beginn des 1. Jhs. v. Chr. nur Annähe-
rungswert haben kann. Man muß jedenfalls unterstreichen, daß
diese Umwandlung von radikaler Natur war, auf Grund des völligen und irreversiblen Untergangs der nationalen Gefüge,
sprachlichen Traditionen, religiösen Konzeptionen und politischen Einheiten, die Jahrhunderte lang mehr oder weniger kontinuierlich angedauert hatten und nun durch die neuen, von Rom
diktierten Strukturen ersetzt wurden. Inwieweit oder bis zu welchem Grad dies nun von der gewalttätigen oder zerstörerischen

Aktion der dominierenden Macht oder vom Willen der unterworfenen Völker oder vom unabänderlichen Gesetz der Zeiten und Umstände abhing, ist ein Thema alter Kontroversen, denen es manchmal nicht an einer über die Ziele objektiver Geschichtsbetrachtung hinausgehenden Naivität mangelt.

Die Erschöpfung der autonomen Vitalität der Völker des vorrömischen Italien bedeutete jedoch keineswegs ihr völliges Erlöschen. Die Bewohner des römischen Italien bleiben immer die Nachkommen der Menschen des vorrömischen Italien, sieht man einmal vom beträchtlichen Anwachsen der Einwanderer aus dem östlichen Mittelmeerraum oder aus anderen Gegenden des römischen Reichs ab. Diese Feststellung gilt auch für die Römer und Latiner selbst. Die demografische Zusammensetzung blieb die gleiche, auch wenn sich Lebens- und Zivilisationsformen geändert hatten. Die Familien gingen vom Vater auf den Sohn über. Das beweist ganz deutlich die Onomastik mit den Gentiliznamen, deren Ursprung aus den verschiedenen Stämmen (etruskischen, oskischen, venetischen, gallischen etc.) auch in der latinisierten Form noch gut erkennbar ist. Die generelle Durchsetzung des Lateinischen und das Verschwinden der anderen Sprachen symbolisieren am augenscheinlichsten den Übergang von der alten in die neue historische Aera. Wir dürfen dabei freilich nicht vergessen, daß das Lateinische kein fremder Faktor war, sondern ebenfalls zum sprachlichen Erbgut der alten italischen Welt gehörte.

Die römische Zivilisation der späten Republik und der frühen Kaiserzeit basierte in Wirklichkeit großenteils auf dem Zusammenfließen von Elementen aus den verschiedenen Teilen Italiens, die selbstverständlich dem einheitlichen Gepräge des soziopolitischen römischen Systems, der hellenistisch-römischen Konzeptionen und Moden und der linguistischen latinitas angepaßt worden waren. Das merkt man unter anderem besonders in der Literatur; so sind berühmte lateinische Dichter und Schriftsteller seit dem 3. Jh. v. Chr. meist von Geburt keine Römer, sondern unterschiedlicher italischer Abstammung. So stammte etwa Livius Andronicus aus Tarent, Naevius aus Campanien, Plautus aus dem umbrischen Sarsina, Ennius („mit den drei Herzen": dem griechischen, oskischen und latinischen) aus Rudiae im Salento, Cato der Censor aus Tusculum, Varro aus dem sabinischen Rieti, Cicero aus Arpino, Catull aus Verona, Sallust aus Amiternum, Vergil aus Mantua, Horaz aus dem apulischen Venosa, Properz aus dem umbrischen Assisi, Ovid aus dem pälignischen Sulmona, Titus Livius aus dem venetischen Padua, Velleius Paterculus aus der campanischen Familie der Magier, Statius aus dem campanischen Neapel, Persius aus Etrurien und Plinius aus Como. Zeitlich jünger und von geringerer Bedeutung sind verständlicherweise die analogen Fälle von Persönlichkeiten des politischen Lebens und der römischen Gesellschaft. Zum Senat, zum Konsulat und zu anderen hohen Magistraturen haben Mitglieder verschiedener etruskischer Adelsfamilien Zutritt gehabt, so schon im 2. Jh. v. Chr. die Perperna, Numisii und Aburii (als Folge von einzelnen älteren Konzessionen des römischen Bürgerrechts), später unter anderen die Caesennii, Tarquitii, Volcacii und schließlich die Caecina, Aconii und die Rufii aus Volsinii, die es bis in die späte Kaiserzeit gab. Aus Volsinii stammte auch L. Aelius Seianus, jener berüchtigte Minister des Tiberius. Die Kaiserwürde erlangten sogar M. Salvius Otho aus einer aus Ferento stammenden Familie (Salvii) und später – im 3. Jh. n. Chr. – C. Vibius Trebonianus Gallus aus Perugia. Es mag fast überflüssig erscheinen, an den großen Einfluß zu erinnern, den der raffinierte Intellektuelle Maecenas aus der alten aretinischen Adelsfamilie der Cilnii als Ratgeber von Augustus im damaligen Rom ausübte. Der caesarischen und augusteischen Phase gehörte der Politiker und Literat C. Asinius Pollio an, der ein Enkel des berühmten Marruciner-,,Condottiere“ Asinius Herius (aus dem Bundesgenossenkrieg) war. Anderen Persönlichkeiten von einer gewissen Bedeutung aus den italischen Zonen mit oskischer Sprache begegnen wir zwischen dem Ende der Republik und dem Beginn der Kaiserzeit. Diese trugen – vielleicht einschließlich des Pilatus, des Präfekten von Judäa – oft illustre Familiennamen wie die der Poppaedii, Magii und Pontii. Mit den Flaviern erlangte schließlich eine sabinische Familie aus Rieti die kaiserliche Macht.

Aber all diese, wenn auch interessanten Konstatierungen sind nichts weiter als ein Reflex der natürlichen und allgemeinen Kontinuität der italischen Bevölkerung im römischen Italien. Von Interesse mag die Tatsache sein, daß das italische Element in der Anfangsphase der Einigung noch vorherrschend war, während schon seit Beginn des 1. Jhs. n. Chr. und dann stärker noch in der fortgeschrittenen Kaiserzeit in Politik und Literatur auch und vor allem Elemente aus den Provinzen eine wichtige Rolle spielen sollten. Wenn man sich auch die wirtschaftlichen und religiösen Fakten und die Zusammensetzung der Legionärsheere vor Augen hält, dann kann man zusammenfassend bestätigen, daß es eine Anfangsphase mit einer vorwiegend italischen Romanität gab, der dann eine Periode mit einer universalen Romanität folgte (die 212 n. Chr. unter Caracalla auch formal durch die Verleihung des römischen Bürgerrechts an alle Reichsuntertanen sanktioniert wurde).

Das historische Erbe der italischen Völker an die Zivilisation der römischen Welt betraf nicht nur die Menschen, sondern auch deren Siedlungen und Gemeinschaften. Fast sämtliche römische Städte gehen auf vorrömischen Ursprung zurück (Ausnahmen bilden einige koloniale Gründungen wie Alba Fucens, Aquileia, Augusta Taurinorum = Turin, Augusta Praetoria = Aosta etc., dann Zentren mit glückverheißenden Namen wie Placentia = Piacenza, Florentia = Florenz, in denen es übrigens nicht an schon älteren Siedlungsspuren fehlen mußte, und die Fora oder Marktplätze wie Forum Iulium → Friaul, Forum Livii = Forlì etc.). Die griechischen, lateinischen, etruskischen, umbrischen, oskischen, apulischen, venetischen und keltischen Namen, die großenteils vorindoeuropäischen Ursprungs sind, lebten alle in der lateinischen Form weiter, viele sogar – in der italienischen Form – bis zum heutigen Tage. Das Leben ging überall kontinuierlich durch die Jahrhunderte weiter, auch wenn sich dabei die Stadtformen und -landschaften allmählich veränderten (aber die etruskischen Stadtmauern von Perugia z. B. fungierten als Bollwerke bis in die Renaissancezeit und das Zentrum von Neapel wird noch heute vom Plan der griechischen Stadt bestimmt).

Auch wenn man von dem ganz offensichtlichen Weiterbestehen einiger kantonaler ethnischer Gruppen vor allem in Norditalien im alpinen Bereich während der römischen Kaiserzeit einmal absieht, so haben vermutlich fast überall gewisse Aspekte lokaler oder regionaler Traditionen, die auf die alten ursprünglichen Nationalitäten zurückzuführen sind, dem massiven Romanisierungsprozeß des 1. Jhs. v. Chr. standgehalten und sind auch auf die nachfolgenden Perioden in irgendeiner Weise übertragen worden. Das trifft etwa für an besonderen Orten verwurzelte

Kulte zu, die Charakteristiken der griechisch-römischen Religion annahmen und sogar ins Christentum transferiert werden konnten wie gewisse weibliche Gottheiten, die im Bild der Madonna weiterlebten. Und es gilt auch für uralte Bräuche und abergläubische Traditionen, die im Volkstum vor allem Süditaliens weiterblühten. Im linguistischen Bereich wurde das lateinische Vokabular durch Worte aus verschiedenen älteren italischen Idiomen bereichert (weshalb wir auch heute noch im Italienischen Worte etruskischen Ursprungs wie persona = Person, popolo = Volk, milite = Soldat etc. verwenden). Manche dialektalen, in erster Linie phonetischen Besonderheiten des Italienischen scheinen auf Einflüsse des vorlateinischen Substrats zurückzugehen wie etwa die möglichen Reflexe des Oskischen in Unteritalien und des Keltischen in Norditalien. Unsicherer, aber nicht auszuschließen ist die Ableitung der toskanischen Aspiration vom Etruskischen. In Zentren des Südens wie in Neapel sprach man während der gesamten Antike weiterhin griechisch, und einer seriösen Hypothese zufolge wurzeln die meist erst der byzantinischen Herrschaftszeit zugeschriebenen griechischen Sprachinseln in Kalabrien und Apulien wenigstens teilweise in der alten griechischen Kolonialzeit.

Als Erinnerung an die alten Völker Italiens überlebten auch die Bezeichnungen ihrer Territorien. Wie wir schon eingangs feststellten, bezogen sich die Regionen der augusteischen Aufteilung Italiens ganz deutlich auf die vorher existierenden ethnisch-historischen Einheiten, und das nicht nur im Sinne einer gelehrsamen Reminiszenz, sondern einer fortdauernden Realität der ethnischen Geografie, auch wenn sie sich dem Willen zu einer gewissen systematischen Ordnung fügen mußte. Von 11 Regionen besitzen 9 historische Namen: Die erste umfaßte Latium und Campanien und nahm dabei vielleicht auf die im 4. Jh. v. Chr. geknüpften speziellen Verbindungen Rücksicht; die zweite bezeichnete Apulien generell oder genauer gesagt Mittel- und Nordapulien (= Apulia) und das Salento (= Calabria mit seiner Bevölkerung der Salentiner) und schloß im Westen sogar noch die ostitalischen Hirpiner mit ein; die dritte Region entsprach der heutigen Basilicata und Kalabrien mit den respektiven Namen Lucania und Bruttii (man beachte das völlige Fehlen eines Hinweises auf die griechische Präsenz); die vierte vereinigte Samnium

mit einem Teil der zentralen sabellischen Territorien (Sabini); die
fünfte, Picenum, erstreckte sich längs der Adriaküste zwischen
den Flüssen Aternus und Aesinus und schloß dabei außer dem
Gebiet der alten Picener auch das der Prätuzier und z. T. der
Vestiner mit ein; die sechste Region, Umbria, umfaßte auch einen
adriatischen Küstenabschnitt des alten ager Gallicus (der von
Rom am Beginn des 3. Jhs. v. Chr. einverleibt worden war); die
siebte entsprach dem historischen Etrurien mit einer gewissen
Erweiterung in das ligurische Territorium um Luni; die neunte
Region bezeichnete das antike Ligurien bis zur Grenze des Po's;
die zehnte vereinigte Venetien und Istrien. Keine ethnisch-historischen Namen trugen die achte Region Aemilia, die nach der sie
durchziehenden Via Aemilia benannt worden war, aber sonst
auch als Gallia Cispadana bezeichnet wurde, sowie die elfte Region, die sogenannte Transpadana, deren geografische Bedeutung
(jenseits des Po's: entspricht dem heutigen Nordpiemonte und
der Lombardei) im übrigen als Gallia Transpadana zu verstehen
ist. Norditalien als Ganzes wurde noch lange als Gallia bezeichnet, wenn auch in ,,verkleideter", d. h. römischer Form.

In der Spätantike kamen noch Sizilien sowie Sardinien und
Korsika hinzu, die vorher ausländische Provinzen waren, doch
sollte das übrige augusteische Schema bis auf einige kleine Modi-
fizierungen unverändert bleiben (so löste sich z. B. die Sabina von
Samnium und nahm den Namen Valeria der gleichlautenden Straße an, und Umbrien vereinte sich mit Etrurien, das jetzt vorzugs-
weise Tuscia genannt wurde). Einige Anklänge an die antike
Gliederung lebten auch im Mittelalter weiter trotz der vor allem
durch ethnische und politische Faktoren bedingten Neuerungen
(wie Lombardei von den Langobarden, Romagna in der östlichen
Emilia, Pentapoli und dann Marca d'Ancona in Ostumbrien und
im Nordpiceno, Basilicata anstelle von Lucania, die Verlegung
des Namens Calabria vom Salento auf die heutige Region). Sie
erhielten sich sogar bis in die Neuzeit, als die humanistische Gelehrsamkeit zur Wiederbelebung der Erinnerung an die traditionellen Namen und Territorien beitrug. Die heutige regionale
Aufteilung Italiens knüpft in vieler Hinsicht an die antike an und
trägt auch großenteils – teilweise leicht verändert – die selben
Namen: Liguria, Venezie und Veneto, Emilia, Toscana, Umbria,
Lazio, Campania, Puglia, Calabria, Sicilia, Sardegna.

Karte 12: Die Regionen des vereinigten Italiens zur Zeit von Augustus

Zu den großen allgemeinen Erbgütern der italischen Welt an das Römertum gehörten außer den römisch-latinischen Traditionen, die unmittelbar und in großem Umfang in die Erfahrungen der spätrepublikanischen und kaiserzeitlichen römischen Gesellschaft einflossen, auch – soweit wir das mit mehr oder weniger großer Sicherheit schließen können – verschiedene Institutionen, Gebräuche und Manifestationen: So etwa einige Merkmale und vielleicht auch die ursprüngliche Inspiration selbst der municipalen Ordnung, die im römischen Italien vorherrschte, und aus Städten mit römischen Bürgern innerhalb des römischen Staates bestand: diese verfügten über eine gewisse administrative Autonomie, was seinen Ausdruck in einer Selbstverwaltung mit lokalen Magistraturen und einem eigenen Territorium (municipium) fand; auf dem religiösen Sektor ist es die auf etruskischen Ursprung zurückgehende Weissagungspraxis der Haruspicina; die Begleitung der Verstorbenen während der Totenfeierlichkeiten mit den Bildnissen der Vorfahren und einer Prozession von Musikern, wahrscheinlich ebenfalls etruskischen Ursprungs; im Bereich der Zeremonien der Pomp des Triumphes, das Lusus Troiae genannte und in Etrurien schon seit dem 7. Jh. bekannte Reiterspiel der jungen Männer, dann die Gladiatorenspiele campanischen und vielleicht – mittelbar – etruskischen Ursprungs; in der Literatur und im Theaterwesen die Atellane oder Possenspiele aus Atella in Campanien; in der Kunst die Entstehung volkstümlicher oder lokaler Malerei und Skulptur, die im Gegensatz zu den großen offiziellen Kunstströmungen von hellenistischem oder klassizistischem Geschmack fortdauerte und sogar jene summarischen, geometrisierenden und expressiven Formen betonte, auf die schon bezüglich des italischen Raumes in den Schlußphasen seiner kulturellen Autonomie hingewiesen wurde.

Zweifelsohne gab es in der Geschichte des kaiserzeitlichen Roms Momente, in denen Rückbesinnungen auf die italischen Wurzeln stärker als sonst hervorzutreten schienen, wobei nicht immer klar zu unterscheiden ist, ob diese nun mehr an generelle ideologische, politische und soziale Tendenzen oder an bestimmte Personen und Lebensräume gebunden waren, die bewußt alte Erinnerungen wachrufen wollten. In der Endphase des Einigungsprozesses von Italien und des Übergangs von der Republik zum Principat übernahm sogar Octavian höchstpersönlich – sozusagen als Leitmotiv – die Verteidigung der italischen Tradition gegen den „Orientalismus" des Marcus Antonius (und auch seines Adoptivvaters Julius Caesar). Zu dieser Neigung paßte das Konzept der augusteischen Restauration im Sinne einer „Rückkehr" zu den Tugenden der Vorfahren und zugleich einer Wiedergeburt eines neuen, von Prosperität und Frieden gekennzeichneten Zeitalters. In der Praxis führte das zu einer Renaissance von alten Institutionen und Kulten, während sich auf ideologischer Ebene die Politik des Augustus in ihrem literarischen Umfeld reflektierte und sich aus diesem zugleich inspirierte. Dieser literarische Kreis, dessen Patron der Etrusker Maecenas war, fand seinen höchsten Ausdruck in der Dichtung des Vergil, der das kriegerische Italien mit all seinen alten Völkern in der Aeneis und das ländliche und produktive Italien in seiner Georgica besang. Unter den Initiativen des Augustus kann die Wiederbegründung und Stadtwerdung des alten Veji als Municipium Augustum Veiens hervorgehoben werden, was als einzigartige Hommage an die Vergangenheit der einst berühmten Gegnerstadt von Rom zu werten ist. Nur kurz zuvor hatte Properz in seinen Versen (Elegia IV 10, 27–30) noch das romantische Bild des zerstörten und vom Erdboden verschwundenen Veji beschworen.

Es ist durchaus wahrscheinlich, daß am augusteischen Hof die wissenschaftlichen Interessen für das alte Italien begünstigt und gepflegt worden sind, was sich etwa auch in der Berufung des gelehrten Lexikographen und Etruskologen Verrius Flaccus zum Lehrer der beiden Enkeln des Kaisers, Gaius und Lucius Caesar, ausdrückt. In diesem kulturellem Klima konnte auch eine Persönlichkeit wie Tiberius Claudius Drusus, also der spätere Kaiser Claudius, heranreifen. Und in diesem Sinne verband auch das gemeinsame Interesse, nämlich die Erinnerung an die Vergangenheit wachzuhalten, die beiden Kaiser Augustus und Claudius. Wie Verrius Flaccus verfaßte auch Claudius Abhandlungen über die etruskische Vergangenheit. Seine historische Doktrin hinsichtlich der Beziehungen zwischen dem archaischen Rom und der etruskischen Welt kam in einer Ansprache vor dem römischen Senat im Jahre 48 n. Chr. zum Ausdruck und findet sich auch in der Inschrift auf einer Bronzetafel aus Lyon (CIL XIII 1668). Er unternahm eigenmächtig den pedantischen und nur kurz währenden Versuch, das lateinische Alphabet durch die

Einführung eines umgedrehten Buchstaben F zu reformieren, der an das etruskische Digamma erinnerte, um so das „u" mit konsonantischem Wert vom „v" zu unterscheiden. Claudius pflegte offensichtlich auch Beziehungen zu Nachkommen der etruskischen Aristokratie, wobei ihm vermutlich der Einfluß seiner vielleicht aus Caere stammenden ersten Frau Urgulanilla zu Hilfe kam, und zu den etruskischen Städten, von denen ihm eine – nämlich Caere – eine Statue und anscheinend ein Monument weihte, von dem uns ein fragmentarisches Relief mit den symbolischen Personifikationen von drei Städten der alten etruskischen Liga erhalten geblieben ist.

Wir wissen nichts über das Schicksal dieser Liga nach dem Fall von Volsinii in der ersten Hälfte des 3. Jhs. v. Chr. Möglicherweise blieben einige sakrale oder spielerische Manifestationen erhalten. Es besteht aber kein Zweifel daran, daß diese Liga in der römischen Kaiserzeit im Sinne einer offiziellen und gelehrsamen Wiederbelebung erneuert worden ist. Allerdings bleibt unklar, ob dies erst unter Claudius oder schon unter Augustus geschah. Jedenfalls besitzen wir konkrete epigrafische Zeugnisse vom 1. bis zum 4. Jh. n. Chr. über die Ämter des „praetor Etruriae" oder „praetor (Etruriae) quindecim populorum" (offensichtlich bestand die etruskische Konföderation inzwischen aus 15 statt aus 12 Städten) und des „aedilis Etruriae", die von römischen Persönlichkeiten unterschiedlichen Ranges bekleidet wurden. Das Praetorenamt ist höher einzustufen und wurde sogar dem Kaiser Hadrian zusammen mit anderen alten lokalen Ämtertiteln verliehen, die ihm zu Ehren wieder eingeführt worden waren, darunter „Diktator von Latium", „Demarch von Neapel" und – außerhalb Italiens – „Archon von Athen" (Spartianus, Vita Hadriani in: Historia Augusta 19, 1). Zweifelsohne hatte Hadrian besonderes Interesse für die Traditionen nicht nur von Etrurien (das könnte man auch mit dem Aufstieg einiger Persönlichkeiten zu seiner Zeit erklären, die in gewisser Weise mit dem etruskischen Umkreis verbunden waren), sondern von ganz Italien und darüber hinaus von Griechenland und dem Orient, wie wohl bekannt ist. Selbstverständlich muß die alte etruskische Institution in der Kaiserzeit eine vorwiegend auf religiöse Zeremonien, Schauspiele, Circusspiele und ähnliches beschränkte Aktivität ausgeübt haben, und vermutlich beinhalteten die oben zitierten

Ämtertitel nicht nur reine Ehrenaufgaben, sondern auch die Organisation und den Vorsitz von solchen Veranstaltungen. Der alten Tradition folgend spielten sich diese Festivitäten anscheinend wieder ,,bei Volsinii" ab (vielleicht an der Stelle des einstigen Fanum Voltumnae?), wie der berühmte Erlaß des Kaisers Konstantin aus dem umbrischen Spello präzisiert, der alle Bewohner dieser Stadt autorisiert, die Festlichkeiten zu Hause zu begehen, so daß die Reise nach Etrurien entfallen durfte. Hierbei handelte es sich um einen Reflex der neuen administrativen Ordnung Diokletians auf die lokalen Traditionen. Im Zuge dieser Neuordnung war Umbrien mit der Tuscia zu einer einzigen Region vereinigt worden. Möglicherweise stand den gemeinsamen Zeremonien ein ,,coronatus Tusciae et Umbriae" vor, wie er in einer anderen Inschrift des 4. Jhs. n. Chr. aus Spello genannt wird.

Das Erbe der formalen Konventionen der italischen Kunst beschränkte sich nicht auf die volkstümliche Kunstproduktion oder auf kleinere oder periphere Zentren Italiens, sondern erfaßte auch die Provinzen des römischen Reiches. Von soziologischem Interesse ist der Umstand, daß diese Tendenzen wie auch andere Gewohnheiten und Gebräuche von Legionären in die europäischen und afrikanischen Randgebiete des römischen Reiches gebracht und verpflanzt wurden; auch römische Funktionäre, die wenigstens im 1. Jh. n. Chr. großenteils italischer Abstammung waren, könnten in einigen Fällen als Übermittler aufgetreten sein. Die vereinfachenden und expressiven stilistischen Charakteristiken der italischen Tradition vereinigten sich jeweils mit den lokalen Eigenarten, was eine typische figurative Kreativität wie etwa in Gallien und Germanien zur Folge hatte. Andererseits können in Rom selbst die Erneuerung der herrschenden Klassen mit der Auflösung und dem Verschwinden der alten sozialen, auf den großen römischen Familien des Senatoren- und Ritterstandes basierenden Rangordnung, dann der Zustrom von Leuten aus den Provinzen und der progressive Aufstieg von subalternen Schichten eine Reaktion auf den in der offiziellen Kunst vorherrschenden Klassizismus und das Aufblühen von kursiven Formen begünstigt haben, die verborgenen, unter der Oberfläche der gräzisierenden Moden weiterfließenden Kunstströmungen entstammen. Eine bedeutsame ,,Stiländerung" manifestierte sich in der zweiten Hälfte des 2. Jh. n. Chr. im Bereich der großen und qualitativ herausragenden Kunstwerke wie etwa in den Reliefs der Marc Aurel-Säule oder in den kaiserlichen Portraits des 3. Jhs., in denen manchmal Anklänge an um einige Jahrhunderte ältere italische Skulpturen spürbar werden. Damit begann in einer Abfolge von Übertragungen und Innovationen der Übergang zur Kunst der Spätantike und des Mittelalters.

Bis in die Spätantike und das Mittelalter gelangten also – auch in anderer Hinsicht – weit zurückliegende Motive aus den Kulturen des vorrömischen Italien. Eigenartigerweise lebte zum Beispiel die Figur des Haruspex, sakraler Berater der politischen und militärischen Machthaber, hartnäckig bis ins 4. und sogar 5. Jh. n. Chr. weiter und demonstrierte die letzten Praktiken heidnischer Religion. Das gelehrte Interesse dieser späteren Perioden zeigt sich in der Sammlung und Überlieferung von fragmentarischen Notizen unterschiedlicher Herkunft einer bereits vor Jahrhunderten untergegangenen Welt, die aber immer noch Interesse wachrufen konnte. Das geht auch aus den analytischen Anmerkungen hervor, welche die Evokation des ältesten Italien in den Kommentaren zur Aeneis des Vergil begleiten, die vor allem dem Grammatiker Servius zu verdanken sind. Lexikografen wie Hesychios brachten dagegen wieder Worte der längst vergessenen alten Sprachen ans Tageslicht, und christliche Schriftsteller wie Arnobius und byzantinische wie Johannes Laurentios Lydos schrieben gelehrte Abhandlungen über die religiösen Doktrinen vor allem etruskischen Ursprungs.

Es ist aber nicht abzustreiten, daß in dem grandiosen Patrimonium historischer Traditionen, die sich von der Antike durch das Mittelalter bis in die jüngere Zeit bewahrten, die Erinnerungen an die italischen Völker unvermeidlich vom griechischen und lateinischen literarischen Erbe absorbiert und erstickt und im Gesamtbild der klassischen Welt vermengt worden sind. Erst mit dem Beginn der Renaissance wurden sie wieder allmählich – in den folgenden Jahrhunderten dann immer klarer – unterschieden, vor allem dank der archäologischen Entdeckungen und der wissenschaftlichen Untersuchung der Denkmäler. Ihre Wiedergewinnung und Interpretation besonders hinsichtlich ihres historischen Aussagewertes sind derzeit noch in vollem Gange.

Chronologische Tabelle

Zeitraum	Wichtige Ereignisse in Italien	und	im übrigen Mittelmeerraum
16.–15. Jh. v. Chr.	Mittlere Bronzezeit (sog. Appenninenkultur) – Völker, die verschiedene Arten von indoeuropäischen Sprachen sprechen, bereits nach Italien eingewandert sind und sich teils untereinander, teils mit indigenen Völkern vermischt haben – mykenische Einflüsse (Mykenisch I und II)		Blütezeit der späthelladischen (mykenischen) Kultur in Griechenland – mykenische Eroberung von Kreta – 18. ägyptische Dynastie und Vorherrschaft Ägyptens im vorderen Orient
14.–13. Jh. v. Chr.	Jüngere Bronzezeit (sog. Spät- und Subappenninenkultur) – größter mykenischer Einfluß (Mykenisch III A und B) und wahrscheinliche mykenische Frequentierung der süditalienischen, tyrrhenischen und insularen Küsten		Zentralisierte Macht und weite Verbreitung des politisch-wirtschaftlichen Systems der Mykener im Mittelmeerraum – 19. ägyptische Dynastie und Blütezeit des Hethiterreiches in Kleinasien – erste Wanderungen der Seevölker
gegen 1200 v. Chr.			Traditionelle Daten des Trojanischen Kriegs
12.–11. Jh. v. Chr.	Ausgehende Bronzezeit (sog. Protovillanovakultur) – Völkerbewegungen: Japyger nach Apulien; Ausoner, Sikuler u. a. auf die Äolischen Inseln und nach Sizilien – letzte mykenische Einflüsse (Mykenisch III C) und Niedergang der Beziehungen zum ägäischen Raum		Krise im östlichen Mittelmeerraum und im vorderen Orient: Seevölker (Plst, Trš, Šrdn, Šklš etc.: mögliche Verbindungen zum italischen Raum) – Niedergang und Zerstörung des mykenischen Systems – submykenischer und protogeometrischer keramischer Stil

Zeitraum	Wichtige Ereignisse in Italien	und	im übrigen Mittelmeerraum
10. Jh. v. Chr.	Letzte Phasen der ausgehenden Bronzezeit – Beginn der regionalen Differenzierung im Hinblick auf die künftigen ethnisch-historischen Gruppierungen		Wahrscheinlicher Beginn der phönikischen Seefahrten und Kolonisierungen im Westen
9. Jh. v. Chr.	Eisenzeitliche Kultur mit unterschiedlichen Äußerungen der einzelnen ethnischen Gruppen (,,Paläoitaliker" im Bereich der Fossagräberkultur, Japyger in Apulien, erste östliche Italiker im mitteladriatischen und zentralappenninischen Gebiet, Latiner in Latium, Etrusker im Bereich der		Ablösung des monarchischen durch das oligarchische System in Griechenland – Formation der Polis – Kultur mit charakteristischem geometrischem Stil
	Villanovakultur, Paläoveneter im Gebiet der Estekultur) – villanovianische Expansion nach Norden (Emilia-Romagna) und Süden (Gegend von Salerno)		Phönikische Kolonien im westlichen Mittelmeerraum
gegen 800 v. Chr.			Gründung von Karthago
	Etruskische Seefahrten in das südtyrrhenische Meer und Beginn der etruskischen ,,Thalassokratie" – Eindringen des geometrischen keramischen Stils in das tyrrhenische Italien		Beginn der griechischen Seefahrt und Kolonisation nach Westen
gegen 775 v. Chr.	Gründung der griechischen Kolonie Pithekusa auf der Insel Ischia durch die Euböer und wenig später von Cumae an der campanischen Küste		

Zeitraum	Wichtige Ereignisse in Italien	und	im übrigen Mittelmeerraum
gegen 750 v. Chr.	Euböische Gründung von Naxos und megarische Gründung von Megara Hyblaea auf Sizilien		
	Herausragende Entwicklung der fortgeschrittenen Villanovakultur in Etrurien – soziale Differenzierungen und Hervortreten einer Führungsschicht – Formation der Städte in Etrurien, Latium und Campanien (753 kanonisches Datum der Gründung Roms)		
gegen 730 v. Chr.	Korinthische Gründung von Syrakus		
gegen 715/ 10 v. Chr.	Achäische Gründungen von Sybaris und Kroton, lakonische Gründung von Tarent		Ausbreitung des orientalisierenden Geschmacks in Griechenland
	Erste orientalisierende Einflüsse im tyrrhenischen Italien – Einführung des (euböischen) Alphabets in Etrurien		
gegen 700–670 v. Chr.	Rhodisch-kretische Gründung von Gela, lokrische Gründung von Locri Epizefirii, kolophonische Gründung von Siris		
	Volle Entwicklung der orientalisierenden Kultur in Etrurien mit Reflexen in Latium – Blütezeit von Caere und Praeneste – Sabiner in Rom		
gegen 650 v. Chr.	Gründung von Selinunt durch Megara Hyblaea		Tyrannis in Korinth: Kypselos (657–627) und Periander (627–585) – besondere Blüte der Macht und der
	Korinthischer Einfluß – fortgeschrittene orientalisie-		

Zeitraum	Wichtige Ereignisse in Italien	und	im übrigen Mittelmeerraum
	rende Kultur – Bautätigkeit und Beginn der architektonischen Verzierung mit Terrakotten		Kultur Korinths – Entwicklung der „dädalischen" und peloponnesischen Kunst in Griechenland
gegen 615 v. Chr.	Etrusker in Rom („Aera des Tarquinius Priscus") – Höhepunkt der „Thalassokratie", des Handels und der Expansion zu Lande der Etrusker		Erste ostgriechische Seefahrten weit nach Westen: Kolaios aus Samos erreicht das iberische Tartessos
gegen 600 v. Chr.	Erste mögliche Invasionen der Kelten in Oberitalien		Phokäische Expansion zu Meere – Gründung von Massalia (Marseille)
			Reformen des Solon in Athen
gegen 580 v. Chr.	Knidier und Rhodier auf den Äolischen Inseln – Gründung von Agrigent durch Gela		Soziale und zivile Unruhen in Milet
	Blütezeit von Sybaris in Unteritalien		
	Blütezeit von Vulci in Etrurien		
gegen 575–530 v. Chr.	Möglicher Beginn von sozialen und zivilen Unruhen in Mittelitalien – Unternehmungen des Mastarna und der Brüder Vibenna – „servianische Periode" und Reformen, die Servius Tullius zugeschrieben werden		Hervortreten Karthago's unter den phönikischen Städten im Westen
545 v. Chr.			Kyros, König der Perser, erobert Kleinasien – Flucht der Phokäer nach Westen, wo sie sich anderen, bereits auf Korsika ansässigen Phokäern anschließen
gegen 540 v. Chr.	Etruskisch-karthagische Koalition gegen die Phokäer		

Zeitraum	Wichtige Ereignisse in Italien	und	im übrigen Mittelmeerraum
	von Korsika – Seeschlacht im sardischen Meer – etruskische Kontrolle über Korsika und erste Versuche der Eroberung Sardiniens durch Karthago		
535–530 v. Chr.	Gründung von Velia durch flüchtige Phokäer aus Korsika – samische Gründung von Dikaiarcheia (Pozzuoli) – Pythagoras in Italien		
	Allgemeine Verbreitung der ostgriechischen (jonischen) Kunst in Italien		
	Mögliche Allianz der Sarden (Serdaioi?) mit Sybaris gegen die karthagische Bedrohung		
gegen 530–510 v. Chr.	tyrannische Reaktion in Rom: ,,Periode des Tarquinius Superbus" – Vorherrschaft von Rom über Latium		
525 v. Chr.	Krieg und Niederlage der Etrusker gegen Cumae, das sich unter Aristodemos behauptet		
510–509 v. Chr.	Niederlage und Zerstörung von Sybaris durch Kroton		Ende des Tyrannis des Hippias und Einrichtung der Demokratie in Athen
	Traditionelles Datum des Endes der Monarchie und der Gründung der Republik in Rom – erster Vertrag zwischen Rom und Karthago		
	Expansion von Chiusi: König Lars Porsenna in Rom		
gegen 504 v. Chr.	Schlacht von Aricia: Aruns Porsenna wird von Aristo-		

Zeitraum	Wichtige Ereignisse in Italien	und	im übrigen Mittelmeerraum
	demos aus Cumae und den alliierten Latinern geschlagen		
	Eroberung Sardiniens durch die Karthager: Unternehmmung der Magoniden		
499–498 v. Chr.			Aufstand der Jonier in Kleinasien gegen die Perser
495 v. Chr.	Anaxilas Tyrann von Reghion		
490 v. Chr.	Ungefähre Zeit der karthagerfreundlichen Tyrannis des Thefarie Velianas in Caere – Beginn des Eindringens der Volsker nach Latium		Erster Perserkrieg: Offensive des Dareios und Schlacht von Marathon – Sieg der Massalioten über die Karthager bei Kap Artemision
485 v. Chr.	Gelon Tyrann von Syrakus		
480 v. Chr.	Sieg von Gelon über die Karthager bei Himera		Zweiter Perserkrieg: Schlachten bei den Thermopylen und vor Salamis; die folgenden Schlachten von Plataä und Mykale (479) beenden den Krieg
478 v. Chr.	Hieron Tyrann von Syrakus		
477 v. Chr.			Beginn der ,,50 Friedensjahre'' in Griechenland – Vorherrschaft von Athen – attisch-delischer Seebund
474 v. Chr.	Seeschlacht vor Cumae: Niederlage der Etrusker durch Hieron und die Cumaeer		
473 v. Chr.	Offensive und Sieg der Messapier gegen Tarent: mögliches Vordringen bis nach Rhegion		
	Entwicklung der Städte Inneretruriens und Blüte des		

Zeitraum	Wichtige Ereignisse in Italien	und	im übrigen Mittelmeerraum
	padanisch-adriatischen Etruriens (Bologna: Certosakultur, Marzabotto, Spina)		
468 v. Chr.	Einfall des Sabiners Appius Herdonius in Rom		
460–451 v. Chr.	Unternehmungen des Sikulers Duketios		Hauptblütezeit der griechischen Kultur, der Literatur und der klassischen Kunst – Athen unter der Herrschaft des Perikles
454–453 v. Chr.	Expeditionen der syrakusanischen Admiräle Phaillos und Apelles zu den Gewässern und Küsten Nordetruriens		
	Versuch der Einflußnahme Athens auf Betreiben des Perikles in Unteritalien und Sizilien		
446–444 v. Chr.	Panhellenische Gründung von Thurioi an der Stelle von Sybaris		
circa 440–430 v. Chr.	Druck der Samniten auf Campanien und Formierung des Volkes der Campaner		
431–421 v. Chr.			Erste Phase des Peloponnesischen Kriegs zwischen Athen und Sparta (archidamischer Krieg)
423 v. Chr.	Besetzung von Capua durch die Samniten und Ende der etruskischen Vorherrschaft in Campanien		
420 v. Chr.	Besetzung von Cumae durch die Campaner und		

Zeitraum	Wichtige Ereignisse in Italien	und	im übrigen Mittelmeerraum
	Beginn einer graeco-campanischen Herrschaft in Neapel		
415–413 v. Chr.	Athener Expedition gegen Syrakus – Teilnahme eines etruskischen Kontingents (vielleicht aus Tarquinia, angeführt von Velthur Spurinna?) auf seiten der Athener mit militärischem Teilerfolg – katastrophaler Ausgang der Expedition		
413–404 v. Chr.			Letzte Phase des Peloponnesischen Krieges und Niederlage Athens durch die Spartaner und Perser
409 v. Chr.	Aggression der Karthager auf Sizilien: Eroberung von Selinunt und Himera		
406–404 v. Chr.	Karthagische Eroberung von Agrigent, Gela, Camarina – Machtergreifung des Dionysios in Syrakus		
396 v. Chr.	Eroberung und Zerstörung von Veji durch die Römer		
circa 390 v. Chr.	Einfall der Gallier nach Mittelitalien und längs der adriatischen Küste – Konstituierung der lukanischen Liga		
387–383 v. Chr.	Konsolidierung der Herrschaft und der expansionistischen Politik des Dionysios – Einnahme von Rhegion – Unternehmungen im adriatischen Raum – Gründung von Ancona – Vereinbarungen mit den Galliern		

Zeitraum	Wichtige Ereignisse in Italien	und	im übrigen Mittelmeerraum
circa 386 v. Chr.	Gallischer Brand von Rom		Hegemonie von Sparta
384 v. Chr.	Plünderung des Heiligtums von Pyrgi durch die Flotte des Dionysios		
383–374 v. Chr.	Krieg zwischen Dionysios und Karthago, das mit den italiotischen Städten und den Lukanern verbündet ist – italiotische Liga des Archytas		
371 v. Chr.			Wiederaufschwung Athens – Schlacht von Leuktra – Vorherrschaft von Theben
367 v. Chr.	Tod des Dionysios, Herrschaft des Dionysios II. und Beginn einer anarchischen Phase in Syrakus und Sizilien		
	Wahrscheinliche Periode einer Hegemonie Tarquinia's in Etrurien		
358–351 v. Chr.	Krieg Tarquinia's unter Aulus Spurinna gegen Rom – Absetzung des Königs von Caere – Unternehmungen in Latium – Sklavenaufstand in Arezzo		
356 v. Chr.	Formierung der Liga der Bruttier – wachsender Druck der Lukaner auf die italiotischen Städte – Bedrohung durch die Messapier, die Metapont und Herakleia erobern		Beginn der expansionistischen Politik Philipp's II. von Makedonien in Griechenland
343–342 v. Chr.	Timoleon in Syrakus – der spartanische König Archidamos in Tarent		

Zeitraum	Wichtige Ereignisse in Italien	und	im übrigen Mittelmeerraum
340–338 v. Chr.	Siegreicher Krieg Roms gegen die Latiner, Volsker und Campaner – Gründung einer römisch-latinisch-campanischen Liga		
338 v. Chr.			Schlacht von Chaironeia und endgültige makedonische Vorherrschaft über Griechenland
336 v. Chr.			Tod Philipp's und Thronbesteigung von Alexander dem Großen
334–323 v. Chr.			Eroberungen Alexanders im Orient bis zu seinem Tode
circa 333–330 v. Chr.	Unternehmungen von Alexander dem Molosser in Unteritalien		
326–304 v. Chr.	Krieg Roms gegen die Samniten – Beziehungen Roms zu Apulien		
318–289 v. Chr.	Agathokles Tyrann von Syrakus und infolgedessen auch König der Sikelioten – Krieg gegen Karthago mit etruskischer Hilfe und Expedition nach Afrika – Unternehmungen in Unteritalien		
315–314 v. Chr.	Expedition des Spartaners Akrotatos nach Sizilien		
311–307 v. Chr.	Krieg der Etrusker gegen Rom		
306 v. Chr.	Römisch-karthagischer Vertrag mit der Zuteilung Italiens an Rom und Siziliens an Karthago		

Zeitraum	Wichtige Ereignisse in Italien	und	im übrigen Mittelmeerraum
303–302 v. Chr.	Expedition des Spartaners Kleonymos nach Unteritalien: Allianz mit Tarent gegen die Lukaner		
296–295 v. Chr.	Koalition der Samniten, Gallier, Etrusker und Umbrer gegen Rom – Niederlage der Samniten und Gallier bei Sentinum – römische Siege über die Etrusker		
circa 285 v. Chr.	Gründung des sog. Mamertinerstaats durch die campanischen Söldner des Agathokles in Messina		Hellenistische Kultur und Kunst in Griechenland und in den Diadochenreichen des Orients
285–282 v. Chr.	Siege der Römer über die gallischen Senonen – Eroberung des sog. ager Gallicus – Schlacht am Vadimonischen See – Auseinandersetzungen mit Samniten, Lukanern und Bruttiern – römische Besetzung der griechischen Städte in Unteritalien (Thurioi, Locri, Rhegion)		
280–272 v. Chr.	Krieg Roms gegen Tarent – Pyrrhos, König von Epirus, in Italien: anfängliche Siege über die Römer; glücklose Expedition gegen die Karthager in Sizilien; nach der Niederlage bei Benevent (275) verläßt er Italien – Einnahme Tarents		
265 v. Chr.	Aufstand der unteren Bevölkerungsschichten in Volsinii und Eroberung sowie Umsiedlung der Stadt durch die Römer		
264–241 v. Chr.	Erster punischer Krieg		

Zeitraum	Wichtige Ereignisse in Italien	und	im übrigen Mittelmeerraum
224 v. Chr.	Gallische Koalition gegen die Römer – Schlacht von Telamon – anschließende römische Besetzung der gallischen Territorien in der Poebene		
218–201 v. Chr.	Zweiter punischer Krieg – Hannibal in Italien		
199–196 v. Chr.	Römische Wiedereroberung von Norditalien		Krieg Roms gegen Makedonien – Beginn der römischen Unternehmungen und Eroberungen im östlichen Mittelmeerraum mit militärischer Unterstützung der italischen Bundesgenossen
186 v. Chr.	Senatsbeschluß ,,de baccanalibus": Unterdrückung des unter den italischen Bundesgenossen weit verbreiteten Dionysoskultes		
166 v. Chr.			Freihafen in Delos – Beginn der Aktivitäten von italischen Händlern im Osten
149–146 v. Chr.	Progressiver sozialer Aufstieg unterer Bevölkerungsschichten in Nordetrurien		Dritter punischer Krieg: Zerstörung von Karthago – endgültige Bestätigung der römischen Vorherrschaft im Mittelmeerraum
134–132 v. Chr.	Sklavenkrieg in Sizilien		
133 v. Chr.	Agrarreform und Tod des Tiberius Gracchus		
	Unzufriedenheit der italischen Bundesgenossen		
125 v. Chr.	Revolte und Zerstörung von Fregellae		

Zeitraum	Wichtige Ereignisse in Italien	und	im übrigen Mittelmeerraum
123–121 v. Chr.	Gesetzesvorschläge, auch zugunsten der italischen Bundesgenossen, und Tod des Gaius Gracchus		
91 v. Chr.	Ermordung des Tribunen Livius Drusus, Freund der Italiker, und Ausbruch des Bundesgenossenkrieges, der die oskisch sprechenden Volksstämme Mittel- und Unteritaliens miteinbezog – Präsentation der „lex Iulia" bezüglich der Gewährung des römischen Bürgerrechts an die Italiker		
90–87 v. Chr.	Fortsetzung und allmähliches Nachlassen des Krieges – Behauptung des Marius und seiner demokratischen, italikerfreundlichen Partei in Rom		Massaker an den Italikern im Orient und Krieg gegen Mithridates von Pontus – mögliche Kontakte des Mithridates mit den italischen Aufständischen
83–82 v. Chr.	Rückkehr von Sulla aus dem Orient und Repressionen gegen italische Elemente – Niederlage der samnitischen Kontingente in den Schlachten von Sacriporto, Porta Collina und Palestrina – antietruskische Aktionen des Sulla		
72–71 v. Chr.	Sklavenaufstand des Spartacus		
49–42 v. Chr.	Maßnahmen zur Gewährung des römischen Bürgerrechts an die Bevölkerungsgruppen Norditaliens		
41–40 v. Chr.	Perusinischer Krieg: Ende eines traditionell etruskischen Gebietes		

Zeitraum	Wichtige Ereignisse in Italien	und	im übrigen Mittelmeerraum
27 v.–14 n. Chr.	Principat des Augustus		
41–54 n. Chr.	Principat des Claudius		
117–138 n. Chr.	Principat des Hadrian		
Ende 2. bis 3. Jh. n. Chr.	Wiederaufblühen von italischen Traditionen in der offiziellen römischen Kunst		
4.–5. Jh. n. Chr.	Letzte Zeugnisse bezüglich der Aktivitäten von Haruspices		

Bibliographie

Es folgt zunächst ein generelles Verzeichnis in alphabetischer Reihenfolge der Autoren (bzw. der Titel von Sammelwerken) mit Publikationen, die sich mit Problemen der Geschichte des vorrömischen Italien auseinandersetzen oder solche zumindest streifen. Die Auswahl berücksichtigte solche Schriften, bei denen es sich um authentische kritische Beiträge handelt, während Sekundärwerke oder divulgative Publikationen weggelassen wurden. Auf das allgemeine Verzeichnis folgt ein Register mit Hinweisen für jedes einzelne Kapitel dieses Buches.

Adriani, M., *La tematica „Roma-Italia" nel corso della storia antica*, in StRom 16, 1968, S. 134–148.

Alföldi, A., *Early Rome and the Latins*, Ann Arbor 1965.

Altheim, F., *Italien und Rom*, I, Amsterdam-Leipzig 1941.

Atti del V Congresso Internazionale di Studi sulla Sicilia antica, in „Kokalos" 26–27, 1980–1981 (mit Berichten und Diskussionen über Aspekte der sizilischen und italischen Geschichte).

Aufstieg und Niedergang der römischen Welt, I: *Von den Anfängen Roms bis zum Ausgang der Republik*, 4 Bände und Tafelbände, Berlin-New York 1972–1973 (Sammlung von Aufsätzen verschiedener Autoren über die Geschichte und Kulturen des vorrömischen Italien. Anfangsbände einer großen Reihe).

Beloch, K. J., *Römische Geschichte bis zum Beginn der Punischen Kriege*, Berlin-Leipzig 1925.

Bérard, J., *La colonisation grecque de l'Italie méridionale et de la Sicile dans l'antiquité*, Paris 1957².

Bernardini, E., *Problemi della monetazione dei confederati italici durante la guerra sociale*, in RivItNum 68, 1966, S. 61–90.

Bianchi Bandinelli, R. – Giuliano, A., *Etruschi e Italici prima del dominio di Roma*, Milano 1973.

Bibliografia topografica della colonizzazione greca in Italia e nelle isole tirreniche, herausgegeben von G. Nenci und G. Vallet, I, II: *Opere di carattere generale*, zusammengestellt von G. Panessa und anderen, Pisa-Roma-Napoli 1977, 1981.

Braccesi, L., *Grecità adriatica*, Bologna 1977².

Il bronzo finale in Italia (Atti della XXI Riunione dell'Istituto Italiano di Preistoria e Protostoria, 1977), Firenze 1979.

202   *Bibliographie*

Brunt, P. A., *Italian Aims at the Time of the Social War*, in JRS 55, 1965,
  S. 90–109.
– *Italian Manpower 225 B. C.–A. C. 14*, Oxford 1971.

Calderone, S., Ἡ ἀρχαῖα Ἰταλία, in „Messana" 4, 1955, S. 77–124.
Casson, L., *Ancient Mariners. Seafarers and Sea Fighters of the Mediter-
  ranean in Ancient Time*, London 1959.
Ciaceri, E., *Storia della Magna Grecia*, 3 Vol., Milano-Roma 1927–1932[3].
Cianfarani, V. – Franchi Dall'Orto, L. – La Regina, A., *Culture adriati-
  che antiche d'Abruzzo e di Molise*, Roma 1978.
Civiltà del Lazio primitivo (Ausstellungskatalog mit Einführung und
  Beiträgen von verschiedenen Autoren), Roma 1976.
Colonna, G., siehe *Scavi nel santuario etrusco di Pyrgi...*
– *Ricerche sugli Etruschi e sugli Umbri a nord degli Appennini*, in StEtr
  42, 1974, S. 3–24.
Couissin, P., *Guerriers et gladiateurs samnites*, in RA 32, 1930, S. 235–
  279.

De Francisci, P., *Primordia Civitatis*, Roma 1959.
Della Corte, F., *Su un „elogium Tarquiniense"*, in StEtr 24, 1955/56,
  S. 73–78.
De Sanctis, G., *Storia dei Romani*, 4 Vol., Torino 1907–1923.
– *La guerra sociale*, Firenze 1976.
Devoto, G., *Gli antichi Italici*, Firenze 1967[3].
– *Scritti minori*, II, Firenze 1967 (enthält vor allem eine Sammlung von
  Schriften über im allgemeinen linguistische und kulturgeschichtliche
  Probleme der italischen Welt; von stärker historischem Interesse ist
  der Sektor *Umbri ed Etruschi* [Artikel von 1930, 1938, 1960, 1965],
  außerdem *Protolatini* [1942], *Leponzi* [1962], *Le origini tripartite di
  Roma* [1953], *Tarpea* [1958]).
– *Storia italica*, in RivFil 97, 1969, S. 257–267.
Ducati, P., *L'Italia antica dalle prime civiltà alla morte di C. Giulio
  Cesare*, Milano 1938.
Duhn, F. von – Messerschmidt, F., *Italische Gräberkunde*, 2 Vol., Hei-
  delberg 1924–1939.
Dunbabin, J. J., *The Western Greeks*, Oxford 1948.

Felletti Maj, B. M., *La tradizione italica nell'arte romana*, Roma 1977.
Fogolari, G., *I Galli nell'Alto Adriatico*, in Antichità Altoadriatiche 19,
  1981, S. 15–42.
Franchi Dall'Orto, L., siehe Cianfarani, V.
Frankfort, T., *Les classes serviles en Etrurie*, in Latomus 18, 1959, S. 3–
  22.

Frederiksen, M., siehe *Italy before the Romans*...

Furumark, A., *Det aldsta Italien*, Uppsala 1947.

Gabba, E., *Le origini della Guerra Sociale e la vita politica romana dopo l'89 a. C.*, in Athenaeum Pavia 32, 1954, S. 41–114, 293–345 (und in *Esercito e società nella tarda repubblica romana*, Firenze 1973).

– *Perusine War*, in HarvSt 75, 1971, S. 139–160.

– *Il problema dell' „unità" dell'Italia romana*, in *La cultura italica* (Atti del Convegno della Società Italiana di Glottologia, Pisa 1977), Pisa 1978, S. 11–27.

– siehe *La Sicilia antica*.

I Galli e l'Italia (Ausstellungskatalog mit Beiträgen von verschiedenen Autoren), Roma 1978.

Gamurrini, G. F., *Bibliografia dell'Italia antica*, 2 Vol., Roma 1933–1936.

Garbini, G., siehe *Scavi nel santuario etrusco di Pyrgi*...

Le genti non greche della Magna Grecia (Atti dell'undicesimo Convegno di Studi sulla Magna Grecia, Taranto 1971), Napoli 1972.

Giannelli, G., *La Magna Grecia da Pitagora a Pirro*, Milano 1928.

– *Trattato di storia romana*, I: *L'Italia antica e la repubblica romana*, Roma 1953.

Giuliano, A., siehe Bianchi Bandinelli, R.

Göhler, J., *Rom und Italien*, Breslau 1939.

Harris, W. V., *Rome in Etruria and Umbria*, Oxford 1971.

Hatzfeld, J., *Les trafiquants italiens dans l'Orient hellénique*, Paris 1919.

Hellenismus in Mittelitalien (Kolloquium in Göttingen 1974), Göttingen 1976.

Hencken, H., *Tarquinia, Villanovans and Early Etruscans*, 2 Vol., Cambridge (Mass.) 1968.

Herbig, R., *Die italische Wurzel der römischen Bildniskunst*, in *Das neue Bild der Antike* II, 1942, S. 85–99.

Heurgon, J., *Trois études sur le „ver sacrum"*, Bruxelles 1957.

– *La vie quotidienne chez les Etrusques*, Paris 1961: überarbeitete Neuauflage, 1979; italienische Ausgabe, *La vita quotidiana degli Etruschi*, Milano 1963; deutsche Ausgabe, *Die Etrusker*, Stuttgart 1971.

– *Rome et la Méditerranée occidentale jusqu'aux guerres puniques*, Paris 1969; durchgesehene italienische Edition, *Il Mediterraneo occidentale dalla preistoria a Roma arcaica*, Bari 1972.

Hofmann, A. von, *Das Land Italien und seine Geschichte*, Berlin–Stuttgart 1921.

Homo, L., *L'Italie primitive et les débuts de l'impérialisme romain*, Paris 1953[2].

Ilari, V., *Gli Italici nelle strutture militari romane*, Milano 1974.

L'integrazione dell'Italia nello stato romano attraverso la poesia e la cultura proto-augustea (verschiedene Autoren), in *Università Cattolica, Contributi dell'Istituto di Storia Antica*, I, Milano, S. 146–175.

L'Italie préromaine et la Rome républicaine. Mélanges offerts à J. Heurgon, 2 Vol., Roma 1976 (umfaßt Schriften von verschiedenen Autoren über Probleme der Geschichte und der Kulturen des vorrömischen Italien).

Italy before the Romans. The Iron Age, Orientalizing and Etruscan Periods, herausgegeben von D. und F. R. Ridgway, London-New York-San Francisco 1979 (Sammlung von z. T. unveröffentlichten Schriften verschiedener Autoren, die zur Aufhellung der Kulturgeschichte des vorrömischen Italien in ihren ältesten Phasen beitragen; von größerem historischen Interesse sind die Beiträge von R. Peroni, *From Bronze Age to Iron Age: Economic, Historical and Social Considerations;* J. de La Genière, *The Iron Age in Southern Italy;* D. Ridgway, *Early Rome and Latium: An Archaeological Introduction;* M. Pallottino, *The Origins of Rome: A Survey of Recent Discoveries and Discussions* [siehe auch M. Pallottino, *Saggi di antichità*]; M. Frederiksen, *The Etruscans in Campania;* J. u. L. Jehasse, *The Etruscans and Corsica).*

Jehasse, J. u. L., siehe *Italy before the Romans.*

Klinger, F., *Italien. Name, Begriff und Idee im Altertum*, in *Römische Geisteswelt*, München 1967⁴, S. 11–33.

Krahe, H., *Die Indogermanisierung Griechenlands und Italiens*, Heidelberg 1949.

Kruta, V., *Les Boïens de Cispadane. Essai de paléoethnographie celtique*, in Études Celtiques 17, 1980, S. 7–32.

– *Les Sénons de l'Adriatique d'après l'archéologie (prolégomènes)*, in Études Celtiques 18, 1981, S. 7–38.

La Genière, J. de, siehe *Italy before the Romans.*

Lambrechts, R., *Essai sur les magistratures des républiques étrusques*, Bruxelles-Rome 1959.

Le lamine di Pyrgi (Tavola rotonda, Roma 1968; Accademia Nazionale dei Lincei, Heft Nr. 147), Roma 1970.

Langlotz, E., *L'arte della Magna Grecia*, Roma 1968.

– *Die Kunst der Westgriechen in Sizilien und Unteritalien*, München 1963.

La Regina, A., siehe Cianfarani, V.

Lejeune, M., *La romanisation des anthroponymes indigènes d'Italie*, in *L'onomastique latine* (Colloque du CNRS, Paris 1975), 1977, S. 35–41.

– *Ateste à l'heure de la romanisation (Étude anthroponymique)*, Firenze 1978.

Lepore, E., *L'Iταλία nella formazione della communità romano-italica*, in Klearchos 5, 1963, S. 89–113.

Levi, M. A., *L'Italia antica*, I: *Dalla preistoria alla unificazione della penisola*, Milano 1968.

Liou, B., *Praetores Etruriae XV populorum (Étude d'épigraphie)*, Bruxelles 1969.

Loicq, J., *Les Celtes en Ialie (1965–1975)*, in Études Celtiques 15, 1978, S. 655–703.

Magna Grecia e mondo miceneo (Ausstellungskatalog), Taranto 1982.

La Magna Grecia e Roma in età arcaica (Atti dell'ottavo Convegno di Studi sulla Magna Grecia, Taranto 1968), Napoli 1971.

Maiuri, A., *Saggi di varia antichità*, Venezia 1954 (Sammlung von verschiedenen, schon vorher publizierten Artikeln, darunter *Problemi di archeologia italica* [1946]).

– *Arte e civiltà dell'Italia antica*, Milano 1960.

Mansuelli, G. A., *Problemi della storia gallica in Italia*, in *Hommages à A. Grenier*, III, Bruxelles-Berchem 1962, S. 1068–1094.

– *Formazione delle civiltà storiche nella pianura padana orientale. Aspetti e problemi*, in StEtr 33, 1965, S. 3–47.

– *Etruschi e Celti nella valle del Po*, in *Hommages à M. Renard*, II, Bruxelles 1969, S. 485–504.

Marzullo, A., *Le origini italiche e lo sviluppo letterario delle Atellane*, Modena 1956.

Mascioli, F., *Anti-Roman and Pro-Italic Feeling in Italian Historiography*, in Romanic Review 32, 1942, S. 366–384.

Mazzarino, S., *Dalla monarchia allo stato repubblicano*, Catania 1945.

– *Introduzione alle guerre puniche*, Catania 1947.

– *Fra oriente e occidente. Ricerche di storia greca arcaica*, Firenze 1947.

– *Il pensiero storico classico*, Bari 1983².

Messerschmidt, F., siehe Duhn, F. von.

Metropoli e colonie di Magna Grecia (Atti del terzo Convegno di Studi sulla Magna Grecia, Taranto 1963), Napoli 1964.

Meyer, E., *Die Organisation der Italiker im Bundesgenossenkrieg*, in Historia 7, 1958, S. 74–79.

Micali, G., *L'Italia avanti il dominio dei Romani*, Firenze 1810; Firenze 1821².

– *Storia degli antichi popoli italiani*, Firenze 1832.

Momigliano, A., *L'opera dell'imperatore Claudio*, Firenze 1932.

Mommsen, T., *Römische Geschichte*, 3 Vol., Berlin 1854–1857, gefolgt von weiteren Editionen; jüngere italienische Edition, *Storia di Roma antica*, Firenze 1960.

Morel, J.-P., *L'expansion phocéenne en Occident. Dix années de recherches (1966–1975)*, in BCH 99, 1975, S. 853–896.
Müller-Karpe, H., *Beiträge zur Chronologie der Urnenfelderzeit nördlich und südlich der Alpen*, 2 Vol., Berlin 1959.

Napoli, M., *Civiltà della Magna Grecia*, Roma 1969.
Nenci, G., siehe *Bibliografia topografica della colonizzazione greca…*
Nissen, H., *Italische Landeskunde*, 2 Vol., Berlin 1883–1902.
Nuovi studi su Velia („La parola del passato"), 1970 (Schriften von verschiedenen Autoren).

Les origines de la république romaine (Entretiens sur l'antiquité classique, Fondation Hardt), Vandoeuvres-Genève 1967 (Beiträge von verschiedenen Autoren bezüglich eines Aspekts der Geschichte des archaischen Italien).

Pais, E., *Italia antica. Ricerche di storia e geografia storica*. Bologna 1922.
– *Storia dell'Italia antica*, Roma 1925.
Pallottino, M., siehe *Scavi nel santuario etrusco di Pyrgi*.
– *Civiltà artistica etrusco-italica*, Firenze 1971.
– *Note sui documenti epigrafici rinvenuti nel santuario*, in *Pyrgi. Scavi nel santuario etrusco (1959–1967), NSc 1970*, II. Suppl. (1972), S. 730–743.
– *Saggi di antichità*, 3 Vol., Roma 1979 (Sammlung von schon vorher publizierten Schriften, von denen sich vor allem die folgenden mit historischen Problemen des vorrömischen Italien auseinandersetzen [zitiert wird jeweils das Erscheinungsjahr der Erstpublikation]: *Le origini storiche dei popoli italici* [1955]; *Appunti di protostoria latina ed etrusca* [1940]; *Sulla cronologia dell'età del bronzo finale e dell'età del ferro in Italia* [1960]; *L'origine des villes protohistoriques de l'Italie centrale* [1972]; *Nuovi studi sul problema delle origini etrusche (bilancio critico)* [1961]; *Le origini di Roma* [1960]; *Fatti e leggende (moderne) sulla più antica storia di Roma* [1963]; *Le origini di Roma: considerazioni critiche sulle scoperte e sulle discussioni più recenti* [1972]; *Tradizione etnica e realtà culturale dell'Etruria, Umbria e Romagna prima della unificazione augustea* [1940]; *Uno spiraglio di luce sulla storia etrusca: gli „elogia Tarquiniensia"* [1950]; *Il filoetruschismo di Aristodemo e la data della fondazione di Capua* [1956]; *Gli Etruschi nell'Italia del nord: nuovi dati e nuove idee* [1962]; *Les relations entre les Étrusques et Carthage du VIIe au IIIe siècle avant J.C.: nouvelles données et essai de périodisation* [1963]; *Nuova luce sulla storia di Roma arcaica dalle lamine d'oro di Pyrgi* [1965]; *Rapporti tra Greci, Fenici, Etruschi ed altre popolazioni italiche alla luce delle nuove sco-*

perte [1966]; *La Magna Grecia e l'Etruria* [1968]; *La Sicilia fra l'Africa e l'Etruria: problemi storici e culturali* [1972]; *Servius Tullius, à la lumière des nouvelles découvertes archéologiques et épigraphiques* [1977]; *Sul concetto di storia italica* [1976]; *Nuovi spunti di ricerca sul tema delle magistrature etrusche* [1955–1956]; *Una mostra dell'Abruzzo arcaico e i problemi della civiltà italica medio-adriatica* [1970]).

– *Internationale Beziehungen vom 9. bis zum 5. Jahrhundert v. Chr.*, in *Kunst und Kultur Sardiniens vom Neolithikum bis zum Ende der Nuraghenzeit* (Ausstellungskatalog), Karlsruhe 1980, S. 180–184.

– *Genti e culture dell'Italia preromana*, Roma 1981.

– *Etruscologia*, 1984[7].

Panessa, G., siehe *Bibliografia topografica della colonizzazione greca*...

Paratore, E., *Virgilio*, Roma 1945.

Pareti, L., *Studi siciliani ed italioti*, 2 Vol., Firenze 1914.

– *Storia di Roma*, I: *L'Italia e Roma avanti il conflitto di Taranto*, Torino 1952.

– *Sicilia antica*, Palermo 1959.

La parola del passato, Napoli (Zeitschrift mit Artikeln, Kurzbeiträgen und Rezensionen, die sich direkt oder indirekt auf die Geschichte des vorrömischen Italien beziehen).

Pasquali, G., *La grande Roma dei Tarquini*, in *Terze pagine stravaganti*, Firenze 1942, S. 1–24.

Patroni, G., *La preistoria (Storia politica d'Italia)*, Milano 1951[2].

Pellegrini, G. B., *Popoli e lingue dell'Italia superiore*, in *Centro Antichità Alto-Adriatiche* 4, 1973, S. 35–55.

Peroni, R., siehe *Italy before the Romans* ...

Peyre, C., *La Cisalpine gauloise du IIIe au Ier siècle avant J.-C.*, Paris 1979.

Pfiffig, A. J., *Die Ausbreitung des römischen Städtewesens in Etrurien und die Frage der Unterwerfung der Etrusker*, Firenze 1960.

Pisani, V., *Le lingue dell'Italia antica oltre il latino*, Torino 1964[2].

Poma, G., *Gli studi recenti sull'origine della repubblica romana*, Bologna 1974.

Popoli e civiltà dell'Italia antica, Vol. II–VII, Roma 1974–1978 (großes Sammelwerk, in den Vol. II–V mit Abhandlungen verschiedener Spezialisten über die einzelnen ethnischen und kulturellen Gruppen des vorrömischen Italien unter besonderer Berücksichtigung ihrer ältesten Entwicklungsphasen, im Vol. VI über die Linguistik und im Vol. VII mit Synthesen).

Prima Italia (Ausstellungskatalog über die Kunst der Völker des vorrömischen Italien), Bruxelles-Roma-Atene 1980–1981.

Pugliese Carratelli, G., *Scritti sul mondo antico*, Napoli 1976 (Sammlung von schon vorher publizierten Artikeln, darunter einigen, die sich

208   *Bibliographie*

mehr oder weniger direkt mit der Geschichte des vorrömischen Italien auseinandersetzen: besonders zitiert seien [mit dem Erscheinungsjahr der Erstpublikation jeweils]: *Per la storia delle relazioni micenee con l'Italia* [1958]; *Achei nell'Etruria e nel Lazio?* [1962]; *Intorno alle lamine di Pyrgi* [1965]; *Lazio, Roma e Magna Grecia prima del secolo IV a. C.* [1968]; *Le vicende di Sibari e Thurii* [1974]).

Puglisi, S., *La civiltà appenninica*, Firenze 1959.

Radke, G., „*Italia*". *Beobachtungen zu der Geschichte eines Landesnamens*, in Romanitas 1967, S. 35–51.

Randall MacIver, D., *Italy before the Romans*, Oxford 1928.

Richter, G. M. A., *Ancient Italy*, Ann Arbor 1955.

Ridgway, D. und F. R., siehe *Italy before the Romans* ...

– *L'alba della Magna Grecia*, Milano 1984.

Rix, H., *Das etruskische Cognomen*, Wiesbaden 1963.

Rosenberg, A., *Der Staat der alten Italiker*, Berlin 1913.

Salmon, E. T., *Samnium and the Samnites*, Cambridge 1967.

Sartori, F., *Problemi di storia costituzionale italiota*, Roma 1953.

– *La Magna Grecia e Roma*, in ArchStorCalabria 28, 1959, S. 183–188.

– *Costituzioni italiote, italiche, etrusche* in StClOr 10, 1969, S. 29–50.

Scavi nel santuario etrusco di Pyrgi. Relazione preliminare della settima campagna, 1964, e scoperta di tre lamine d'oro inscritte in etrusco e in punico, in ArchCl 16, 1964, S. 49–117 (Beiträge von M. Pallottino, G. Colonna, G. Garbini, L. Vlad Borrelli).

Schulze, W., *Zur Geschichte lateinischer Eigennamen*, Göttingen 1904; Nachdruck Berlin-Zürich-Dublin 1966.

Scullard, H. H., *The Etruscan Cities and Rome*, London 1967; italienische Ausgabe, *Le città etrusche e Roma*, Milano 1977².

Shervin-White, A. N., *The Roman Citizenship*, Oxford 1973².

La Sicilia antica, herausgegeben von E. Gabba und G. Vallet, 2 Vol. (5 Faszikel), Napoli 1980.

Sordi, M., *I rapporti romano-ceriti e l'origine della civitas sine suffragio*, Roma 1960.

– *Roma e i Sanniti nel IV secolo a. C.*, Bologna 1969.

Speranza, G., *Il Piceno dalle origini alla fine di ogni sua autonomia sotto Augusto*, Ancona 1934.

Studi Etruschi, Firenze (Spezialzeitschrift mit der größten Anzahl von Beiträgen nicht nur über die Kultur Etruriens, sondern sämtlicher Völker des vorrömischen Italien).

Studies in the Romanization of Etruria (Acta Instituti Romani Finlandiae) (Schriften von verschiedenen Autoren), 5, 1975.

Susini, G., *Aspects de la romanisation de la Gaule Cispadane: chute et survivance des Celtes*, in CRAI 1965, S. 143–163.

Thèmes des recherches sur les villes antiques d'occident (Colloquium Strasbourg 1971), Paris 1977.

Thomsen, R., *The Italic Regions from Augustus to the Lombard Invasion*, Copenhagen 1947.

Tibiletti, G., *La romanizzazione della Valle Padana*, in *Civiltà romana nell'Italia settentrionale*, I, Bologna 1965, S. 23–36.

Torelli, M., *Senatori etruschi della tarda repubblica e dell'impero*, in DArch 3, 1969, S. 285–363; Ergänzungen in AVes 28, 1977, S. 251 bis 254.

– *Per la storia dell'Etruria in età imperiale*, in RivFil 1971, S. 489–501.

– *Elogia Tarquiniensia*, Firenze 1975.

– *La romanizzazione dei territori italici*, in *La cultura italica* (Atti del Convegno della Società Italiana di Glottologia, Pisa 1977), Pisa 1978, S. 75–88.

– *Storia degli Etruschi*, Bari 1981.

Torelli, M. R., Τυρρανοί, in PP 165, 1975, S. 417–433.

Treves, P., *Lo studio dell'antichità classica nell'Ottocento*. Milano-Napoli 1962.

Trump, D. H., *Central and Southern Italy before Rome*, London 1966.

Vallet, G., *Rhégion et Zancle*, Paris 1958.

– siehe *Bibliografia topografia della colonizzazione greca* ...

– siehe *La Sicilia antica*.

Van Berchem, D., *Rome et le monde grec au VIe siècle avant notre ère*, in *Mélanges d'archéologie et d'histoire offerts à A. Piganiol*, II, Paris 1966, S. 739–748.

Van Compernolle, R., *Étude de chronologie et d'historiographie siciliotes*, Bruxelles-Rome 1960.

Velia e i Focei in Occidente („La parola del passato"), 1966 (Schriften von verschiedenen Autoren).

Velia et les Phocéens. Un bilan dix ans après (Kolloquium des Centre J. Bérard), Napoli 1981.

Ville, G., *La gladiature en Occident des origines à la mort de Domitien*, Paris-Rome 1981.

Vlad Borrelli, L., siehe *Scavi nel santuario etrusco di Pyrgi* ...

Whatmough, J., *The Foundations of Roman Italy*, London 1937.

Wikén, E., *Die Kunde der Hellenen von dem Lande und Völkern der Appeninnenhalbinsel*, Lund 1937.

Wilamowitz Moellendorf, U. von, *Storia italica,* in RivFil, Neue Serie 4, 1926, S. 1–18 (= *Kleine Schriften,* V. 1, 1937).
Wuilleumier, P., *Tarente,* Paris 1939.

Zuffa, M., *Scritti di archeologia,* Roma 1982 (Sammlung von schon vorher publizierten Artikeln, unter denen sich vor allem folgende mit Problemen der italischen Geschichte beschäftigen [jeweils mit dem Erscheinungsjahr der Erstpublikation]: *Scoperte e prospettive di protostoria nel Riminese* [1963]; *Le culture dell'Italia settentrionale all'inizio della conquista romana* [1964]; *Nuovi dati per la protostoria della Romagna Orientale* [1969]; *I commerci ateniesi in Adriatico e i metalli d'Etruria* [1975]; *I Galli sull'Adriatico* [1978].

Publikationen von generellem Interesse

Literaturhinweise für jedes Kapitel mit Verweisen auf die vorangehende allgemeine Bibliographie (Name des Autors und Erscheinungsjahrs oder abgekürzter Titel des Sammelwerks)

Vorwort und Kapitel I

Adriani 1968; Altheim 1941; Atti V Congr. Intern. Studi Sicilia antica; Aufstieg Niedergang röm. Welt; Beloch 1925; Bianchi Bandinelli 1973; Calderone 1955; Ciaceri 1927–1932; De Sanctis 1907–1923; Devoto, Scritti minori 1967, 1969; Ducati 1938; Duhn 1924–1939; Dunbabin 1948; Furumark 1947; Gabba 1978; Gamurrini 1933–1936; Le genti non greche della Magna Grecia; Giannelli 1953; Göhler 1939; Heurgon 1961 (1979), 1969; Hofmann 1921; Homo 1953; L'Italie préromaine; Italy before the Romans; Klinger 1961; Langlotz 1968; Lepore 1963; Levi 1968; La Magna Grecia e Roma; Maiuri 1954, 1960; Mascioli 1942; Mazzarino 1945, Fra oriente e occidente 1947, 1983; Micali 1821, 1832; Momigliano 1966; Mommsen 1854–1857; Nissen 1883–1902; Les origines de la république romaine; Pais 1922, 1925; Pallottino 1971, 1972, 1979, 1981, 1984; Partei 1952; La parola del passato; Pisani 1964; Poma 1974; Popoli e civiltà dell'Italia antica; Prima Italia; Radke 1967; Randall MacIver 1928; Richter 1955; Rix 1963; Rosenberg 1913; Sartori 1953, 1959, 1969; Schulze 1904; Scullard 1967; La Sicilia antica; Sordi 1960; Studi Etruschi; Thèmes des recherches sur les villes antiques; Thomsen 1947; Torelli M. 1975, 1981; Treves 1962; Van Berchem 1966; Whatmough 1937; Wilamovitz 1926.

Kapitel II

Bérard 1957; Il bronzo finale in Italia; Casson 1959; Cianfarani 1978; Civiltà del Lazio primitivo; De Francisci 1959; Duhn 1924–1939; Franchi Dall'Orto 1978; Furumark 1947; Le genti non greche della Magna Grecia; Hencken 1968; Heurgon 1969; Italy before the Romans; Krahe 1949; La Regina 1978; Magna Grecia e mondo miceneo; Mansuelli 1965; Müller-Karpe 1959; Pallottino 1979, 1981, 1984; Patroni 1951; Popoli e civiltà dell'Italia antica; Pugliese Carratelli 1976; Puglisi 1959; La Sicilia antica; Speranza 1934; Trump 1966; Zuffa 1982.

Kapitel III

Alföldi 1965; Atti V Congr. Intern. Studi Sicilia antica; Bérard 1957; Bibliografia topografica della colonizzazione greca; Braccesi 1977; Casson 1959; Ciaceri 1927–1932; Cianfarani 1978; Colonna 1974; De Francisci 1959; Dunbabin 1948; Franci Dall'Orto 1978; Le genti non greche della Magna Grecia; Giannelli 1928; Heurgon 1969; Italy before the Romans; Le lamine di Pyrgi; Langlotz 1968; La Regina 1978; La Magna Grecia e Roma in età arcaica; Mansuelli 1962, 1965; Mazzarino 1945; Metropoli e colonie di Magna Grecia; Morel 1975; Napoli 1969; Nuovi studi su Velia; Les origines de la république romaine; Pallottino 1972, 1979, 1980; Pareti 1914, 1959; Pasquali 1942; Poma 1974; Pugliese Carratelli 1976; Ridgway 1984; Sartori 1953, 1959, 1969; Scavi nel santuario etrusco di Pyrgi; La Sicilia antica; Vallet 1958; Van Berchem 1966; Van Compernolle 1960; Velia e i Focei; Velia et les Phocéens; Wikén 1937; Wuilleumier 1939.

Kapitel IV

Atti V Congr. Intern. Studi Sicilia antica; Bibliografia topografica della colonizzazione greca; Braccesi 1977; Casson 1959; Ciaceri 1927–1932; Colonna 1974; Couissin 1930; Della Corte 1955–1956; Devoto 1967; Dunbabin 1948; Fogolari 1981; Frankfort 1959; I Galli e l'Italia; Le genti non greche della Magna Grecia; Giannelli 1928; Heurgon 1957, 1969; Kruta 1980, 1981; Lambrechts 1959; Langlotz 1968; Loicq 1978; Mansuelli 1962, 1965, 1969; Mazzarino, Introduzione alle guerre puniche 1947; Napoli 1969; Pallottino 1979; Pareti 1914, 1959; Salmon 1967; Sartori 1953, 1969; La Sicilia antica; Sordi 1960, 1969; Speranza 1934; Torelli M. 1975; Torelli M. R. 1975; Vallet 1958; Van Compernolle 1960; Wikén 1937; Wuilleumier 1939; Zuffa 1982.

Kapitel V

Bernardini 1966; Brunt 1971; Couissin 1930; De Sanctis 1976; Devoto 1967; Felletti Maj 1977; Fogolari 1981; Frankfort 1959; Gabba 1954,

1971, 1978; I Galli e l'Italia; Göhler 1939; Harris 1971; Hatzfeld 1919; Hellenismus in Mittelitalien; Herbig 1942; Heurgon 1961 (1979); Ilari 1974; L'integrazione dell'Italia nello stato romano; Kruta 1980, 1981; Lambrechts 1959; Lejeune 1977, 1978; Lepore 1963; Liou 1969, Loicq 1978; Marzullo 1956; Mazzarino, Introduzione alle guerre puniche 1947; Meyer 1958; Momigliano 1932; Paratore 1945; Peyre 1979; Pfiffig 1960; Rix 1963; Salmon 1967; Sartori 1969; Sherwin-White 1973; La Sicilia antica; Sordi 1969; Studies in the Romanization of Etruria; Susini 1965; Thomsen 1947; Tibiletti 1965; Torelli M. 1969 (u. 1977), 1971, 1975, 1978; Torelli M. R. 1975; Ville 1981; Wuilleumier 1939; Zuffa 1982.

Abkürzungsverzeichnis der in der Bibliographie zitierten Zeitschriften

ArchCl . . .	Archeologia classica
ArchStor Calabria . . .	Archivio storico per la Calabria e la Lucania
AVes.	Arheološki vestnik. Ljubljana
BCH.	Bulletin de correspondance hellénique
CRAI	Comptes rendus des séances de l'Académie des inscriptions et belleslettres
DArch . . .	Dialoghi di archeologia
HarvSt. . . .	Harvard Studies in Classical Philology
JRS	The Journal of Roman Studies
NSc	Notizie degli scavi di antichità
PP	La parola del passato
RA.	Revue archéologique
RivFil	Rivista di filologia e d'istruzione classica
RivItNum . .	Rivista italiana di numismatica e scienze affini
StClOr. . . .	Studi classici e orientali
StEtr	Studi etruschi
StRom	Studi romani

Abbildungsverzeichnis

pus vom Lapis Niger auf dem Forum Romanum mit dem Wort „König" (recei)

13. Szenen aus dem Leben der Brüder Vibenna und des Mastarna, aus der Tomba François in Vulci (Rom, Villa Albani)

14. Bündnisvertrag zwischen Sybaris und den Serdaioi (Sarden?), eingeritzt in ein Bronzeblech, VI. Jh. v. Chr., aus Olympia (Olympia, Museum)

15. Weihinschrift des Königs oder Herrn von Caere Thefarie Velianas an die phönikische Göttin Astarte, die mit der etruskischen Uni zu identifizieren ist, auf Goldblech, Anfang des V. Jhs. v. Chr., aus Pyrgi a) Phönikischer Text b) Etruskischer Text.

16. Szenen mit Seeschlachten: a) Bemaltes etruskisches Gefäß, VI. Jh. v. Chr., aus Caere (Paris, Louvre) b) Detail einer bemalten etruskischen Vase des Micalimalers, Ende des VI. Jhs. v. Chr. (London, British Museum)

17. Etruskischer Helm aus der Seeschlacht von Cumae, geweiht von Hieron von Syrakus an Zeus, aus Olympia (London, British Museum)

18. Kultur im padanisch-adriatischen Etrurien: Reliefverzierte Bronzesitula (sogenannte Certosasitula), Ende des VI./Anfang des V. Jhs. v. Chr., aus der Nekropole von Bologna (Bologna, Museo Archeologico Civico)

19. Kultur im padanisch-adriatischen Etrurien: Beigaben aus einem Grab der Nekropole von Spina, 1. Hälfte des V. Jhs v. Chr. (Ferrara, Museo Archeologico)

20. Mitteladriatische Kultur: Steinerne Grabstatue in Form eines italischen Kriegers, VI. Jh. v. Chr., aus Capestrano (Chieti, Museo)

21. Mitteladriatische Kultur: Detail des Cippus von Penne S. Andrea, mit langer Inschrift, in der die sabinische Bevölkerungsgruppe genannt wird (Safinas tútas). (Chieti, Museo)

22. Bronzestatuette eines samnitischen Kriegers (Paris, Louvre)

23. Italische Krieger, wahrscheinlich Söldner, in einem Grabgemälde von Paestum, IV. Jh. v. Chr. (Neapel, Museo Nazionale)

24. Kampf eines nackten gallischen Kriegers zu Fuß gegen einen etruskischen Reiter; Ausschnitt von einer Grabstele aus Bologna, Ende des V./Anfang des IV. Jhs. v. Chr. (Bologna, Museo Archeologico Civico)

25. Paradehelme aus dem IV. Jh. v. Chr.: a) Gallischer Helm aus einem Grab von Caselvatica (Comune di Berceto) im toskanisch-emilianischen Appennin (Parma, Museo di Antichità) b) Japygischer Helm aus Conversano in Apulien (Bari, Museo).

26. Nennungen von historischen Persönlichkeiten der tarquinischen Familie der Spurinna in fragmentarischen lateinischen Inschriften der

Abbildungsnachweis

Die Abbildungen im Tafelteil (nach S. 96) stammen aus folgenden Institutionen bzw. Archiven:

Istituto di Archeologia e Antichità italiche dell'Università di Roma: 1, 2, 7a, 8, 9, 10a, 11a, 12, 15, 16b, 17, 19, 20, 21, 23, 24, 25b, 26, 28, 29, 30, 33, 34b, 35, 36.

Scala, Florenz: 7b, 18, 31.

Musei Vaticani (Fotoarchiv): 6.

Deutsches Archäologisches Institut, Rom: 4, 8b, 11b, 13, 14, 32, 34a.

Electra Editrice, Mailand: 27.

Leonhard von Matt, Buochs (Schweiz): 10b.

Louvre (Paris), Abtlg. für griechische und römische Kunst (Fotograf: Maurice Chuzeville): 16a, 22.

Soprintendenza Archeologica di Padova: 5.

Soprintendenza Archeologica di Bologna: 25a.

Analytische Indices

Die Indices beziehen sich auf den Inhalt der einzelnen Kapitel, nicht auf die Chronologietabelle und die Bildlegenden. Die Nummern bezeichnen – sofern nicht anders vermerkt – die Seitenzahl.

1. Historische und geografische Namen

Sofern es sich um wenig bekannte oder erklärungsbedürftige Namen handelt, werden sie im Index kurz erläutert. Den Namen werden in Klammern jeweils die Bezeichnungen in der Originalsprache oder in jenen Sprachen beigefügt, durch die sie uns überliefert sind (griechisch, lateinisch, gelegentlich auch etruskisch, oskisch, umbrisch), abgesehen von Personennamen und geografischen Bezeichnungen, die jedem geläufig sind wie etwa Perikles, Augustus, Vergil, Athen, Tiber u.s.w.

Die reinen Personennamen sind in der alphabetischen Reihenfolge der Gentilize mit Ausnahme der oben erwähnten bekannten Fälle angeordnet. Im Falle der Bezeichnungen von allgemeinerem Interesse und häufigerer Nennung (z. B. Italien, Campanien, Etrusker, Rom etc.) beschränken sich die Verweise auf jene Seiten, auf denen eine spezifischere und ausführlichere Behandlung erfolgt.

2. Autorennamen von antiken und modernen Autoren

Antike Autoren

Im folgenden werden nur die Autoren im Hinblick auf die historischen Quellen aufgeführt. Als Personen sind sie im obigen Index der historischen und geografischen Stichwörter verzeichnet.

Moderne Autoren

Die Namen der schon in der Bibliografie alphabetisch zitierten Autoren werden im folgenden nicht mehr aufgeführt.

Biographie des Autors

Massimo Pallottino wurde 1909 in Rom geboren. Er studierte und promovierte an der Universität Rom und begann seine wissenschaftliche Karriere zunächst im Dienste der italienischen Antikenverwaltung. Seit 1940 lehrte er Archäologie sowie griechische und römische Geschichte an der Universität Cagliari, seit 1945 etruskisch-italische Archäologie (Etruscologia e antichità italiche) als Lehrstuhlinhaber an der Universität Rom.

Auch wenn seine Interessen vielen Bereichen der klassischen Archäologie und auch einigen Aspekten der vorderasiatischen Archäologie galten, so konzentrierten sie sich doch schon von Anfang an auf die Erforschung der Welt der Etrusker und Italiens vor der Romanisierung. Der Etruskologie hat er den Charakter einer einheitlichen und modernen Disziplin verliehen, die sich mit archäologischen, kunstgeschichtlichen, historischen und linguistischen Aspekten beschäftigt. Er leitete zahlreiche Ausgrabungen, vor allem in Veji und im etruskischen Heiligtum von Pyrgi (Santa Severa), wo er die berühmten Goldtäfelchen mit der etruskischen und phönikischen Bilingue fand.

Sein Ansehen als Wissenschaftler von internationalem Format wird durch Hunderte von Publikationen unterstrichen, unter denen vor allem folgende herausragen: Elementi di lingua etrusca, 1936; Tarquinia, 1937; Etruscologia (in zahlreichen Auflagen und Übersetzungen von 1942 bis 1984); L'Arco degli Argentari, 1946; La peinture étrusque, 1952; Testimonia linguae Etruscae, 1954 und 1968; Che cos'è l'archeologia (in 3 Auflagen von 1964 bis 1980); La civiltà artistica etrusco-italica, 1970; La langue étrusque, 1978; Saggi di antichità, 1979; Genti e culture dell'Italia preromana, 1981.

Massimo Pallottino widmete und widmet immer noch einen großen Teil seiner Aktivitäten der Weiterführung und Organisation der Studien, der internationalen wissenschaftlichen Zusammenarbeit und der Bewahrung des archäologischen italienischen und europäischen Patrimoniums. Nationales Mitglied der Accademia dei Lincei und Mitglied des Französischen Instituts, wurde er auch zum Mitglied von zahlreichen anderen wissenschaftlichen, italienischen und ausländischen Institutionen ernannt. Die Ehrendoktorwürde wurde ihm von den Universitäten Montpellier, Louvain und Straßburg verliehen. 1982 erhielt er den Premio Balzan, 1984 den Erasmuspreis.

Buchanzeigen

Zur Geschichte Italiens

Guiliano Procacci
Geschichte Italiens und der Italiener
Aus dem Italienischen übersetzt von Friederike Hausmann
1983. 419 Seiten. Leinen

Christopher Hibbert
Rom
Biographie einer Stadt
Aus dem Englischen von Karl Heinz Siber. 1987
452 Seiten mit 48 Abbildungen und 32 Zeichnungen. Gebunden

Karl Christ
Die Römer
Eine Einführung in ihre Geschichte und Zivilisation
2., überarbeitete Auflage. 1984. 316 Seiten mit 10 Karten
und 16 Abbildungen. Leinen

Hermann Bengtson
Römische Geschichte
Republik und Kaiserzeit bis 284 n. Chr.
5. Auflage. 1985. XI, 389 Seiten. Leinen
(Beck'sche Sonderausgaben)

Alexander Demandt
Der Fall Roms
Die Auflösung des Römischen Reiches im Urteil der Nachwelt
1984. 694 Seiten. Leinen

Hermann Bengtson
Die Flavier
Vespasian, Titus, Domitian
Geschichte eines römischen Kaiserhauses
1986. 316 Seiten mit 10 Abbildungen, einer Stammtafel und
zwei Karten. Broschierte Sonderausgabe

Verlag C. H. Beck München

Zur Kunstgeschichte Italiens

Norbert Huse und Wolfgang Wolters
Venedig
Die Kunst der Renaissance
Architektur, Skulptur, Malerei 1460–1590
1986. 424 Seiten mit 336 Abbildungen, davon 33 in Farbe. Leinen

Ludwig H. Heydenreich und Günter Passavant
Italienische Renaissance IV
Die großen Meister. 1500–1540
1975. 445 Seiten mit 401 Abbildungen, davon 117 farbig,
19 Plänen und 2 Karten. Leinen
(Universum der Kunst Band 22)

Ranuccio Bianchi Bandinelli
Die römische Kunst
Von den Anfängen bis zum Ende der Antike
1975. 318 Seiten mit 67 Abbildungen. Leinen
(Beck'sche Sonderausgaben)

Guntram Koch und Hellmut Sichtermann
Römische Sarkophage
Mit einem Beitrag von Riederike Sinn-Henninger
1982. XXXIV, 832 Seiten mit 624 Abbildungen. Leinen
(Handbuch der Archäologie)

Arne Effenberger
Frühchristliche Kunst und Kultur
Von den Anfängen bis zum 7. Jahrhundert
1986. 383 Seiten mit 189 Abbildungen, davon 9 in Farbe,
und einer Klapptafel. Leinen

Harald Mielsch
Die römische Villa
Architektur und Lebensform
1987. 181 Seiten mit 106 Abbildungen. Broschiert
(Beck's Archäologische Bibiliothek)

Verlag C. H. Beck München